全国校本教研与校本课程数字出版平台
中国校本教研网 www.schooledu.com.cn
◎特别推荐◎

RUHE RANG XUESHENG AIXUEXI

如何让学生爱学习

周震宇 许小燕◎主编
姚慧燕◎副主编

江蘇教育出版社

图书在版编目（CIP）数据

如何让学生爱学习/周震宇，许小燕主编.
—南京：江苏教育出版社，2012.8
ISBN 978-7-5499-2052-5

Ⅰ.①如… Ⅱ.①周…②许… Ⅲ.①学习方法
Ⅳ.①G791

中国版本图书馆 CIP 数据核字（2012）第 138721 号

书　　名 如何让学生爱学习
主　　编 周震宇　许小燕
责任编辑 严小英　李志靖
出版发行 凤凰出版传媒集团
凤凰出版传媒股份有限公司
江苏教育出版社（南京市湖南路 1 号 A 楼　邮编 210009）
苏教网址 http：//www.1088.com.cn
集团网址 http：//www.ppm.cn
照　　排 润星之源文化有限公司
印　　刷 九洲财鑫印刷有限公司
厂　　址 河北省三河市灵山大口
开　　本 787 毫米×1092 毫米　1/16
印　　张 17.5
字　　数 304 千字
版　　次 2012 年 8 月第 1 版　2012 年 8 月第 1 次印刷
书　　号 ISBN 978-7-5499-2052-5
定　　价 30.00 元
邮购电话 025-85406265,85400774　短信　02585420909
E - mail jsep@vip.163.com
盗版举报 025-83658837

前　言

教育是一门科学，也是一门艺术。要教育好每一个学生，教师就得掌握教育规律，智慧地育人。教师作为学校教育的实践者，必须要有创新的思维、教育的睿智，只有这样，才能充分调动受教育者的积极性，达到更好的教育效果。

长期以来，由于招生制度、教育观念、教育体制、教育内容、课程设置、教学目标、教学方法、教学评估等方面的客观原因，还有家庭教育环境、社区教育环境、社会大环境及大众传媒等方面的消极影响，学生们在老师“恨铁不成钢”、在家长“望子成龙，望女成凤”愿望的驱使下，整天背着沉重的精神负担，导致了不爱学习，甚至厌学的后果。出现这种情况的最根本原因，还是学生内在的心理因素。“如何让学生爱学习，并让学生养成良好的学习习惯”成为新时期教育工作者的热门话题。

每个家长都尽心尽力给孩子创造条件，寄望孩子拥有闪亮的人生；每个老师都希望自己的学生拥有闪亮的人生，出类拔萃；每个孩子都希望自己的人生精彩闪亮。当前学生的厌学现象相当普遍，主要表现为：对学习感到乏味、提不起兴趣，上课注意力不集中、意志消沉、内心不安、逃学、懒学并想辍学。厌学现象的存在，不仅直接影响着学生的学业和成长，而且也严重阻碍了教学工作的顺利开展。因此，消除学生中普遍存在的厌学现象，帮助学生克服厌学心理，就成为摆在教育工作者面前的重要任务。一般来说，学生处于青春少年时期，他们的思想单纯、精力充沛、好奇心强、求知欲高，面对五颜六色的世界、广博的知识海洋都充满了好奇。可由于各种原因，部分学生逐渐产生了厌学情绪。爱因斯坦曾说过：“兴趣是最好的老师。”众所周知，中小学教育是人生教育的起步阶段，教师必须有针对性地对学生的学习兴趣和学习习惯进行培养。在教学过程中，要建立和谐融洽的师生关系，教师要用自己的热情和信心去点燃学生的激情，创造一种与学生共同探索知识的活跃的课堂气氛，提高学生的学习兴趣，处理好教与学、讲与练的关系；让学生充分参与教学过程，给学生提供表现自我的机会，还要注意减轻学生的学习负担，使学生处理好“要我学”与“我要学”的关系，“亲其师，信其道”，从根本上引发学习兴趣，提高课堂效率。除此之外，教师还要注意纠正学生的错误观念。目前，一些学生认为：读书是苦差事，读书无大用，不读书照样可以生存。这些想法的产生是因为他们对学习缺乏足够的认识，使得他们的学习动机缺失，最终导致厌学情绪的产生。

本书就如何让学生爱学习，从目标、兴趣、环境、教法艺术、教师魅力、减负、激励、化解负面效应八个方面进行支招，希望能给教学一线的广大教育工作者以启示。另外，本书如有疏漏和不足之处欢迎各位读者批评指正。同时，本书在编写过程中引用了一些见诸报刊、网络等方面的资料，在此对作者们一并致以诚挚的感谢！

2012年6月于江苏东台

作者简介：

周震宇，男，中学高级教师，现任江苏省实验小学——东台市唐洋小学校长，先后荣获全国教科研工作先进个人、江苏省优秀青少年科技教育校长、盐城市优秀教育工作者、盐城市模范校长等荣誉称号。

1998年起从事学校管理工作，积极倡导“乐学”思想，打造全面育人环境，致力于学校管理研究，尤其是在教师专业发展、深化素质教育等方面取得了较大影响。主编的《新教师工作全手册》是第三批《中国教育报》2011年教师暑期阅读推荐书目之一。主持并完成了国家级课题“小学生思想品德测评的深化研究”和“信息技术与学科教学的有效整合策略的研究”，现主持的江苏省规划课题“农村小学80后新教师专业化培养的研究”正在研究中。

目　录

1

目标效应：

增强学习动机，让学生明确学习目标

目标是跑道上的终点，是爬山要到达的顶峰，也是促使学生努力学习的强大动力。教师应帮助学生制订出符合他们学习水平的学习目标，并引导他们去实现自己的目标，这是教师教育教学工作中的重要内容。

利用目标激发学生的学习动力

有位父亲带着三个儿子到草原上打野兔。他们到达目的地后，一切准备妥当，行动前，父亲问了三个儿子一个问题："你们看到了什么？"

老大说："我看到了我们手里的猎枪，在草原上奔跑的野兔，还有一望无际的草原。"

父亲摇摇头说："不对。"

老二的回答是："我看到了爸爸、大哥、弟弟、猎枪、野兔，还有茫茫无际的草原。"

父亲又摇摇头说："不对。"

而老三的回答只有一句话："我只看到了野兔。"

这时父亲才说："你答对了。"

故事中的父亲问儿子的问题，实际上是在考察儿子对他们行动的目标是否明确。目标是个人、部门或整个组织所期望的成果。一个人只有有了明确的目标，行动才会有方向，才不至于走很多弯路。

对学生而言，学生一旦有了明确合理的学习目标，他就会用极大的热情和信心为实现这个目标而努力奋斗，哪怕中途遇到了困难和挫折，他也不会感到茫然，而是紧盯目标咬紧牙坚持下去，一步步朝着目标迈进。所以，教师要像故事中的那位父亲一样，帮助学生寻找到明确的目标，使学生爱上学习，并将学生的学习潜力挖掘出来。

人大附中特级教师王金战的班里转来一个叫小胜的学生。据前班主任介绍，小胜平时非常散漫，今天迟到，明天旷课，没有任何学习目标，整天懒懒散散地过着。

一天，王老师把小胜叫到了办公室，亲切地对他说："你知道，别人是不允许迟到的，但考虑到你的特殊情况，老师允许你每周违反两次纪律，前提是你要争取把各门功课考及格，你能做到吗？"

小胜一听，感到很意外，因为一般老师对于违反纪律的学生，都是狠狠批评的，而王老师现在却那么优待自己。

看到小胜怀疑的表情，王老师笑着向他肯定地点了点头。

见老师不像是在开玩笑，小胜对自己的特殊待遇很感激，他急忙回答说："王老师，我一定会努力用行动证明自己的。"

之后，小胜学习变得认真起来，但没过多久就放弃了。为什么呢？

因为小胜以前过于懒散，没有好好学习，以致很多科目根本听不懂，再加上天天考试、测验，他的成绩除了数学，其他都不及格。

在这种沉重的打击之下，小胜失去了学习的信心，他最终背弃了自己的"誓言"，选择了自暴自弃并离开了王老师的班级。

离开后，小胜更加颓废，不是天天上网、抽烟，就是打架斗殴。一种失败的苦楚和内心的无助感弥漫在他的心头。

就在小胜彷徨无助的时候，王老师再次找到他，并把他请了回来。

王老师经过认真思考，对小胜重新提出了要求："课程跟不上不要紧，我给你一项特殊待遇：每天早上你来了之后，能听懂的课就好好听，听不懂的课就可以不听，而且随时可以回家自学。"

虽然有这种特殊待遇，但小胜仍然打不起精神学习。在高三第一次摸底考试前，他以生病为借口，想逃避考试。

王老师主动找到他，半开玩笑地故意刺激他说："这次考试，你肯定是倒数第一，既然如此，你还顾虑什么，你还怕考倒数第二吗？你如果不考倒数第一，其他同学能平衡吗？"

受到老师的"刺激"，小胜鼓起勇气，参加了高三的第一次摸底考试。

结果不出所料，小胜这次考试又是"万里江山一片红"——没有一门科目及格，甚至连数学也成了全班倒数第一。但小胜并没有特别难过，因为他清楚，与其他同学相比，自己并没有付出多少努力，没有努力，自然就没有好的成果。

为了激励小胜向前迈进，王老师找到他，对他说道："你不用跟别人比，跟自己比就可以了。你可以给自己订一个目标：就是每次考试都要比上次考试进步一点点。只要有进步，哪怕是提高一分，老师都会表扬你。你不会连一分都提高不了吧？"

"当然不是，下次我一定会比这次考得好。"小胜立刻做了保证。

从那以后，小胜一改往日的散漫表现，他开始拼命地学习，准备完成自己的第一个学习目标。终于在第一次月考的时候，他有了很大进步，虽然成绩仍是班级的倒数第一，但却比上次提高了 30 分。

为了让小胜继续有成就感，王老师立刻兑现诺言，当着全班同学的面夸奖小胜："你们看看小胜同学，成绩一下子就提高了 30 分。高三总共要经过

8次大型考试，如果他每次都能按这个速度提升的话，一定是可以考上大学的！”王老师伸手邀请小胜，“请小胜站起来谈一谈，你接下来的目标是什么？”

小胜有些不好意思地站起来，摸着脑袋说：“我下一次的目标是不考倒数第一啦！”

听了他的话，王老师和其他同学都热烈地为他鼓掌。

结果，在接下来的考试中，小胜的成绩果然不是全班倒数第一了。虽然他的成绩还是很差，但对小胜来说，这已经是奇迹了。每当小胜一有进步，王老师都会及时给予他鼓励和表扬，并让他以考试名次可以不断靠前作为奋斗目标，激励着他朝着更远的目标前进。

后来，小胜逐渐以班级，甚至是年级前几名为奋斗目标，不断努力进步。在高考的时候，果真如王老师所言，小胜以骄人的成绩考上了北京大学。

学习有了目标就如同航海有了方向。一个成绩全班倒数第一，甚至想放弃学习的学生，最后竟然能考上北京大学，可见目标激励对学生学习的重要性。

任何一名学生都不希望自己是差生，之所以差，是因为他们缺乏一个指引自己前进的目标。爱因斯坦曾经说过：“在一个崇高的目标支持下，不停地工作，即使慢，也一定会获得成功。”王金战老师为小胜量身定做适合他的学习目标，即和自己的成绩比较，哪怕是提高一分都算进步。终于，在老师的激励下，小胜取得了一次又一次的进步，最终实现了总目标。

有人曾做过这样一个实验：将一只小白鼠放到一个装满水的小水池中心。小白鼠落水后，并没有马上游动，而是转着圈子发出“吱吱”的叫声。小白鼠是在测定方位，它的鼠须就是一个精确的方位探测器。它的叫声传到水池边沿，声波又反射回去，被鼠须探测到。小白鼠借此判定水池的大小、自己所在的位置，以及离水池边沿的距离。它尖叫着转了几圈以后，不慌不忙地朝选定的方向游去，很快就游到了岸边。

接着，实验者又将另一只被剪掉鼠须的小白鼠放到水池中心。这只小白鼠同样在水中转着圈子，也发出“吱吱”的叫声，但由于“探测器”不复存在了，它探测不到反射回来的声波。几分钟后，筋疲力尽的小白鼠沉至水底淹死了。

同样是小白鼠，一只定好了方向，朝着目标游去，最终游到了岸边；另一只因为没有鼠须，无法测定方位，失去目标的指引，最终被淹死在水底。

目标是人生的方向，学生如果没有学习目标，所有的学海漫步都将成为漫无边际的转悠，最终可能还是在原地踏步。教师应积极鼓励学生树立远大的目标，并帮助学生制订出符合他们自己实际情况的学习目标，让学生可以克服困难，自觉约束自己，为目标而努力。那么，教师如何帮助学生制订目标，从而让目标引导学生爱上学习、乐于学习呢？

1. 制订的目标要明确、恰当

学生的学习目标制订得越具体、越明确，学生的学习才会越有动力。如果学生的学习目标不具体，目标对学生的激励作用就会很小，学生的学习积极性就会比较低。例如，一个初三的学生制订的学习目标是考一个好高中。这个目标就很不具体，什么样的高中是好高中？不清楚。这样不具体的目标对学生的学习行为是没有激励作用的。因此，教师在帮助学生确定学习目标时，一定要具体化。

目标除了明确外，还要恰当，即符合学生的实际能力，是学生可以通过努力达到的。如果目标超出学生的学习能力，学生无论怎样努力也达不到，学生就会对学习失去兴趣。因此，教师在帮助学生制订目标时，应特别注意研究学生已有的基础和实际能力，并据此制订切合学生实际的目标，使他们不断获得成就感，从而调动起他们学习的积极性。

2. 让学生亲自参与目标的制订

为学生制订学习目标，必须要求学生本人参与，参与的程度越深，其责任感就越强，目标对学生的激励作用也就越强。教师如果一厢情愿，自认为某某学生能力强，某某学生基础好，就强加给学生目标，否则，学生会认为这样的目标是教师定的，与自己无关，进而缺乏责任感，这就降低了目标的诱发力量。因此，在制订学习目标时，教师应该先让学生根据自己的基础和实际能力确定一个目标，然后再帮助学生分析自己制订的目标是否切合实际，如有的学生过于自信把目标定得过高，有的学生由于缺乏自信把目标定得过低，针对这些情况，教师应该帮助学生进一步认识自己，重新制订出切合学生实际的目标。

3. 引导学生要积极面对困难，分层实现目标

学生实现目标不是一帆风顺的，总会经历一些挫折。这些挫折有来自外界的，也有来自学生自身的，还有种种无法预料或控制的情况。面对这些挫折或困难，教师不应夸大其词，让学生误以为目标太遥远，从而产生倦怠心理，甚至放弃努力。

当学生在完成任务的过程中遇到困难或出现情绪低落时，教师要多给学生鼓励，并及时给予引导和帮助，让学生重拾信心，转化困难，从而找到解决问题的办法。当学生完成一个小目标后，教师要及时给予表扬，让学生感受到成功的喜悦，并产生完成下一个目标的动力。

目标是球场上的球篮，是跑道上的终点，是爬山要到达的顶峰，也是促使学生努力学习的强大动力。因此，帮助学生制订一个切实可行的目标，并引导他们去实现自己的目标，这是一名教师工作中的重要内容。

让学生深信知识能改变命运

在教育类辞典中，对知识是这样定义的："知识是对事物属性与联系的认识，具体表现为对事物的知觉、表象、概念、法则等心理形式。"从这里可以看出，知识是一种能力。而那些认为知识不能改变命运、读书无用的学生把"知识"与在学校受的教育，甚至是"学历"等同起来了，显然是犯了一个概念上的错误。

他们忘记了历史上多少伟人都是因为知识才改变了自身的命运，成就了事业：三国时代，诸葛亮上知天文，下晓地理，运筹帷幄，决胜千里；一代伟人毛泽东博览群书，靠渊博的知识领导全国人民改变了中国的命运，谱写出了光辉的篇章……

当今社会最注重人才，因为人才是促进社会发展的动力，而一个人只有掌握了足够的知识，才能成为人才，成为对社会有用的人；反之，就很难被社会认可，甚至会被社会淘汰。一个有知识的人可以改变自己的命运，一群有知识的人可以改变国家的命运。

学生只有学习，才能获得丰富的知识，生命之树才能结满丰硕的果实；学生只有学习，才有力量向理想的目标靠近，让执著的追求书写无愧的人生。

山西省长治市武乡县监漳镇中学的韩小军老师发现，班上有一部分学生不爱学习，上课经常说话、做小动作或看小说。韩老师很着急，初中正是学生学习知识、打基础的时候，这样不用功怎么能行呢？

韩老师所在的学校是一所乡镇初中。这里的学生大多是农民子女，他们来自周围的三乡五村，小学的基础知识水平参差不齐，知识水平和社会阅历也有很大的局限性，这都影响了他们对学习重要性的认识和对待学习的态度。再加上多数学生的父母长年在外打工，也导致不少学生产生了片面的看法，甚至不正确的看法，如读书无用等。

韩老师知道，作为一名教师，如果不对这些学生加以引导，必然会造成他们的思想混乱，也会影响他们的学习成绩与未来。因此，他采取了以下措施，及时引导学生正确地对待学习。

首先，他选择不同的方法，对学生进行调查摸底。

其次，利用家访、家长会，调查每个学生的具体情况。

第三，通过主题班会、报告会、社会调查等形式，因势利导，帮助学生确立正确的学习态度。

韩老师在主题班会上采取师生共同讨论的方式，引导学生运用具体社会事例讲出自己对“知识能改变命运”这句话的看法。

在韩老师的一番鼓励后，有学生发言：“我们村有很多人包山种果树，现在都盖上楼房了。”

“我表哥，初中没毕业，在市里开出租，每个月也有好几千元。”

“我们邻居王某某大学毕业，学习特别好，但没被公司招聘上，现在还不是在家坐着，文凭有什么用。”

听完学生们的发言，韩老师又提出几个问题引导学生讨论：“像你们刚才说的，有人种果树可以发家，开出租也可以致富。可是你们知道在本地种什么样的果树能高产高效吗？种果树最怕病虫害，你们知道怎样预防吗？开出租的人很多，但有人一个月能赚近万元，而有的人则刚刚满足温饱，你们想知道产生这种差别的原因吗？”

“想。”学生们异口同声地回答。

韩老师笑着说：“老师这儿有一份资料，下课后有兴趣的同学可以过来领，这是一位出租车司机介绍他是怎样开出租车的资料。他就是通过物理、数学、地理知识，计算出虽然少绕了点路，但节约了半个小时，虽然少收了1元钱，但根据计算，他一个小时至少应赚32元才能打平油钱、要交的份钱，那么多出半小时，也就等于多赚16元，经过比较，他不但不赔，反而多赚15元。这个司机就是通过这些知识，一个月才赚近万元的。他说：‘是知识让我每个月保持了近万元的收入，而其他同事因为没有很好地运用知识，所以收入不固定，好时虽好，差时甚至可能连温饱都保证不了。’所以说，知识并不简简单单指文凭、学历，它是一种内涵、一种能力，只有有了知识，才能改变我们的生活，改变我们的命运。我们现在上学读书，就是为了获得知识，为将来打基础，为改变我们的命运作准备。”

“相信知识的重要性同学们已经了解了，那么同学们讨论一下，看看生活中都需要运用哪些我们学过的知识，它们是怎样使我们的生活更便利、更美好的？”

经过一番讨论后，学生最终形成了自己的认识：知识是能改变命运的，而要学好知识，就要树立正确的学习态度，培养良好的学习习惯，如此才能改变自己的未来，也才可能成为社会的栋梁。

由上面的案例可以看出，正是因为学生知识的贫乏，才使他们对待学习的态度出现了偏差，得出了“读书无用”“知识也改变不了命运”的错误结论。而这种来自学生内部的认知又往往是空洞教训、空喊口号难以改变的。因此，加强对学生的教育，引导他们扭转新形势下读书无用论的思想，培养他们的学习积极性和良好的学习习惯就成为当务之急。韩小军老师通过与学生的沟通，以主题班会的形式引导学生讲出心里话，并进行讨论，使学生明白知识是能够改变命运的，从而激发他们努力学习的热情和愿望，促使他们为实现自己的理想、改变自己的命运而奋发图强。

知识能改变命运，那么教师应该怎样做才能让学生改变读书无用的想法，并促使他们对学习产生兴趣，进而爱上学习呢?

1. 树立榜样进行激励

学生大多具有独特的判断能力，他们对社会精英的模范行为和英雄事迹，不仅仅是崇拜，还会注意从中归纳出生活的哲理和行动的指南。因此，教师可以用“请进来，走出去”的办法，让学生聆听英雄模范的报告，通过与英雄人物的谈心体会，从而帮助学生树立远大的理想，明了知识能改变命运的道理。

2. 培养积极的学习心态

有的学生认为自身环境不怎么样，不能出人头地，此时，教师应培养学生积极的学习心态，让他们了解不是环境决定命运，而是心态决定命运。积极的学习心态是成功的起点，是生命的阳光和雨露，它会使人成为一只翱翔的雄鹰；消极的学习心态是失败的源泉，是生命的慢性杀手，它会使人受制于自我设置的某种阴影。

3. 开展主题活动，开阔眼界

教师可以围绕一个主题让学生自己设计、组织、开展教育活动，并进行讨论、交流，让学生的创造性得以充分发挥，使之开阔眼界，提高认识，在自我教育中得到思想的升华。

4. 进行实践锻炼，活用知识

教师可组织学生参加校外实践活动，培养学生通过活用知识来解决问题，这种方法在一定程度上能坚定学生“知识就是力量”的信念，使他们更加热爱学习，同时也可以增强他们的社会责任感。

知识是石，可以敲出生命之火；知识是火，可以点燃前进之灯；知识是灯，可以照亮命运之路；知识是路，可以引导学生走向灿烂的明天。教师应引导学生重视知识，尊重科学，并让他们坚信知识能够创造全新的自己，知识能够创造美好的未来。

给学生制定适当的目标

如果篮球架有两层楼那样高，那么几乎没有人可以把球投进球筐；如果篮球架和人差不多高，那么随便是谁都可以不费吹灰之力“百发百中”。由此，我们可以得出：“跳一跳，够得着”的目标最具吸引力。

教育专家林格曾说：“教师在帮助学生设立阶段目标时要注意尺度，‘跳起来正好够得着’应是目标设立的基本原则。”目标就像长在树上的桃子，教学过程中的一切安排都要让学生“跳一跳”就能摘到“桃子”。“桃子”对学生有相当的诱惑力；“让”是教师的诱导；“跳一跳”是学生的努力，而“摘”是学生自主地获得知识。

下面这则案例就是告诉教师如何让学生能“跳一跳摘到桃子”。

自从小沐决定要做软件工程师以后，他在学习上主动了很多，做作业也变得自觉了。但是，这样的情况并没有维持多长时间。因为一次数学考试小沐考得很不理想，这让他开始怀疑自己能否实现目标。

“老师，我真的能当软件工程师吗？现在我的成绩这么差，我要学多少知识才能当上工程师，才能去开发好玩的游戏呢？”小沐忧心忡忡地问老师。显然，小沐对“工程师”这个宏伟的“远景”产生了为难害怕的情绪，再加上这次糟糕的成绩，所以他难免情绪低落。

于是，老师给小沐讲了三个小闹钟的故事。

一个新组装好的小钟摆放在两个旧钟之间，此刻，两个旧钟正在“滴答、滴答……”一分一秒地走着。小钟客气地向两只旧钟打招呼：“嗨，两位前辈，你们好！以后请多多关照！”“别客气，只要用心工作就好了。”一个性情温和的旧钟微笑着对它说。另一个旧钟的脾气有点儿急，它粗声粗气地嚷道：“什么关照不关照的，你这小身子能不能承受我们的工作，我都有点怀疑呢！”听到这话，小钟心里敲起了鼓，难道它们的工作很困难吗？看来，它要先打听清楚才行。

“请问，我们的工作……”

“别问了，”急脾气的旧钟突然打断了小钟的话，“等你摆完3200万次以后，我们再谈吧。说实话，我还真担心你吃不消呢。”“3200万次？”小钟吃惊不已，“要我做这么大的事？我办不到，办不到的……”性情温和的旧钟拍着小钟的肩头，安慰它说："你别听它胡说八道！别担心，也不用害怕，你只要每一秒摆一下就行了，这就是我们的工作。""天下哪有这样简单的事情！"小钟将信将疑地望着它，低声说，"如果是这样，那我就试试吧。"

于是，小钟开始了"滴答、滴答……"的工作。它很轻松地每秒钟摆一下，根本没有感受到劳累和辛苦。就这样，在不知不觉中，一年过去了，小钟共摆了3200万次。

"3200万次！小钟真的摆了3200万次吗？这太不可思议了！"小沐大声地问道。显然，在他小小的世界里，这么庞大的数字还是第一次接触。

老师语重心长地对他说："其实，你就像小钟一样，因为不知道如何把一个宏大的目标分解成一个个小目标，所以，很容易被困难吓住。此时，你需要给自己设定一个个合适的小目标，让自己能'跳一跳，够得着'。如果不需要跳起来就够得着，或者怎么跳都够不着，那就失去了目标的作用。"

针对小沐的实际学习情况，老师给小沐制定了一个短期的小目标：下次考试比这一次少一个"×"。老师告诉小沐：不要管别人怎样，别人学习成绩第一、第二和你没有关系，别人倒数第一、第二也和你没有关系。现在你不是和别人比做得怎样，而是跟自己比做得怎样。每次考试都比上一次少一个"×"，这是很容易的，只要稍稍一努力，这个目标就实现了，这样的目标跳一跳就能够得着。只要坚持下去，你就会不断进步，总有一天你的宏伟目标也会实现的。

下次考试比这一次少一个"×"，这个目标对小沐来说，很容易就能做到。所以，这个目标又让小沐产生了学习的动力。

老师引导小沐把宏伟的大目标分解成一个个"跳一跳，就能够得着"的小目标，因此，当他实现一个小目标，就能体验到一种成功的快乐。就像那个小闹钟一样，每秒"滴答"摆一下，每一天都很充实，实现大目标也就变得很自然，很简单。

教师帮助学生树立目标，既要让学生有机会体验到成功的快乐，不至于望着高不可攀的"桃子"而失望，又不要让学生毫不费力地轻易摘到"桃子"。只有给学生制定适宜的目标，让学生都能"跳一跳，够得着"，才能收到良好的效果。具体来说，教师应从以下几个方面来做：

1. 注意教育目标的可行性和合理性

在制定目标时，教师一定要考虑学生的心理发展水平和心理承受能力。提出的目标要与学生的心理发展水平处于同一层次，使学生通过努力就可以达到，让学生"跳一跳，摘到桃子"。

2. 注意教育目标的层次性和具体性

学生之间的差异是客观存在的。教师要分析不同层次学生现有的发展水平，根据学生的不同情况制定不同层次的目标，并对不同层次的学生因材施教。这样，不同层次的学生就都能够在教师的辅导下轻松愉快地学习，学生的求知欲被唤起了，自觉性也就提高了。

3. 及时表扬学生并调整目标

教师在施教的过程中，应注意及时表扬学生并调整目标，从而更进一步地引发学生的内在动力。学生一旦发现自己成功，就会产生一种满足，就能恢复他们的自尊心和自信心，进而升华、转化为学习的动力。教师应使每个学生都能获得成功的喜悦，从而增强他们前进的信心。如对学习有困难的学生，教师不宜一下子对他们提出过高的要求，而是先提出一些比过去有进步的小要求，当学生达到这些小要求后，再通过鼓励逐步向他们提出更高的要求，这样的要求往往可以让学生更容易接受。

教师如果在课堂上设计的问题、布置的习题、预设的教学目标太简单，学生不用“跳一跳”便能轻而易举地解决、完成，他们就会对知识的获取失去新鲜感、神秘感和兴趣，对目标的追求热情也将大大消退乃至消失；教师如果预设的目标过高，学生奋力“跳一跳”也无法摘到“桃子”，他们便会望而生畏，丧失信心，从而产生自卑、消极等一系列心理障碍。因此，预设一个“跳一跳，够得着”的教学目标，营造一个能激励学生“跳起来”的教学氛围，十分重要。

2

兴趣效应：

以兴趣为引力，让学生做到“我要学”

兴趣是最好的老师。当学生对学习有兴趣时，他们才能变“要我学”为“我要学”。所以，在教学中，教师利用各种教学手段激发学生的学习兴趣，显得尤为重要。教师与学生在课堂互动中都会变得轻松，教学效果也会非常理想。

多角度激发学生的学习兴趣，让学生爱上学习

兴趣是指人们力求认识某种事物和从事某项活动的意识倾向。对学生来讲，兴趣是他们学习动机中最现实、最活跃的成分，是促进他们进行求异思维的原动力。古今中外，凡学有所成的人，无不对学习一直保持浓厚的兴趣。华罗庚也说："有了兴趣就会乐此不疲，好之不倦，因之也就会挤时间来学习了。"如果学生不能对学习保持兴趣，就会认为学习是一件痛苦的事情，就不可能心情愉快地学习、主动地学习，更不可能变"要我学"为"我要学"了。

而事实上，造成一些学生学习差、偏科的重要原因之一，就是他们失去了对某些知识或个别学科的学习兴趣，或者教师的教学不能激起他们对某个知识点或学科的兴趣。

例如，上《火烧云》一课前，北京市丰台区人民村小学教师刘秀红，原计划放火烧云的录像，让学生通过欣赏晚霞的变化之美，对本课的内容产生学习兴趣。结果，她没有找到相关资料。

刘老师灵机一动，想到了利用学生的绘画兴趣和才能，充分调动他们的学习热情。于是，她提前布置了一项作业，让学生课前细读课文 3 至 7 自然段，并根据文中内容进行联想，然后画出一幅火烧云变化中的图形。

第二天，学生都带着自己的画兴高采烈地坐在座位上，等着展示给大家看。

开篇前，刘老师先在黑板上画了一幅简笔画，让学生从表象识别霞光和火烧云。这样有了鲜明的图像，学生就能从总体上认识火烧云了，从而产生学习兴趣。

在丰富学生表象的基础上，刘老师又鼓励他们大胆地进行加工、改造、夸张、连接，使学生建立了大胆想象的心向和态度。

学生读完课文后，刘老师又板书"出现→样子→变化→消失"这一行字，让学生拿出自己画的火烧云。刘老师从中挑选了几幅画得比较逼真的"火烧云"上台展示。展示完后，她又找了几位学生按照课文中作者描绘火烧云的方法，讲了讲这几幅画的内容。

至此，学生的学习热情已经被激发出来了。但刘老师却没有就此罢手，而是适时地出了一道"附加题目"。她要求学生抛开图画，按照"出现→样

子→变化→消失”的火烧云的发展变化顺序，通过丰富的想象，并结合其他动物或植物来形容火烧云的形状。

刚开始，学生是同桌之间进行小声而激烈的讨论，很快就有学生勇敢地站出来进行形象的描述了。一个学生带动一个学生，一瞬间，大家都跃跃欲试想说说自己心中的火烧云。

学生们有的说火烧云像抓鸡的老鹰、下山的猛虎、怒吼的雄狮，有的说像游动的火龙、啼鸣的公鸡、飞舞的火凤凰，还有的说像龟背竹、月季花、一片红叶……

顷刻间，学生情绪高涨，课堂气氛又一次达到了高潮。

没有相关教学资料，刘老师就从学生感兴趣的绘画入手，让学生自己去创造教学资料。通过绘画火烧云，学生就能直接感受到火烧云的美。

讲解完后，刘老师又让学生展示画作，从而给了学生一个自我展示的平台，让他们享受到了成功、被认可的喜悦；抛开图画、自由想象的环节，让学生伸开思维的翅膀，尽情想象火烧云的样子……

这一切都与平时的课堂学习不一样，都充满了新奇与变数，它怎能不激起学生的兴趣，让学生情绪高昂地参与其中呢?

学生的头脑是等待被点燃的火把，学习兴趣就是火把的助燃剂。学生只有对学习产生浓厚的兴趣，才会专心听讲，积极思考，进入最佳的思维状态。在教学实践中，教师也应像刘老师一样，想方设法地从各个角度来激发学生的学习兴趣。

关于兴趣，古今中外的圣人、学者早已做了数不清的论述。“条条大路通罗马”，激发学生的学习兴趣，让学生爱上学习也是一样，不可能只用一种方法。那么，教师可以从哪些角度激发学生的学习兴趣呢?

1. 制定目标，调动兴趣

教学目标不仅对教师起着导向作用，而且对学生的学习也起着积极的指导作用。学习目标可以激发学生学习的兴趣，增强学生学习的信心，并激励学生为实现目标刻苦钻研，积极进取。

教师应结合学生实际，对学生进行全面分析，帮助学生制定一个高低适宜的学习目标。通常，学习目标应略高于学生原有的学习基础和学习水平。比如，就近期目标而言，这个学期的目标成绩应高于上个学期，并且逐步提升，达到理想的高度。

2. 激发情感，诱发兴趣

我们传统的教学往往忽视了教学中的情感因素，它将生动、复杂的教学活动局限于固定、枯燥的知识传授中，而“新课标”则要求教学处处以人为本，强调情感、态度和价值观必须有机地融合到课堂教学中，并成为教学过程的灵魂。

这就需要教师结合教学内容及学生的年龄特点，通过创设一种特定的学习情境和学习氛围，有效刺激学生的求知欲望，激发学生自主学习的积极性与主动性，从而让学生产生自主学习的动机。

在具体操作时，教师可以从以下几个方面着手：与学生建立朋友关系，相互尊重，相互信任，共同探讨教学中的疑难问题；评价学生时力求多元化，允许学生出错，鼓励学生大胆发言；努力发现学生的闪光点，让他们感受、品尝成功的喜悦；充分挖掘教材中的积极因素，以此拓宽学生的学习领域……当教师把课上得如此情意浓浓时，学生自然会积极、主动地学习。

3. 师生互动，相互评价

教学过程是师生交往、积极互动的过程，是教师的教和学生的学有机统一的过程。从某种角度来讲，以往学生学习不主动、厌学，不是他们不愿意学，而是教师不愿意放手让他们学。为了提高教学质量，教师经常一味地“灌”知识，结果从根本上忽视了学习的主体地位。所以，教师要首先从思想上认识到学生和教师都是教学过程中的主体，都是活生生的人；其次，教师要与学生建立密切的教学关系，培养学生的合作意识、参与意识、挑战意识。只有这样，学生才不会在教学过程中一直处于被动地位，而会充分调动自身的学习积极性。

苏霍姆林斯基说：“成功的体验是一种巨大的情绪力量，它可以促进学生好好学习的愿望。缺少这种力量，教育上的任何巧妙措施都是无济于事的。”当学生在学习中不断取得成功时，他们就会产生无比的快乐和自豪，从而对学习产生兴趣，并进一步督促自己爱学习、好学习、主动学习。作为教师也应努力创造条件，让学生获得成就感。

4. 创设活动，增加兴趣

中小学生学习兴趣的激发和保持，与活动是分不开的，丰富多彩的教学活动是激发学生学习兴趣的有效策略。在课堂教学中，教师不仅要想办法让学生“动起来”“活起来”，鼓励学生主动去动脑、动手、动口，而且还要鼓励学生用多种学习方式学习。此外，教师还应多组织一些游戏、竞赛、答辩等活动，让学生自由快乐地学习，使学生感受到学习是一件很有趣的事情。

兴趣是思维的动力。教师只有创设出使学生对新知识产生兴趣的情境，帮学生制定“跳一跳”，就能“摘桃子”的目标，只有与学生多进行有效互动，多角度地激发学生的学习兴趣，从而才能调动起学生学习的积极性和主动性。

注重兴趣迁移，让学生不再偏科

经济学上有一个著名的理论叫“木桶理论”，它是指决定木桶盛水量的多少，不是由围起木桶最长的那块木板决定的，而是由最短的那块木板决定的。

正如木桶理论所说的，学生只有均衡发展，不偏科，才能全面提高成绩，提高自身的综合素质。偏科是指学生在学习中不能正确对待各门学科的学习，把主要精力集中于喜欢的学科，而忽视甚至放弃其他学科的学习。久而久之，学生各学科成绩就会出现较大差异，形成“强科”与“弱科”之分。

随着素质教育思想的提出，随着高考“3+X”模式在全国的实施，学生综合素质的提高成了一个新课题。但因为学生的智力差异以及学习习惯与兴趣的不同，在对待不同学科时就会有偏差，形成偏科。学生偏科现象出现的高峰期在初中，这与初中生特定的心理、生理以及课程的加重有关。

人们在分析考生考试成绩差的众多原因时发现，偏科是其中最常见、最重要的一个原因。对此，教师不妨用计算的方法来帮助学生分析一下偏科的危害。

在考试中，语文、数学、英语三科的满分都是150分，理科综合（或文科综合）的满分是300分，高考录取分数线按500分来计算，那么做一个理想化的假设，某学生不偏科，他的语文、数学、英语三科每个科目考100分，综合科目考200分，加起来恰好是500分，这刚刚达到录取分数线。

如果某学生有一门存在偏科现象，不妨假设他的英语存在偏科现象，还有一门成绩一般（假设是数学），那么估算一下这个学生的成绩，英语是50分，数学是90分，语文是110分，综合科目必须考250分，才能达到录取分数线。

如果某学生一门偏科（英语）、两门一般（数学与语文）、一门不错（理科综合或文科综合），再来估算一下这名学生的成绩：英语是50分，数学是90分，语文是90分，那么，这个学生的综合科目必须考270分才能达到录取分数线，这太难了！

通过上面的估算，相信谁都能明白偏科的危害了，所以教师应该对学生的偏科现象给予足够的重视，并及早加以解决。中小学是基础教育阶段，学生们应该在这一时期为日后成才打下坚实的基础。任何一门课程的偏废，都会为日后的“高楼大厦”埋下严重的隐患。从未来的工作需要来看，日后每一个人的工作都将是综合性的，且工作变动性很大、很快，一项工作、一个问题的解决，往往要用到许多领域的知识，培养复合型人才已成为国内外教育界一个公认的目标，这一切都要求学生在学习阶段不能过分偏科。

青岛市超银中学四方校区张凤仙老师发现，期中考试过去了，很多学生由于偏科，总分不高，情绪也有些低落。张老师所在班的小楠就因为英语偏科，总成绩落下了，而导致情绪十分低落，甚至都无法好好听讲了。看到小楠的状况，张老师很着急，决定帮小楠处理偏科的问题。

张老师通过与小楠沟通，了解到小楠偏科的原因。原来，小楠在初二的时候转到了一所新学校，英语老师是一位男老师，习惯一上课就让学生背单词，默写单词。

“有一次英语课上，同桌偷偷地递给我一本漫画书，我眼前一亮，因为我也是个漫画迷，我们趁老师不注意就偷看起来，接连几节英语课我们都是这样度过的。”小楠说，“结果那次英语测验，我就考了 63 分。”

看到张老师并没有严厉批评他，小楠羞愧地低下头接着说道：“我也想赶上去，可是毅力不足没有效果。我想好好记单词，把落下的功课补回来，可是前面的内容还没记住，老师又开始教新内容了，最后还是什么也记不住。结果，以后的考试成绩就越来越差，偶尔及格一次就感觉是‘超水平发挥了’。”

张老师还了解到，现在小楠上初三了，对自己每次英语考试成绩在 50 分左右虽然已经习惯了，但还是很羡慕那些学习好的同学，不过却不想和他们在一起玩，怕遭到他们的取笑。而且上英语课时，若老师不用中文讲，有时候他都听不懂老师在讲什么，一上英语课就“头痛”，考试的时候很多单词都不认识，也就不明白问的问题是什么意思，基本上是靠猜、碰运气做题。小楠虽然很想把英语学好，但这个科目就像一个沉重的包袱压得他喘不过气来。

通过了解，张老师认为小楠偏科的主要原因还是对英语没有兴趣，信心不足。但自己应该如何帮助小楠呢？为此，张老师制定了以下几条策略：

第一，让小楠通过自我暗示等方法激发自己对英语学习的兴趣，并试着帮助他找出其在英语上的优势，提升他的自信心。

第二，由简到繁，让小楠进行自我摸底。首先让小楠从小的知识点开始学起，把知识点串联起来，在理解的基础上增加练习，过一段时间后再给小楠找一套卷子，让他在规定时间内认真做一遍，并自己给自己评分。这样通过每一次进步给小楠带来成就感，帮助他增强自信心。

第三，由短到长，鼓励其持之以恒。因为兴趣的原因，刚开始的时候若学习时间过长会增加小楠厌倦感，所以，张老师为小楠制定了一个循序渐进的学习计划，争取让小楠高效踏实地进行学习，并且还告诉小楠："偏科不是一天造成的，因此解决偏科也不是一日之功，需要不断坚持下去。只要能坚持下去，偏科的现象就一定会得到改善。"

小楠在张老师的鼓励与支持下，坚持按照张老师的策略一步步纠正自己英语偏科的问题，在中考时小楠考出了张老师和自己都觉得满意的英语成绩。

学生偏科的原因有很多，教师只有"对症下药"，才能帮助学生解决偏科的问题。小楠的偏科是因为初二时英语老师的教学方法影响了他对英语的学习兴趣，而等他有兴趣学习了，又因为他的基础差、学习方法不对，导致成绩很难在短时间内有所提升。张凤仙老师根据小楠的情况，针对小楠偏科的原因，为他量身制定了学习计划与学习方法，让他由简到繁、由短到长、持之以恒地学习。同时，张老师还不时地对他进行鼓励，通过激发他的学习兴趣，增强他的自信心，最终帮小楠解决了偏科的问题。

具体来说，教师应该怎样做才能解决学生偏科的问题呢？

1. 与学生进行沟通，告诉学生偏科的危害性

教师可针对学生具体偏差的科目在考试中所占的分值，让学生自己计算偏科所差的分值对升学总分的影响，从而让学生认识到要升入理想学校，乃至将来考入理想的大学，偏科是多么大的绊脚石。只有学生真正认识到这一点，他们才有可能自觉去提高较弱的学科的知识水平。

2. 培养学生对偏弱学科的学习兴趣

"兴趣是最好的老师。"有的学生偏科可能是对某一学科缺乏兴趣，不想学就很有可能学不好，学不好就更不想学，从而形成恶性循环。对此，教师可针对学生的具体特点和具体原因进行分析，针对学生偏弱的学科多给学生讲解该学科领域成功者的探索精神、应用成果和相关的人文趣事等，从而让学生从心理上自觉消除对偏弱学科的厌恶感和抵触情绪。

3. 班主任定期或随时与其他任课教师交流

班主任要有主动沟通的胸怀和气度，与其他任课教师产生一种"向心力"与"感召力"，达到和谐融洽、心灵相通的境界，来共同解决学生的偏科问题。同时，班主任要积极维护和提升其他任课教师在学生心目中的地位与威信，这可以调动学生学习其他科目的主动性，提高学生的整体成绩。

当学生普遍对某一教师产生信赖时，就会形成强大的学习动力。同时，学生的尊重与信赖对教师来说，也是一笔宝贵的财富和值得倍加珍惜的荣耀，它必将化作教师工作的动力。

4. 教师要积极主动地与家长沟通

教师要积极主动地与家长沟通，告诉家长激发学生学好弱势学科的兴趣的重要性，恳请家长配合。让家长对孩子多鼓励，不要为孩子偏弱的学科制定过高的目标，要对孩子的偏科学习境况表示理解，而非过分苛责。此外，对孩子在偏弱学科上的每一次小的进步都要多加赞赏。只有做到家校合力，才能让偏科学生不再有学习的负担和压力。

针对学生的偏科现象，教师还有很多值得思考的问题，从理论上讲，教师应该根据每个学生的特点因材施教。教师在纠正学生偏科问题时，不仅要保障学生“优势学科”的发展，而且还要保障学生的“非优势学科”的发展，要善于发现学生的点滴进步，并及时给予肯定和鼓励，从而激发学生对该学科的兴趣，让学生不再偏科。

吸引学生的注意力，杜绝学生的多动症

好动、调皮是孩子的天性，但是如果有一些学生的下意识动作明显比同龄学生多，且自控能力差，不能安静下来，教师就要有所警惕，看看学生是否患有“多动症”。多动症是学生最常见的病症之一，主要表现在注意力不集中、冲动、任性、活动过多、学习困难等方面。

这些学生的情绪不稳定，极易冲动，一兴奋就手舞足蹈，忘乎所以，稍受挫折就发脾气、哭闹。同时，他们个性倔强，不愿受别人制约且排斥其他同学，所以很难与其他学生相处。

虽然多动症学生的智力大多正常，但学习成绩普遍很差，其中一个关键原因就在于他们上课、做作业时不能集中注意力。

对于这样的学生，教师首先要从吸引他们的注意力入手，让他们的注意力能够尽量保持稳定，从而能够静下来，专心地学下去。

吕爱君是建德市寿昌小学的一名教师。吕老师刚接手一个三年级的班级时，班上的学生小明过于好动，引起了她的注意。据其他代课老师反映，小明一直有多动症，老师每天布置的作业，他都不能按时完成，平时测验时，他都会留下二分之一或三分之一的内容完成不了，甚至连期末考试时也是这样，很多老师都对他的行为感到头疼。

经过吕老师一两个星期的观察，她发现小明的确有多动症的迹象，主要表现在他平时做作业或听课时，很难集中注意力，一会儿玩铅笔或橡皮之类的小玩意儿，一会儿又钻到抽屉里去找什么东西，此外还经常和其他同学说话，严重影响自己与他人的学习。为了杜绝小明这种多动症的行为，吕老师决定从以下几个方面做起：

1. 充分交流，及时引导

针对小明注意力不集中而且多动的现象，吕老师决定经常和他进行心灵上的交流，了解他的内心想法。从多次谈话中吕老师了解到，小明其实也想把作业做好，只是每次做作业时，他总是管不住自己，不知不觉就做起小动作来，有时还会不由自主地发呆，自己也不知道在想什么，因此也就不能按时完成作业了。针对这种情况，吕老师和小明达成了一条协议，如果以后在课堂上做作业，老师发现他在玩时，就会走过去摸摸他的头以示提醒。

2. 家长和学校共同努力

吕老师还经常与小明的父母联系，及时了解小明在家里的日常表现。吕老师还建议小明的父母不要采取粗暴的手段解决小明学习上的问题，而是要多关心他。如果发现小明在做作业时贪玩了，父母就要马上提醒他。

3. 利用兴趣，制定教学计划

吕老师抓住小明对数学学科感兴趣的特点，和小明约定：前两个星期内，一天的数学作业可以分两次完成。到第三个星期时，吕老师要求他必须在放学之前完成作业，但对正确率可以放宽要求。到第四个星期，吕老师要求他不仅要一次性完成作业，而且正确率也要提高。吕老师制定的这个阶段性的学习计划可以更好地激发小明的学习兴趣。

4. 充分利用集体的力量

由于全班同学都知道小明有这一问题，因此，吕老师利用班会引导学生明白帮助别人就是在帮助自己，倡导大家一起帮助小明改掉这个毛病。首先，吕老师鼓励其他学生主动去找小明玩，但有一个条件，小明必须和其他同学一样把作业完成了，这样可以促使小明去完成作业；其次，吕老师要求坐在他旁边的同学在上课、做作业时不能去搭他的话；再次，不管是谁，如果看到小明做作业时又在贪玩了，都要友好地提醒他。

5. 及时鼓励

当小明在克制多动症方面有进步时，吕老师就在班上借机表扬他，并把他的每一点进步都及时地告诉他的父母。另外，吕老师还建议小明父母根据他在家里完成作业的表现，多给予他一定的奖励，比如奖励他一个新的作业本或橡皮等。

一学期快结束了，在吕老师和同学们的帮助下，小明发生了很大的变化。在学期最后的几个月里，小明每天都能在放学之前完成作业，从第三次测验起，他的卷子上再也没有出现过空白，学习成绩也有了很大提高。

从上述案例中可以看出，小明顽皮、不遵守课堂纪律，上课不认真听讲，不是他不想学习，也不是他故意要跟老师作对，而是多动症让他对自己的行为缺乏自我控制能力。

自我控制能力的发展，直接影响着人的学习、生活、社会交往及其人格品质和良好个性的形成。如果一个人没有或缺少自我控制的能力，就有可能在有意或无意中侵犯他人的权利，同时自己的权利也会受到威胁；缺少自控能力，也会常常与别人发生冲突，违反社会规则，也会失去获得成功的自我保障因素。

作为教师，要正确认识多动症学生的行为，理解他们的表现，包容他们的过错，同时，还要积极寻求良好的教育对策，帮助多动症学生逐步改变自己的行为。

1. 设计游戏活动，提高自控能力

美国著名学者巴克利认为：注意力缺陷只是表面现象，背后的机制是学生不能抑制自己的行为，不能自控。抑制反应功能的发展性落后造成了学生自我控制缺陷。

游戏，是提高自控能力的有效途径。游戏既可以促进学生认知能力的发展，也可以促进学生社交能力的发展，还可以促进学生良好情绪情感的发展，让学生愉快地接收正面教育。因此，教师可以利用游戏来开发学生智力，并通过游戏活动增强他们的自我控制能力。

2. 提出清晰的要求，改变不良行为

单纯靠教师提醒、制止来减少不良行为，并不能顺利达到教育的目的。教师应使多动症的学生主动意识到自己的行为不对，让他们知道自己应该怎么做，并且实施明确的自我教育，从而帮助他们改变不良行为。

（1）增强克服多动行为的自觉性

一个人的思想决定了他内心的体验和反应，要转变学生的多动行为，必须让学生对多动行为有一个正确的认识。

例如，教师可以利用班会时间引导学生表演故事，如“小猫钓鱼”“小猴子下山”等，通过体验不同角色、对比不同效果，引导多动症学生积极参与讨论，使他们在讨论中懂得这个道理：好动不专心是学不好本领的，是不受人欢迎的。从而增强他们克服多动行为的自觉性。

（2）提出具体的要求

多动症的学生常常会忘记纪律，特别是一玩起来就会忘记自己该怎么做。为了使他们能较好地控制自己的行为，每次活动之前，教师都要提醒他们要遵守纪律，对他们提出明确的要求，使他们知道活动中可以做什么，不可以做什么。

（3）培养他们的自尊心和自信心

教师对多动症学生提出的要求，他们未必能够做到，这就需要教师懂得如何遵循学生的心理特点来管教学生，帮助学生克服学习上的困难，提高学生的学习成绩。教师不应该对学生歧视、指责、打骂或施行体罚，而应反复对学生进行教育和帮助，培养他们的自尊心和自信心，消除他们的紧张心理，帮助他们提高自控能力。

3. 培养学生的兴趣，稳定其注意力

兴趣是最好的老师，人们在做自己感兴趣的事情时，总会很投入、很专心。多动症的学生也会对其感兴趣的事物注意力集中，因此教师可利用其兴趣提高他们的注意力。

（1）积极发现兴趣

学生在生活中接触周围的一些事物时，总会表现出他的兴趣和积极动作，这需要教师主动去发现。

（2）努力挖掘兴趣

学生的兴趣都不是自发的，而是在社会提供的种种条件下逐步发展和形成的。因此，教师在教育过程中，应该让多动症的学生学会多看、多听、多尝试、多动手，让他们与周围的人和事物有更多的交往和接触机会，逐步培养他们的认知能力，挖掘他们潜在的兴趣。

（3）尽力培养兴趣

单一的活动，会让多动症的学生不能保持注意力的集中，因此教师要培养他们更广泛的兴趣。教师可根据他们的心理特点和能力，让他们参与更多有益有趣的活动，在不同的活动中逐步培养他们的各种兴趣。

4. 对多动症学生的行为有相应的奖惩方式

教师的鼓励，对学生来说是最好的引导。教师要及时对多动症学生的安静行为给予鼓励。如果学生表现出安静听讲，小动作少，能与同伴合作完成某件事时，教师应及时给予口头表扬或奖励；若学生乱跑、乱喊、做恶作剧时，教师应及时给予批评或取消其某种权利。另外，教师在平时还可对这些学生采用特殊的“积分奖励法”，比如每个好行为画个红星，坏行为画黑圈，一个黑圈抵消一个红星，累计一定数量的红星可换某种奖励或权利。

多动症学生是一个特殊的群体，教师对其行为的调控是一个持久的过程。作为教师，应竭尽全力为多动症学生创造更多能激励他们学习的条件，用爱心、耐心、信心，通过各种途径培养他们的学习兴趣，引导他们从事自己喜欢的活动，让他们在活动过程中注意力能趋向稳定，从而减少不良行为的发生。

兴趣引导，让学生乐于发言

学生“不爱发言”主要是指学生不爱说话、不会说话和不想说话，即不参与，也不表达。学生如果上课时一直不发言，教师就不知道他们的知识掌握情况，就不能进行有针对性的讲解，学生也就无法理解、掌握想学或有疑问的知识。只有勇于提问、发言，教师才能有针对性地开展教学，学生也才能真正领悟知识的真谛。

学生积极发言是听说结合能力强的表现。听说结合能力是指学生有能力听懂教师所说的话，并能作出较复杂而有意义的语言反应的能力，它涉及学生的联想、推理及判断等多种能力，是学生成功沟通的基础。

不爱发言的学生是不可以忽略的中间地带，他们也有丰富的思想，只是不善于表达罢了。因此，教师应该点燃这类学生思维的火花，通过耐心点拨，积极鼓励，创造条件让不爱发言的学生发表见解。教师只要坚持循循善诱，学生就会展现自己的风采，成为踊跃发言的主动学习者。

张家圩中心小学的胡修梅老师发现，最近班上的学生上课时越来越不爱举手发言了，她的几次提问都遭遇了“冷场”。胡老师明白，学生上课不爱发言，就会对老师的提问有一种事不关己的感觉，不能投入学习中，也会缺乏学习的激情。而且学生不爱发言，也不能很好地配合教学，课堂气氛也无法活跃。胡老师觉得，自己有责任唤醒学生的学习积极性，激发他们的学习兴趣，让他们活跃起来，踊跃发言。

胡老师通过观察、沟通了解了造成学生不爱发言的原因。原来，学生觉得他们年龄大了，如果发言错了，就会当众出丑，就会很尴尬。

一部分基础较差的学生说：“有时候老师提出的问题太难了，我们不知道答案，答不上来，就不爱发言了。”

还有的学生说：“我们担心问题答错了，可能会受到老师的批评和同学们的嘲笑，而不回答就没有这种担心了。”

弄清了原因后，胡老师决定采用鼓励的方法来打消学生的担忧，从而激发学生发言的兴趣。根据学生的不同情况，胡老师采取了不同的鼓励话语，具体包括以下四种类型：

第一，期待性鼓励。当她提出问题而课堂上一片沉闷时，胡老师就会用期待的眼神望着学生："老师多么想看到全班同学都高举着小手，你们不会让老师失望吧！"看着她热切的目光，听着她期待的话语，学生的手就慢慢地举起来了。

第二，激发性鼓励。课堂上，胡老师常常会给后进生表现的机会，当这些后进生回答不上来时，她就会鼓励他们说："你再想想，你有个聪明的脑袋，老师相信你会想出来。"有时她还会为学生提示，让他们顺着她的思路讲，这样难度小了，学生的信心增强了，也就爱发言了。

第三，表扬性鼓励。许多学生都很在意老师对他们发言的评价，所以每当学生回答完问题或朗读完课文后，胡老师都会对他们进行表扬性鼓励。

对发言好的学生进行表扬时，胡老师会说："听了你的朗读，我有一种身临其境的感觉，你的朗读让全班同学都陶醉了。""你说出了我的心声。"等等。

对于回答问题声音小或者回答得不是很理想的学生，胡老师动了一番脑筋，找出这些学生的闪光点进行表扬，说："你的叙述条理很清晰，如果声音响亮点，老师和同学就更爱听了。""你的站姿很端正，老师看了特别喜欢。"

胡老师总是在学生发言完后，给他们一个及时的肯定，一句由衷的赞扬，让学生享受到积极发言的乐趣。

第四，谅解性鼓励。当学生在回答问题出错时，她不是严厉地指责，而是给予他们宽容和谅解："不要慌，胆大些，错了没关系，正确正是通过一步步纠正错误而得出来的。"她还告诉学生："老师以前胆子也很小，也爱紧张，多练练就会好起来的。"

通过努力，胡老师拉近了与学生之间的距离，学生消除了顾虑，不再担心答错被老师批评了，所以也就敢于举手发言了。

学生上课不爱发言既有主观原因，也有客观原因；既有知识储备不足的问题，也有语言表达能力欠佳的问题，还有信心不足、胆量不足等原因。所以，教师要根据不同学生的不同问题，采取不同的策略来激发他们的兴趣，帮助学生克服不爱发言的障碍，让学生不再害怕发言，甚至敢于争先恐后地举手发言。

那么，教师可采用什么方法来激发学生的兴趣，让学生爱发言呢？

1. 通过精美的教学设计激发兴趣

教师的教学设计要精美，问题需要具有逻辑性、连贯性、针对性，一环紧扣一环，层层推进，使学生很快进入认真思考的良好状态。学生脑中有所想，心中才会产生情感、智慧，才会有强烈的表现欲，想表达自己的观点。

2. 积极鼓励激发兴趣

教师提出问题时，不要急于找某个学生回答，而要留给学生充足的思考时间，并在此时用最富影响力的语言鼓励学生勇敢地把手举起来。此时，如果从不举手的学生举起了手，教师要尽量把机会留给他们，不管他们回答得正确与否，教师都应该对他们的勇敢尝试给予肯定。

3. 创设轻松气氛激发兴趣

教师可以通过创设一个轻松的发言气氛，来提高学生的回答兴趣。如教师可组织类似接龙的问答游戏，即提出一个问题，学生思考之后，让学生按座位顺序依次回答，不必举手，学生只需要站起来说出自己的答案。为了保证回答过程连贯下去，每个学生都会努力思考，认真回答。那些在平时不爱举手发言的学生，在连贯的问答中也会消除紧张心理，轻松自然地站起来回答问题。

所以，教师在了解学生性格特点的基础上，激发他们的表达欲望，不仅能促使学生的口语能力在原有水平上获得不同程度的发展，而且还能让学生变得活泼开朗，从而爱上学习。

提高学生独立思考的能力

一个年轻的日本推销员在饭店吃饭时，看到一个欧洲人在喝茶。欧洲人的鼻子大而高，可茶杯的口却小而圆，要想喝完茶水，欧洲人就必须仰起脖子，其情形颇为狼狈。

在大家都感到滑稽的同时，日本推销员突然有了一个想法：“为什么不生产一种便于欧洲人喝茶的杯子呢?”

这个日本人回到公司后，立即让公司技术人员研制生产出了一种“斜口杯”，结果这种杯子很快风靡欧洲市场。

茶杯的杯口是圆的，这是东方人千百年来视之为当然的事，从来没有谁想过要改变。但这种圆口的杯子却不适合欧洲人，年轻的日本推销员很快觉察到了这个问题，他打破人们的惯性思维，进行了独立创新，并最终获得了成功。

独立思考是指人们在对事物既有认识的基础上对某个问题进行的独创性的思维活动。学生的独立思考能力包括对知识的理解能力，对解题思路的分析能力，对证明过程、分析过程的逻辑推理能力，以及对解题方法、解题规律的概括能力，它是学生能否运用知识正确解决问题的先决条件。

让学生独立思考，不仅仅是一种学习方法或教学方法，更是学生学习过程中的一种不可侵犯的权利。教师有引导学生如何去思考和判断的义务与责任，而没有代替学生去思考、判断的权利，即教师不能把一种已经预设的、唯一的、他人的思考结果强加给学生。

以往激发学生学习兴趣时，教师比较注重形式和手段的运用，如教学语言的浅显生动、教学活动的多样化、教学形式的新颖活泼……这对激发学生的学习兴趣确实起到了不少作用。但是，一个人对一种活动、一个事物的强烈而持久的兴趣主要来自两个方面：一是外在的、形式上的和感官上的兴奋，如果不能在形式上不断地推陈出新，那么这种兴趣很快就会消失；二是内在的、内容上的和心灵深处的兴奋，其具有较好的持久性，它的形成与消失都会经历一个较为漫长的过程。教师只有启发、引导和培养学生终身热爱学习的“好奇心与成就感”，学生才能获得持续的、恒久的学习兴趣。而学生的独立思考，恰恰就是培养学生好奇心与成就感的重要手段。

在教学中，教师应努力将独立思考作为学生的兴趣引力，引导学生将被动的学习尽快转化为主动学习。

教授《孔乙己》一课时，江苏省宝应县实验初中的杨权应老师穿针引线，由此及彼，在归纳总结的基础上，指导学生深入课文，进行独立思考。

（引导学生对孔乙己的人格进行了一番分析后）

师：老师发现孔乙己的一生始终没有跳出一个“半”字。

生：“半”字？

生：什么意思？

（看到学生好奇地发问，杨老师微笑着板书了一个“半”字）

师：看来同学们都想知道。那么，大家再读一遍课文，看看谁能从文中找出与孔乙己有关的、含有“半”字的语句或暗含“半”字的内容。

生：孔乙己说话时，总说一些“之乎者也”的话，让人“半懂不懂”。

师：你找得很准确，这说明了他说话时让人“半懂不懂”。课文中还写了他哪些让人“半懂不懂”的话？

生：当别人取笑他偷书时，他却说：“窃书不能算偷……窃书！……读书人的事，能算偷吗？”什么“君子固穷”，什么“者乎”之类的话。

生：当孩子再向他要茴香豆时，他却说：“不多不多！多乎哉？不多也。”

师：同学们找得非常准确。老师想要追问一下的是：他为什么总是说一些让人“半懂不懂”的话？

生：他想显示自己是一个读书人。

师：仅仅就是证明自己是一个读书人吗？有没有不同的观点？

生：因为他学的是四书五经，那些内容都是一些文言文。他读得很认真，所以就与书上面一样了。

师：不错，受了书本的影响，还有呢？

生：他思想上认为自己是一个读书人，是一个上层社会的人。他要显示自己的与众不同。

师：这说明他思想上深深地受着什么影响？

生：科举制度的影响。

师：很好，你看得很深，思考得很透，看到了当时的封建科举制度。孔乙己之所以说这些让人“半懂不懂”的话与科举制度对他的影响有关。同学们还找到了哪些内容？

生：他做什么事都只做一半。

师：为什么这样说呢？

生：替人家抄书时，结果人和笔墨纸砚一齐失踪。

师：不错，能用一个成语来说明吗？

生：做事时“半途而废”。

师：孔乙己的字写得非常好，这得益于他的勤奋。如果在现在，孔乙己做一个书法老师绝对没有问题，可是他为什么不好好地把书抄下去呢？可能有哪些原因？

生：他好喝懒做，好逸恶劳。

生：他怕吃苦，想不劳而获。我认为这是他的品质不好。

师：对的。孔乙己好逸恶劳的个性决定了他做事“半途而废”，可是他读书时却还矢志不渝啊！再想一想，在他的思想深处跳动的是什么？

生：孔乙己一生就想做官，他一直想通过科举考试实现他的梦想。正是因为如此，我认为他信奉的是“万般皆下品，唯有读书高”，所以他不愿意劳作，也就出现了连“人和笔墨纸砚一齐失踪”的事。

师：也就是说，做事“半途而废”不仅仅与他的个性有关，也和科举考试对他的影响有关，看来封建社会的科举制度对孔乙己的影响不小。

生：孔乙己读了半辈子的书，可结果连半个秀才也没捞着！

师：苦读半辈子，却连半个秀才也没捞着。也就是到最后，他什么也没有，一事无成。老师就纳闷了，他为什么不改行呢？为什么非要在一棵树上吊死？

生：因为他一心就想做官，想通过做官来发财。

生：因为在他的思想深处就已经认定了一个方向，那就是通过读书来谋取功名。

师：同学们思考得很深刻，触到了孔乙己的灵魂。的确，他的灵魂、他的思想都受到了封建科举制度的影响，是科举制度造成了孔乙己的悲剧结局。

生：最后，孔乙己虽然死了，可是他的姓名仍然记在酒店的粉板上。

师：这和“半”字有关吗？

生：我们中国人有句古话叫“入土为安”。可是，孔乙己死了，却被人牵挂。所以，他并没有完全死，只死了一半。

师：你分析得非常深入。老师要反问一句，孔乙己死了，是真的被人“牵挂”吗？能不能用“牵挂”这个词？

生：我认为不能用这个词，他只是因为还欠十九个钱，才被人记着的。

师：也就是说孔乙己全部的身价还抵不过那十九个钱，多么悲惨的一个社会现象啊！孔乙己的肉体已经离开了这个世间，可他的灵魂却仍然留在人间，任人嘲笑："他还欠十九个钱!"

师：他的死也与"半"有关，看来他真是一个可怜的人。

生：在酒店里，孔乙己是唯一一个站着喝酒却穿着长衫的人。站着喝酒说明他的地位和短衣帮一样，同样处于社会的最底层，而长衫却是身份的象征，孔乙己也穿着，所以我认为孔乙己的身份也是各有一半。

师：那么造成这种身份各有一半的原因是什么?

生：是他个人的原因。

师：能具体分析一下吗?

生：是他的思想在作怪。虽然很穷，可是他死要面子，硬穿着那件又破又旧的长衫，硬要装成上层人物。

师：也就是说，他有一种怎样的想法?

生：他瞧不起劳动人民，羡慕上层社会。

师：是啊! 造成他身份各一半的根本原因又和他的思想有关，而他之所以有这样的思想又和当时的封建科举制度有关。换一句话说，造成他"半"字人生的根本原因不仅是他个人的低劣品性，而是封建科举制度的毒害。

师：这也是鲁迅先生的写作目的所在，揭示封建科举制度对读书人的毒害，批判国民的劣根性。从孔乙己的"半"字人生中，我们既看到了他的可怜，也看到了他的可憎。

"学而不思则罔。"如果学生只会死记硬背而不去独立观察和思考，那他们将来就只会照搬别人的东西而丧失自我创新的能力。教师要根据学生的年龄和心理特征分阶段、分层次地培养他们的观察和思维能力，培养他们的独立思考能力。

基于对学生心理发展特点的准确把握，杨老师深知，要想让学生真正感悟，教师的引导作用不可或缺。他通过问题的呈现、教学环节的设置与过渡，一环扣着一环，紧扣课本内容，由表及里、由浅入深，一步步激起学生的学习兴趣与求知欲望，引导学生独立思考，使学生的学习主动性被充分调动了起来，从而为取得较好的教学效果奠定了基础。

陶行知先生曾经指出，先生只有"教学生学"，交给学生学习的方法和钥匙，启发他们的思维，培养他们独立思考的能力，才能使他们"探知识的本源，求知识的归宿"。

罗伯特·坎普也说过："我们习惯于告诉学生我们看到了什么，什么是有价值的——但是在学习过程中，恰恰应该由学生去发现他们看到了什么，什么才是有价值的。"

因此，在教学中，激发学生的学习兴趣，让学生独立思考是必须的。那么，教师应怎样来激发或引导学生独立思考呢？

1. 以提问为突破口，激发学生独立思考的欲望

教师可以以提问题为突破口，引导和鼓励学生提问，培养学生的“问题意识”。首先，教师可通过适时的总结，给学生以积极的引导和鼓励。其次，教师需充分考虑学生之间的差别，有针对性地培养学生提问题的能力。对此，教师可根据每个学生的现有情况，确定不同的努力目标，并逐步提高其层次，使学生尝到独立思考的甜头，从而培养边学习边思考的习惯。

2. 建立平等、民主、和谐的师生关系，创设独立的思考环境

教师需要通过建立平等、民主、和谐的师生关系，来创设有利于学生独立思考的环境，从而激发他们独立思考的兴趣。

首先，教师需要与学生进行平等的对话和交流。其次，教师要善于发现学生思考的“激发点”，并及时点燃。再次，教师要鼓励学生破除迷信，敢于向权威挑战。

3. 结合学生的学习规律，抓住学生的兴趣脉搏

在学习过程中，学生最初往往对与学习有关的外部活动更感兴趣，然后才逐渐对学习的内容、对需要独立思考的知识和作业感兴趣。一般从小学三年级开始，学生变得更加喜欢有难度的、需要动脑筋的、需要独立思考的学习作业，比如，他们宁愿演算应用题，也不愿意演算试题；宁愿听讲解也不愿读书……教学中，教师应注意结合这一规律，以兴趣为导向，引导并培养学生独立思考、自主探究知识的能力。只有具备了这种能力，学生才能自己去探索新知，更深入地享受到学习的乐趣。

培养学生的探究能力

探究性学习是培养学生探究精神和提高其探究能力的重要途径。作为学生学习的合作者、指导者，教师只有将先进的课程理念转化为自身的教学行为，使教学内容的呈现方式发生变革，学生的学习方式才会转变，只有给学生提供主动探究、自主学习的空间，学生才会有动手动脑的机会，学生的探究意识才能得到培养，实践能力才能得到提高。也只有这样，学生才会真正喜欢上探究。

以下是一位教师引导学生探究的教学片段：

师：我们已经读了课文，现在，请你用一个词语来概括别里科夫的性格特点。

生：爱管闲事。

师：他管了哪些闲事？

生：比如说有个同事做祷告时迟到了，或者听说中学生调皮捣乱了，或者有人看到女学监很晚还和军官在一起。他就会非常激动，总是说："但愿不要惹出什么事端。"还有中学教员和女人都能骑自行车，他也要管。

师：他是怎样管的？他的管表现在哪些方面？

生：用课文中的话说，就是"辖制"，也就是干涉，就是向上司告密吧。

师：他为什么要管这些闲事？

生：害怕出乱子。"千万不要出什么乱子"，这是他的口头禅。

师：把这些问题都想清楚了之后，请你用最简洁的语言将"爱管闲事"一词解释一下。

生：因为胆小怕事，害怕出乱子，所以，总是要去管那些自己不该管的事情，总是要把那些很正常的事当做"乱子"来制止。

师：同学们都赞成他的理解吗？

生：赞成。

生：他说得太浅，只看到了表面。

师：那你用什么词语来概括别里科夫的性格特征呢？

生：孤僻。原文有这样的话："看得出来，他要进去的这所学生很多的学校令他全身心感到恐慌和厌恶，而他这个生性孤僻的人觉得与我同行也很别扭。"

生：更主要的是怯懦，就是胆怯、懦弱。

师：何以见得？

生：原文是这样写的："他只要出门，哪怕天气很好，也总要穿上套鞋，带着雨伞，而且一定穿上暖和的棉大衣。他的伞装在套子里，怀表装在灰色的鹿皮套子里，有时他掏出小折刀削铅笔，那把刀也装在一个小套子里。就是他的脸似乎也装在套子里，因为他总是把脸藏在竖起的衣领里。他戴墨镜，穿绒衣，耳朵里塞着棉花，每当他坐上马车一定吩咐车夫支起车篷。总而言之，这个人永远有一种难以克制的愿望——把自己包在壳里，给自己做一个所谓的套子，使他可以与世隔绝，不受外界的影响。"由此可见，他很怯懦。最重要的是，别里科夫特别害怕出乱子。"千万不要惹出什么乱子"是他的口头禅。"对他来说，只有那些刊登各种禁令的官方文告和报纸文章才是明白无误的。"

生：从本质上说，别里科夫是保守的。你看，"他总是赞扬过去，赞扬不曾有过的东西。就连他所教的古代语言，实际上也相当于他的套鞋和雨伞，他可以躲在里面逃避现实。"

生：别里科夫的性格中还有一个最重要的东西，就是"反动"。

师：反动？

生：是呀。原文是这样说的，"对他来说，只有那些刊登各种禁令的官方文告和报纸文章才是明白无误的。""任何违犯、偏离、背弃所谓规章的行为，虽说跟他毫不相干，也总让他忧心忡忡。"这里的"官方""规章"都是沙皇统治的"意识形态"。所以，别里科夫的思想意识从本质上说是站在沙皇统治这一方的，是反动的。

师：同学们说得都很有道理，因为你们都是从文本中"发掘"出来的。不过，我们要注意的是，一定要深入结合文本悉心揣摩其中最主要、最核心的"意义"。也就是说，要把握别里科夫性格中最核心的要素。

探究就是教师根据教学的具体情境，让学生讨论、争辩，从而让学生辨明是非，辨清优劣，深刻地分析问题、理解问题，尽可能全面地解决问题，然后再生成新的问题继续探究。要真正做到这点很难，它需要教师教学经验的积累，需要教师吃透教材，更需要教师真正、全面地了解学生。案例中的教师就掌握了多种教学方法和教学手段，并根据具体情况灵活运用，从而一步步引导学生探究出别里科夫的性格，最终使学生了解到课文最主要、最核心的内容。

喜欢探究应该是人的天性，学生正是通过对周围世界的不断探究而逐渐成长起来的。尤其是当教师能为他们创造合适的环境时，他们的天性就会展现出来。那么，教师要采用什么方法才能让学生喜欢上探究呢？

1. 调动学生的积极性，为学生提供探究的空间

学生是学习的主体，是知识的建构者，要使学生积极主动地参与探究活动，就必须给学生充分的探究空间。从时间上看，教师给学生探究的时间要有量的保证，否则探究就有可能流于形式；从形式上看，探究方式应是独立探究与合作探究的结合，教师既要给学生一定的思维空间，又要给每个学生充分的展示机会，否则探究就有可能成为无根之本，无源之水。

同时，教师选来进行探究的题材应具有一定的挑战性，也就是和学生的现有认知状态有一个适度的距离。另外，在学生探究的过程中，教师应该有认知策略性知识的运用。

2. 加强探究历程体验，掌握一定的探究方法

学生的探究学习过程应该是一个问题解决的过程，学生在这一过程中把静态的知识结论转化为动态的探究对象。对此，教师应充分让学生动手实践，自主探索、合作交流，给学生创设真正的探究氛围。学生亲身经历了探究的历程，获得强烈的心理体验，从而把学习与情感、态度的发展结合起来，这样的探究才会对他们有促进作用。

3. 搭建探究性学习的“脚手架”，让不同水平的学生都能发展

由于探究性学习难度比较大，学生实际水平和要探究的问题之间往往会有一定的差距。所以，在探究的过程中，教师要为学生搭建适当的“脚手架”，便于学生攀爬。如教给学生一定的学习方法，对他们进行适当的点拨、引导等。学生的认知基础、思维能力有所不同，他们所需的“脚手架”也是不一样的，教师要给不同学习水平的学生以不同的“脚手架”，即设置不同的探究阶梯，引导学生进行不同层次的探究。

新一轮基础教育课程改革大力倡导在各科教学中要面向全体学生，开展多样化的探究性学习。让学生像科学家一样，通过探究活动亲历知识的发生发展过程，这不仅能启发和锻炼学生的思维，而且还能培养学生多方面的能力。所以，教师在教学中应努力提供材料和机会，让学生通过自主探索爱上学习。

让学生把兴趣从课外书上转移到课本上来

课本是学生学习的好帮手。它既能给学生提供许多学习资料，如学习中需要用的图片、历史材料、新科技知识等，又能分散知识的难点，突出知识的重点，让学生可以通过探究获得真知，可以说是学生学好知识的有力支持。

但是，一些学生却不关注课本，将兴趣偏移到课外书上，喜欢看课外书，即学习思维发生了转移。导致这种情况的原因可能包括：课本内容与学生的生活和情感距离太远，学生不感兴趣，自然也不能引起他们的注意；教师的教学方法不当、单一，教学语言单调，学生长时间的被动接受，导致其思想、情感、行动都不能很好地参与学习。

学生时期正是需要打牢知识基础的关键时刻，而学生都将主要精力放在课外书上，甚至是利用上课时间来阅读课外书，这势必会影响他们的学习成绩。因此，教师要指导学生合理分配学习时间，帮助学生把兴趣从课外书上转移到课本上来，让学生既有时间看课外书，同时又不影响正常的学习。

以下这则案例就是教师转移学生兴趣的范本。

某物理教师看着手里的小说，又看看低着头的小刚，心想：这已经是小刚第三次在上课时看小说了，之前两次他都保证不再看，显然他没有做到。该教师知道，再一次的批评对小刚来说没有任何作用，需要想其他办法。

放学后，物理老师将小刚叫到办公室，问道："小刚，你能不能告诉老师，为什么喜欢看这些小说？"

"嗯，因为课本很枯燥，而小说的情节却很惊险、很刺激，书里有很多可以飞檐走壁的大侠，他们以武来报仇、救人，这些让我看了还想看，没看完就总想着。"小刚说起小说，立即神采飞扬。

"看来你很羡慕那些大侠的武功。"

"对，尤其是他们飞檐走壁的工夫。"

"那今天我们不说别的，就说说你喜欢的这个飞檐走壁的工夫。知道吗，这个工夫并不如书中所说的那么容易练成。"

"嗯，我知道，这需要刻苦练习。"小刚很高兴能同老师说自己感兴趣的话题。

“不只是刻苦练习的问题。你知道吗，地球是有引力的，人如果要离开地面，需要克服这些引力。比如，你的体重是 70 斤，根据 $G=mg$，$g=9.8N/kg$，你需要克服 343 牛顿的力才能摆脱地球引力。”

“啊，这么多？”小刚吃惊地说道。

“对啊，根据地球引力公式 $F=GMm/R2$，这里 G 是常数，M 是地球质量，m 是物体质量，R 是地球半径，就可以知道，物体的质量越重，离开地球需要的动力也就越多。不仅如此，要摆脱地球引力像卫星一样到宇宙中，还需要一定的速度，那就是必须达到第一宇宙速度 $V=7.9$ 千里/秒。”

“好快的速度，那么这是怎么计算出来的呢？”小刚越听越觉得有趣，也越来越好奇。

“想知道原因吗？这些啊，物理课本上都有。”物理老师拍了拍办公桌上的物理课本。

小刚看着物理书，露出了渴望的表情。

看到小刚的表情，物理老师知道火候差不多了，接着物理老师继续说道：“老师知道，你们现在正是对什么都好奇、感兴趣的时候，但也不能忘了现阶段你们的任务。现在正是你们学习知识、打好基础的时候，想想看，其他同学上课时都在认真听讲，而你却在看小说。你没有听到老师对知识的讲解，事后还需要时间再补习，这样一来一往，你每天都需要花费同学两倍的时间来学习，却未必学得好，你觉得合算吗？”

“不合算。”小刚摇了摇头。

“老师知道，这些小说有吸引你的地方，但书中提到的比如轻功之类的功夫，大多是作者想象出来的，有很多不合常理的地方。”

“为了让你以后少看课外书，好好学习，咱们做个游戏，当你想看这些小说的时候，别总注意情节，也想想这些小说里有哪些不合常理的地方，好不好？”

“好。”小刚有点迟疑地说。

“这样吧，你每找出五个不合常理的地方，并证明出来，老师就将没收的书还给你一本，而且老师这儿还有很多很有意思的书，但里面可能也有一些不合常理的地方，如果你有兴趣，老师可以借给你看。”看到小刚的积极性不高，物理老师略一思索说道。他知道，让沉迷于小说中的小刚一下子摆脱这些书是不太现实的，所以，他打算让小刚通过找书中不合常理的地方，慢慢地让小刚对课本内容产生兴趣。

“好。”小刚立刻点头同意。

“那么，老师先给你提示一下，比如，这书里有说到一个将军，使弓箭很厉害，瞬间射杀了300米外的敌人，假设这个瞬间是3秒，那么，这个将军需要多大的拉力呢？”物理老师说着将今天没收的小说递给了小刚。

“300米，3秒。”小刚默念着。

“公式都在课本中，有什么不明白的就查课本，要知道课本才是你们最应该了解、掌握的正确的基础知识，当然了，如果还有不明白的地方可以随时来找老师。”

“好的。”小刚说。

过了一个星期，老师收到了小刚交上来的答案，同时还有两道他自己发现的问题与解答。对于这些，老师都仔细地做了批改，并写上了评语：“你做得很好，看来你对课本的理解越来越深了。”

慢慢的，经过物理老师一段时间的引导，小刚在课堂上看课外书的次数越来越少，学习物理的兴趣也越来越浓。

学生上课不认真听讲而爱看课外书，主要是因为一些课本知识太枯燥、太抽象，学生提不起兴趣。案例中的物理老师抓住小刚喜欢武侠小说里的轻功这一细节，引导小刚认识地球的引力，从而使课本中原本枯燥、抽象的公式变得生动起来，进而老师又通过找错误游戏，让小刚明白课本中的知识才是他最需要了解、最需要掌握的基础知识，从而成功地将小刚的兴趣由课外书转移到课本上来。

那么，在教学中教师怎样做才能让学生把兴趣从课外书上转移到课本上来呢？

1. 课堂导入，激起学生兴趣

教师可在课堂导入上下工夫，在抓住课本内容的同时迎合学生的心理，导入新课，在上课的第一瞬间抓住学生的心理，引起学生的兴趣，使其将注意力转移到课本上来。

2. 把握好重点与难点

教师可运用多种教学方法，把握好教学上的重点、难点，在强化重点的同时，可以让学生积极去思考、理解难点，使学生的思维从课外书上转移到对课本重点难点知识的探究上来。

3. 创设情境

教师可根据学生的心理特点，结合教材内容及知识间的内在联系，创设生动形象的学习环境，调动学生的学习积极性，刺激学生探索求知的神经，从而启发他们的思维。

4. 赏识肯定

教师的赏识肯定可以激发学生的内在动力，实现有效激励的“正强化”教育，帮助学生将阅读兴趣从课外书上转移到课本上来。

5. 趣味激励

教师可在具有严密逻辑性的前提下，结合教学内容和学生的实际水平，使用生动而富有感染力的趣味语言来激发学生的听讲兴趣，提高学生的听讲注意力。

学生看课外书，是喜欢阅读的表现，但过于沉迷于课外书而忽视课本是不可取的。教师应在保护学生阅读热情的同时，以积极的心态去关爱、引导学生，使他们的阅读兴趣能转移到课本上来，转移到对基础知识的理解、掌握、巩固上来。

3

环境效应：

营造乐学氛围，让学生乐在其中

孟母三迁的故事，告诉我们环境对一个人是多么重要。作为教师要在课堂为学生创造良好的学习氛围，这样不仅能陶冶学生的情操，而且还能让学生体会到学习的快乐，从而促使学生更加积极地学习。

为学生营造良好的学习氛围

孟子小时候居住的地方离墓地很近，所以孟子就学了一些丧葬、痛哭之类的事。孟母看到孟子学习这些东西后，就想："这个地方不适合孩子居住。"于是，就将家搬到了街上的闹市处。但是却离杀猪宰羊的地方近了，很快孟子又学会了做买卖和屠杀。这时，孟子的母亲想："这个地方还是不适合孩子居住。"于是，孟母又将家搬到了学校旁边。夏历每月初一这一天，官员都会进文庙行礼跪拜，揖让进退，一天孟子见了回家后就效仿起这些官员来。孟母想："这才是适合孩子居住的地方。"所以，孟母最后决定在学校旁边定居下来。

孟母三迁的故事，告诉我们环境对一个人的影响是多么重要！

一个良好的社会环境可以造就人们安定舒适的生活，一个良好的家庭环境可以为孩子的身心健康发展奠定坚实的基础，同样一个良好的班级环境可以让学生安心地学习。

良好的学习环境不仅有利于教学活动取得高效，而且还能陶冶学生的情操，激励学生勤奋学习，积极向上，从而促使学生全面发展，健康成长。

有一年，湘潭市东山学校的冯小毛老师接手了一个高三的班级。当冯老师来到教室后，他看到教室的墙壁上贴着很多名人的画像和名人名言，但很明显它们并不适合高三紧张的学习氛围：一是这些画像太陈旧，没有新鲜感；二是这些世界名人距离学生太遥远，对学生的学习起不到激励作用；三是没有学生自己营造的成分，学生既不会去关注，更谈不上对他们产生教育和激励作用。

因此，接手这个班级后，冯老师就召集班干部开会讨论班级文化的建设问题，对原有的名人画像、名人名言的布置方案进行了改动：(1) 贴出高考誓词：我们勇敢，不惧任何对手；我们坚持，不怕艰难险阻；我们自信，考场指点江山；我们自强，跌倒了又爬起；我们自豪，青春正在燃烧。我们挥洒汗水，全力以赴，决战高考。(2) 用高考警语激励学生朝着班级目标奋力向前。冯老师在教室两侧贴上"不是尽力而为，而是全力以赴""时时有事做，事事有落实"等警示语来告诫或指引学生学习。(3) 收集一些学习箴言、立志箴言和学习方法放大到教室后墙。如高考完胜宝典：①平稳的心理状态；②合理的时间安排；③科学的备考方案；④系统的学科知识；⑤顽强的拼搏精神；⑥冷静的思维方式；⑦清晰的思路分析；⑧沉稳的应考模式。等等。

通过上面的布置，教室环境焕然一新，学生精神面貌也有了很大改观。但冯老师感觉班级学习气氛还是不够浓烈，很多学生对自己的学习没有信心。针对这种情况，冯老师又及时召开了一次题为“不到最后，决不放弃”的主题班会，结合近几年的高考情况、国家的招生形势，让学生明白现在放弃就等于放弃了高考取胜的可能性，不到最后，一定不要失望，一定不要放弃自己。

会后，冯老师还让每个学生写出自己的感想，并在班里出了一期黑板报，把学生写的感想贴在教室后面，报头就是“不到最后，绝不放弃”，这种方式极大地鼓舞了每个学生的学习士气。冯老师的每次主题班会都能引起学生强烈的情感共鸣，并能长时间发挥积极作用。

另外，冯老师还利用“结对子”“比学帮超”等各种形式，广泛调动学生的学习积极性，排座位时注意将优生差生搭配，便于差生在学习上及时向优生请教；及时发现每个学生的进步之处并大力表扬，在班里营造“只要我尽力，失败也无悔”的舆论，让每个学生都能全身心地投入学习。

通过冯老师积极创设良好的学习氛围，学生一改过去萎靡不振的学习状态，大家在生活上互相帮助，亲如兄弟姐妹；在学习上你追我赶，巾帼不让须眉。这既促进了教师的教学，又让学生产生了强大的凝聚力，使学生都能认认真真地投入学习。

学习环境是一种特殊的生存环境，它能潜移默化地影响学生的情感、思维、行为、习惯以及气质的形成，而班集体是学生在校学习的主要场所，是教师教书育人的主要阵地，也是学生道德养成、人格形成以及个人能力提高的重要载体。因此，教师应致力于班级环境的改善，为学生营造良好的学习氛围，以促使学生在温馨的班集体中快乐地学习。

教师可以通过以下几个方面为学生营造一个良好的班级学习氛围。

1. 帮助学生制定合理的目标

目标是方向，是引导学生走向成功的标杆。有目标才会有动力，没有目标就没有方向。教师首先要让学生弄清楚为了什么而学习，也就是学习的动机。有的学生很茫然，认为学习是父母的要求、老师的要求。这就需要教师对学生进行目标引领。这个目标可以是短期的，也可以是长期的。

比如，考试前进几名、以谁为挑战对象、要考多少分以上等等，让学生定一个“跳一跳够得着”的目标，能轻松地体验到成功的喜悦。学生都有好胜心理，都不愿意输给自己的对手，这样就容易形成比成绩、比学习时间、比学习效率的学习风气，这股风气会带动全班学生努力拼搏，从而实现个人的长远目标。

2. 创设积极向上的班级文化氛围

创设积极向上的班级文化氛围，这对于促进学生的健康成长有着不可估量的作用。教师通过让学生粘贴自己收集的名人警句、名人画像等，使教室四壁生辉。这样，不但美化了教室环境，而且让这些富有哲理的名言警句，如“读书破万卷，下笔如有神”“虚心使人进步，骄傲使人落后”“书籍是人类进步的阶梯”“我扑在书籍上，就像饥饿的人扑在面包上一样”等，就像一位良师、一位挚友在时刻启发、鼓励着学生在知识的海洋中拼搏、翱翔。

此外，班级文化还包括很多形式。比如，组建各类兴趣小组，如板报小组、写作小组、体育小组、美术小组等，这些班级文化团体从文化和舆论导向上影响着学生。因此，教师可以利用多种渠道增添各种文化设施，如创办班级图书角、编写班刊、组建班级文学社、增设宣传栏等，并在此基础上引导学生开展各类活动，使得班级呈现出一派生机勃勃的景象，这样学生就会不断得到艺术的熏陶、思想的启迪、榜样的激励，从而受到一种潜移默化的教育。

3. 树立学习的榜样

榜样的力量是无穷的，教师应该充分发挥班级优秀生的带头作用。一个班级的凝聚力和战斗力，班级干部起着至关重要的作用。因此，教师要精心挑选、认真物色班干部和学科代表，让那些思想进步、认真负责、有集体荣誉感，同时学习成绩比较理想的学生担任班级干部，让他们在班级工作中弘扬正气，做好同学的“领头羊”、任课教师的好助手、文化学习的好表率。

4. 培养竞争意识

众所周知，没有竞争的机制，个人便没有了危机感，更没有奋发向上的动力，集体也就失去了活力。用竞争激发学生的斗志，挖掘学生巨大的潜能，也是培养班级浓厚的学习氛围的一个重要手段。所以，教师要在班级大力鼓励竞争，培养学生的竞争意识，通过组织各种活动和竞赛，使学生处于一种不甘示弱的竞技状态，让好学生主动帮助本组落后的同学，让落后的同学主动加强对自己的约束，从而减少违纪问题，增强班级的凝聚力。

5. 建立、健全班级奖惩制度

俗话说：“不以规矩，无以成方圆。”除了班规以外，教师还要建立、健全班级奖惩制度。奖惩制度最好由集体讨论产生并严格执行。如果有了赏罚分明的奖惩制度，学生一定会有所顾忌，而且只要是明事理、求上进的学生，都会争取奖励，而不是寻求惩罚。

一个良好的环境，能够让人在一种自我激励中不断发现，并努力获取自己所需要的知识与技能。因此，在教育过程中，教师应根据学生的年龄和心理特征，努力为学生创造良好的学习氛围，让学生在和谐、愉快的气氛中学习知识，体验探索之趣、成功之乐。

让学生乐于合作学习

自主、合作、探究的学习方式，是“新课标”提出的基本理念，它作为一种精神贯穿于课程标准的始终。但在学生自主探索学习的过程中，由于学生个性及学习基础的差异，有许多问题光凭个人钻研、努力，是很难有所收获的，因此，就需要靠几人或多人努力合作。

合作学习是有效的学习方法之一，它把以往单纯地依赖模仿记忆的学习方式转变为学生动手实践、自主探索、合作交流的学习方式，既使探究学习得以延续加深，又使学生在一步步深入学习的过程中获得成功的喜悦，激发学生自主学习的动力。

教师要尽可能地为学生提供合作学习的机会，让学生在合作氛围中体会到合作学习产生的整体能动性，从而让学生善于合作、乐于合作。

江苏省启东市实验小学的张冬梅老师，在讲授“圆柱的侧面积”一课时，就充分利用了小组合作学习的优点，教学实况如下：

师（拿着圆柱模型）：同学们，昨天我们认识了圆柱，那么谁来说说圆柱有哪些特征？

生：圆柱由两个底面和一个侧面组成；圆柱体的两个底面是完全相同的两个圆；两个底面之间的距离是圆柱体的高；一个圆柱体有无数条高与对称轴。

师：同学们说得非常好，现在老师要问问大家，外面的商标纸的面积是圆柱的什么呢？（师拿出圆柱形状的罐头）

生：圆柱的侧面积。

师：那么，今天我们来开始认识圆柱的侧面积。（板书：圆柱的侧面积）

师：现在请大家想一想如何计算包在外面的商标纸的面积？

生：圆柱的侧面是一个曲面，所以商标纸包在外面也是曲面，必须要把它拿下来。

师：那么怎么把商标纸拿下来？拿下来后和圆柱有什么关系？请同学们四人为一组，拿出你们带来的圆柱形物体，动手操作去探究。

师：大家发现了什么？

生：我们把圆柱的侧面展开后得到的是一个长方形，这个长方形的长就是圆柱的底面周长，宽是圆柱的高。

生：圆柱的侧面积就是这个长方形的面积。

生：要求圆柱的侧面积，只要量出这个长方形的长和宽就行了。

生：也就是说圆柱的侧面积应该等于底面周长乘高。

师：同学们真会动脑筋，得出了圆柱侧面积的计算方法……（这时，有一个学生欲言又止，手举了又放下，眼中充满疑惑，张老师示意他大胆发言）

生：大家看，（边说边出示他的圆柱侧面展开图）我刚才把圆柱侧面剪开时，剪歪了，结果展开后得到的不是长方形，那面积还等于圆柱的底面周长乘高吗？

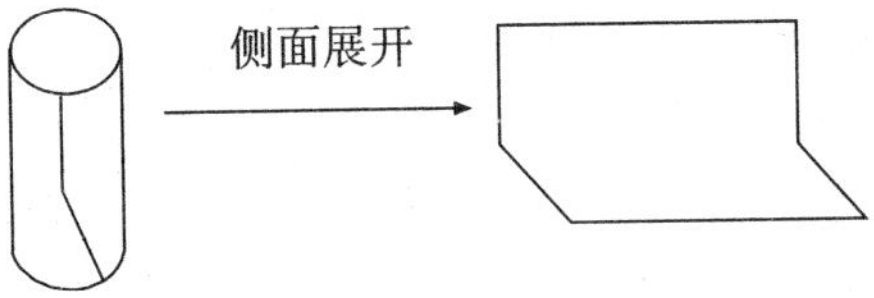

师：（把问题抛给了大家）咦，这样还能证实圆柱的侧面积等于圆柱的底面周长乘高吗？

（各小组自觉地合作探究后，相互交流）

小组1：这样剪开后得到的图形虽然不是长方形，但是我们可以把它转化成一个长方形，大家看（边说边操作）：

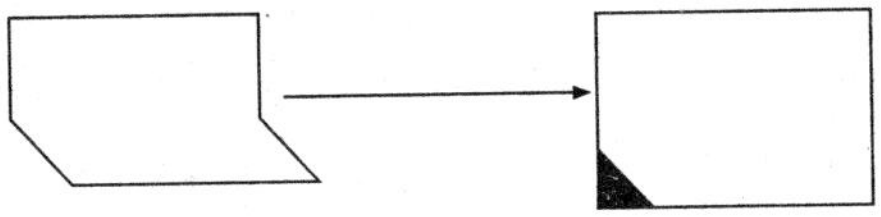

转化后的长方形的长是圆柱的底面周长，宽是圆柱的高，所以圆柱的侧面积还是等于底面周长乘高。

小组2：我们小组把这个图形分成两部分来看（边说边折）

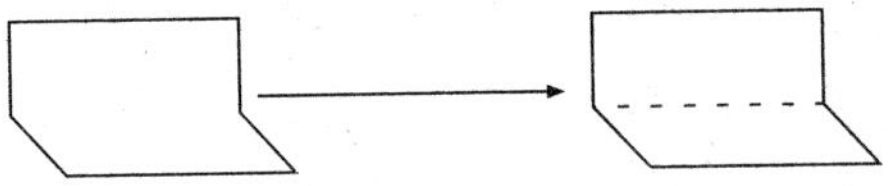

上面的部分是个长方形，它的长是圆柱的底面周长，宽设为 a。下面的部分是个平行四边形，底是圆柱的底面周长，高设为 b。那么，圆柱的侧面积＝圆柱的底面周长×（a＋b）＝圆柱的底面周长×高。

小组3：我们发现，即使随手把圆柱的侧面撕开，得到的图形的面积也是圆柱的底面周长乘高。大家看（边说边操作）：

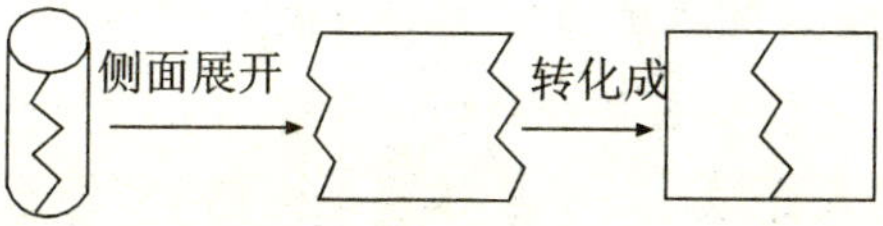

虽然展开后得到的图形不是长方形，但我们可以把这个图形转化成长方形。转化成的长方形的长是圆柱的底面周长，宽是圆柱的高，所以圆柱的侧面积＝底面周长×高。

师：非常好。(张老师拍手赞扬学生)

在整个“圆柱侧面积”的学习过程中，学生探究的热情都很高，学习非常积极主动，对圆柱侧面积的认识也更为深刻。这节课成功的关键在于张老师非常关注学生的学习过程，为学生营造了一个平等、和谐、开放、合作的学习氛围，放手让学生自主探索，不仅使学生获得知识，还培养了他们的合作精神，让学生体验到合作学习的乐趣。

一个人要有所成就，除了需要个人的努力和钻研外，还要善于与人合作，发挥团队精神。那么，教师如何让学生乐于合作学习呢？

1. 问题设计适宜

合作学习中的问题设计，要符合学生对知识领悟的实际能力，不能随意拔高。因为教师不能正确对待学生的思维水平、思维发展，就不可能引导学生进行有效的学习。所以，教师在设计问题时应根据学生学习的实际情况和认知水平，把那些具有思考性、开放性，仅凭个人的力量难以解决的问题交给学生，让学生通过合作学习来解决问题。

2. 教给学生合作的技巧

(1) 教师要培养学生会“听”的能力

开展合作学习时，学生之间最大的问题是不能容纳别人的意见。为此，教师要逐步引导学生在合作时学会三听：一是认真听合作伙伴的发言；二是要听出别人的发言要点，并收集重要信息；三是听后要思考，提出自己的见解，从而提高学生判断、反思、评价的能力。

(2) 教师要锻炼学生会“说”的能力

在合作学习中常常会出现一些“小老师”“小权威”，他们发言机会多，而有些学生没有发言机会。因此，教师在学生合作学习时要深入学生中间，调动每个学生的参与意识。对于那些不敢发言的学生，教师应鼓励他们将一些简单易懂的问题留给他们，并及时给予他们肯定，也让他们有自我表现的空间和获得成功的机会。

3. 多元评价，使学生乐于合作学习

在合作过程中，经常会有不少出色的学生、小组善于展示自己，也容易得到大家的鼓励。但长此以往，会使这些优秀的学生、小组越来越爱表现自己，课堂成为他们的专场表演，而那些性格内向的学生和相对较弱的小组会觉得课堂离他们越来越远。所以，教师在对学生合作学习的效果进行评价时应采取自评、组评、互评、师评等多元化的评价方式，让所有的学生都能在合作学习中得到成长，并乐于合作学习。

合作学习为学生提供了一个及时沟通与交流的平台。学生在这个过程中集思广益，既培养了自己的团队精神、合作意识，也提升了自己的合作能力。

让学生进行良性竞争

有人曾在学生中做过一次调查，其中有一题是这样的：当班上有一位成绩不如你的同学，连续三次考试成绩都比你好，你心里会怎么想？有1/5的学生回答说："可能是他运气好，也可能是老师批错了。"还有1/5的学生说："这样看来我没他聪明，我不如他了。"其余3/5的学生则出于嫉妒地说："看来课后我得向他讨教一下学习方法，争取下一次考出好成绩，超过他！"

从以上调查不难看出，学生在纷繁的竞争中已经滋长出了妒忌和消极这两种畸形的竞争心态，其中妒忌的危害最为严重。因此，教师应想办法尽早帮助学生树立良性竞争的意识。

良性竞争可以唤起学生的荣誉动机，提高学生的学习动力。学生在学习中你追我赶，可以形成一种积极的心理状态，随时为获得成就和赞赏而拼搏。此外，良性竞争还能提升学生的求知欲和学习效率。

小芳和小丽是同班同学，也是一对好朋友，她们的学习成绩都很优秀。平时可以看到她们总是一起出出进进，非常友好，但是最近她们在一起的时间越来越少，甚至两人都不怎么爱说话了。这让她们的班主任感到非常奇怪。

一天，班主任张老师把小芳叫到办公室："小芳，你和小丽不是最好的朋友吗？怎么最近很少看到你们在一起了，出什么事了？和老师讲讲，看老师能不能帮助你们。"

"老师，您别问了，我和小丽已经一刀两断，不再来往了。"小芳不高兴地说，好像受了很大的委屈一样。

"小芳，大家都是同学，况且你们还是好朋友，一起上课经常见面。你这样想是不对的，不管你们发生了什么事，都要和老师说清楚。老师一定会帮你们的。"张老师亲切地说。

小芳在老师的耐心询问下，终于说出了原因："我们以前是很好的朋友，学习上互相帮助，但是前几天小丽偷偷地在我的作业上画了一个大大的'×'，而且还把我的作业用橡皮擦得黑乎乎的，让我受了老师一顿训斥。后来，我才知道她这么做是因为受不了老师最近一直表扬我，而且我连续几次考试的成绩都比她好，她出于嫉妒所以这么做。我很生气，不想再和她说话了。”

随后张老师把小丽也叫到办公室，并安排她们坐下，然后张老师给她们讲了一个故事：

一个叫巴克的商人移民到澳大利亚。他一到墨尔本，就轻车熟路地操起了老本行，开了一家食品店。而他的店对面，正好是一个叫安吉路的意大利人开的食品店。于是，两家食品店不可避免地展开了激烈的竞争。

安吉路看到新的竞争对手出现，心里很不安，经过苦思冥想，安吉路只想出了削价竞争这一策略，于是便在店门前立了一块木板，写道：“火腿，1磅只卖5角钱。”

巴克看到安吉路降低价钱后生意一下子好了很多，就连平时经常光顾自己店里的顾客也被安吉路抢去了。于是，巴克也在自己店门前立了一块木板，写道：“火腿，1磅4角钱。”

安吉路一看巴克在跟自己比价钱，于是立刻把价格写成了：“火腿，1磅只卖3角5分钱。”这样一来，价格已降到接近成本了。

几天下来，两个人都有点撑不住了，双方都亏了不少钱。

故事讲完后，张老师语重心长地说：“我知道你们是好朋友，同时也是学习上相互竞争的对手，竞争本来是好的，但是小丽你的做法伤害了朋友之间的友谊，也是不正当的竞争。不正当的竞争就像故事里的商人一样，只会增加彼此杀红眼的战斗情绪，无助于利润的提升，其结果是两败俱伤。”

这时，小丽看了看旁边的小芳，她惭愧地低下了头。

张老师还列举了一些通过克服嫉妒心而取得巨大成就的古今中外的名人故事，如“将相和”中的廉颇、蔺相如等，为小丽树立了学习的榜样，引导她正确对待他人的进步，学会取人之长，补己之短，学会与人良性竞争。

小丽默默地听着张老师的教导，她闪着泪光向张老师承认了自己的错误，也请求一旁的小芳原谅自己。

经过这件事，小丽和小芳明白了什么是良性竞争。从那以后，她们在学习上互帮互助、你追我赶，学习也更加努力。即使考试一方考砸了，另一方也会积极开导，帮其寻找失误的原因……

案例中的张老师通过讲故事的方式，让小丽明白竞争不是嫉妒，而是一种超越，要凭借自身的实力和努力，在相互尊重、相互信任、相互帮助的基础上进行竞争。别人进步了，成功了，要为之高兴；自己失利了，受挫了，要正确地面对。嫉妒他人，甚至采取卑劣的手段对待他人，是心理不健康的表现，最后的结果只能是害人害己。

良性竞争能够发挥学生的主观能动性，可以使学生的学习态度更加积极，精力更加充沛，也更有利于他们积极向上，取得好成绩。那么，教师怎样做才能让学生学会良性竞争呢？

1. 让学生正确认识竞争的目的

教师应该让学生明白，竞争是为了提高自己，是为了在争取胜利中实现自身的价值，达到人生各个阶段的目标。因此，教师应引导学生着眼于未来，以锻炼、提高自己的各项能力为目的，以发展、张扬自身的个性为出发点，让学生意识到，自强不息的奋斗精神和健全完善的人格力量才是值得追求的宝贵财富。

2. 启发学生认识竞争的正确方式

教师要引导学生明白自身的勤奋努力是获得成功的首要途径。同时，也要引导学生学会高姿态地对待竞争对手，要学会与竞争对手携手合作，举足共进。而不应该把眼光放在近处，一味地计较个人眼前的得失，如果这样就免不了急功近利，甚至有人还会采取一些不正当的手段来达到个人的目的，那么这就失去了竞争的积极意义。

3. 发挥评价的导向作用

学生做的每一件事，都有他的行为动机。学生的竞争动机往往是出于好胜心、上进心，也有的是出于虚荣心。因此，教师的一句称赞、一次表扬、或是一个班级管理岗位，都有可能成为学生竞争的对象与目标。在这一点上，教师就成了评估的权威。

教师可利用评价机制来优化学生的竞争行为。平时应多表扬那些努力好学、乐于助人、团结友爱的学生，也可以通过开展同学之间的相互评价、督促活动，如创建“我心目中的强者”论坛，设立“更上一层楼”金点子信箱等活动，引导学生开展良性竞争。

4. 培养学生不怕失败的心理品质

竞争是残酷的，即便是良性竞争，残酷性也依然存在。因为优胜劣汰，这是竞争带来的必然结果，成功与失败，也永远与竞争相伴随。但良性竞争的意义不仅仅在于使竞争意识深入学生的心灵，也不仅仅在于培养学生的竞争能力，而在于使参与者得到各种心理体验与心理调整，特别是在经历了失败的阵痛之后，心理承受力的锻炼与心理平衡的再调整，对参与者至关重要。一个志在必得、永不服输的竞争者，就必须具备不怕失败、屡败屡战的精神，这种敢打敢拼、永不言败的心理品质的培养，较之竞争能力的培养有着更为重大、更为深远的意义。所以，教师应当重视学生心理素质的锻炼，使他们在成功与失败的交替感受中，心理更趋成熟。

5. 指导学生选择适合自己的参照对象

一个班级的学生，其学习水平、思想水平以及能力水平参差不齐，所以在竞争过程中，让他们在同一起跑线上启程，并取得同样的效果是不现实的。指导学生选择适合自己的参照对象，就显得尤为重要。

（1）选择合适的竞争对手

所谓“合适的竞争对手”，是指比自己的水平高，但差距不大的竞争对手。与合适的竞争对手竞争，成功的几率会倍增，也避免了不必要的失败与挫折，学生的自信心也会在不断的进步与成功中得以加强，这给竞争平添了许多积极因素，使班级的整体竞争能健康顺利地向前推进。

（2）选择某一方面相比较

不同的学生有不同的优势，为了让学生在竞争中尽情展现自身的优势，彰显自我风范，强化竞争意识，教师可引导学生与竞争对手比较某一方面的优势。

这种“优惠政策”给学生设置了相对宽广的竞争空间，同样能获得理想的竞争效果。值得注意的是，教师应把握衡量的标准，以激励为主，最大限度地扩大赞赏范围，加大赞赏力度，这对培养学生的竞争意识能起到积极的推动作用。

另一方面，竞争意识的培养体现了现代社会人才培养的新要求，而教师在培养和倡导学生的竞争意识上又起着极为重要的作用。所以，教师要以倡导良性竞争为出发点和最终目标，让学生在良性竞争中快乐学习，健康成长。

减少家长给学生的学习压力

很多家长都有望子成龙、望女成凤的心态，这是人之常情。尤其是当看到别人的孩子在某方面表现突出时，一些家长就更希望自己的孩子也能那样，却没有考虑孩子的实际情况。一旦孩子没有达到他们的要求，他们就会按捺不住，对孩子施加压力，结果是物极必反。孩子的学习成绩不仅没有得到提升，而且孩子还越来越厌恶学习。

其实，衡量一个人的成功与否有许多标准，教师要帮助家长拓宽期望面，让家长不单以智力高低、学业成绩来衡量孩子，不要给孩子过多的压力，要让孩子在轻松的环境中快乐地学习。

某班主任发现小锦最近学习成绩退步很大，上课也不爱听讲了，甚至有的教师还反映他逃课，班主任几次与小锦沟通，小锦总是什么都不说，就说自己很累，不想学习。眼看要升初三了，班主任很为小锦担心，所以决定家访以了解小锦的具体情况。

当班主任与小锦的父母进行沟通时，小锦的妈妈说："小锦明年就要面临中考了，虽然现在他的学习成绩还不错，可是如果不努力，还是会被其他同学赶上的，所以我和他爸爸对他要求极为严格，帮他报了几个补习班，要求他的学习成绩一定要排在全校前十名。"

"对，为了让小锦以后能多些才能，我们还给他报了几个才艺班，让他能在假期时多学点东西。"小锦的爸爸说。

"我和他爸爸都是为了他好，如果他现在不努力，就比别人起步慢、起步晚，以后工作了肯定会后悔，到时候还不是埋怨我和他爸爸。"小锦的妈妈接着说。

班主任看着始终在父母面前低着头的小锦，终于弄清了原因。

班主任说："小锦是一个很用功、很聪明的孩子，学习成绩一直很稳定，只要放松心情，不要带着太大的压力，相信他在中考时一定会取得好成绩。所以，你们不要给小锦太大的压力，让他放松心情，调整好状态，发挥出自己平常的水平就可以了。"

"可是他现在的成绩——"小锦的妈妈皱着眉头说。

"那是因为现在在小锦的生活中，除了学习，还是学习，就算是放暑假、寒假，小锦也不能休息，反而比上学更累，因为早就有一大堆补习班在等着他。他没有娱乐、没有朋友，只有写不完的试卷和作业，上不完的补习班和才艺班，这些使得小锦开始厌恶学习。其实他也很期待能得到你们的赞扬，学习一直很努力，所以，尽管他不愿意上补习班也一直拼命压抑自己的情绪，硬逼着自己去努力学习。结果，在过大的压力下，小锦的成绩不但没有得到提高，反而不断下滑。小锦，你说是不是这样？”

“对，是这样，我觉得学习好累，每天都有学不完的东西，补不完的课。”小锦点头说道。

“那我们应该怎么做才能帮助小锦呢？”听了班主任和小锦的话，小锦的父母也觉得自己做得不对。

“首先，你们要减轻小锦的学习压力，让他感觉到被爱、被尊重。其次，要让小锦成为学习的主导，要尊重他的兴趣，留给他足够的时间休息，尊重他对知识的渴望，了解他的痛苦，而不是强加给他什么。现代社会需要的不是只会死读书的人，而是全面的人才，尤其是需要动手能力、实践能力强的人才，所以，你们要支持小锦多参加一些实践活动，这不仅可以培养他的动手能力、实践能力，还可以提高他的学习兴趣。另外，尤其是临近中考时，你们更要为孩子的心理减压，让他轻装上阵，不要有任何心理负担，让他全力以赴发挥出自己平时的水平就可以了。”

“小锦，是这样吗？”小锦的妈妈问道。

“嗯，其实我本来挺喜欢英语的，尤其是学校的英语角，可是妈妈又为我报了补习班，整天就是做题，还不让我去英语角，说是浪费时间，结果我现在上英语课都没精神，根本就不想做英语题了。”小锦说。

“我们明白了，以后不会再为小锦报补习班了，让他自己来安排自己的学习。小锦一直是一个很听话、很上进的孩子，我们相信他一定会安排好自己的学习任务的。”小锦的爸爸向老师保证道。

听了爸爸的话，小锦兴奋地点了点头。

学生有了思想变化就会在行为上表现出来，教师要善于观察，要注意与家长联系，这样才能对学生的思想动态有一个全面的了解，才能“对症下药”。班主任因为小锦异常的表现而进行家访，了解到因为家长的教育方法出现偏差给小锦太大的压力，才导致他成绩下滑，上课走神，越来越厌恶学习。对此，班主任不是把“皮球”踢给家长，而是与家长深入沟通，指导家长采取恰当的教育方法减轻小锦的学习压力，为小锦创造一个轻松、自由的学习环境，让他放松心情，自主学习。

在减少家长给学生过大的压力时，教师起到了不可替代的作用。教师可以通过家长会、家访等多种渠道和形式，向家长宣传素质教育的精神，宣传学生压力过大的危害和减轻学生压力的重要意义，努力打通家长的思想；并向家长宣传、解释学校减轻学生过大压力的具体措施，动员家长参与进来，对家长如何减轻学生压力做一些具体的指导，使家长与教师互相配合，共同努力，切实把学生过大的压力减下来。那么，具体指导应包括哪些方面呢？

1. 为孩子布置一个良好的学习环境

教师可告诉家长，如果他们希望孩子喜欢读书，那么，在家中可多摆放一些报刊、杂志和书籍。孩子在书香环境中成长，自然会喜欢接近书，喜欢看书。但是，这个环境还应是简化了的，不能一下子给孩子提供太多的学习刺激，以免孩子无法专心学习。

2. 培养孩子的直接兴趣，增强孩子的学习快感

教师可让家长培养孩子的直接兴趣，增强他们的学习快感。

首先，多表扬，少批评。家长要善于发现孩子的优点，而不要开口闭口都是批评。过多的批评会让孩子感觉自己很差，总怕出错，在学习中就有压抑感，就会厌恶学习。

其次，家长要使孩子一开始就有成功的体验。家长可通过一些趣味故事让孩子对知识产生兴趣，以促使他们尽快掌握好知识。

最后，家长还需要指导孩子读书。家长和孩子一起学习，当孩子不懂时，要与孩子共同探讨；当孩子解答出难题后，要与孩子分享快乐。

3. 激发孩子的学习兴趣，培养孩子的好奇心

由于孩子天生具有好奇、好问、好动的特点，所以教师可引导家长充分利用孩子的这些特点来激发孩子的学习兴趣，而不是一味地要求孩子学习多长时间。对于孩子的好奇，家长不要采取批评、冷淡、不理睬的态度，否则会损害孩子智慧幼芽的生长，从而挫伤他们求知的积极性。对于孩子的提问，家长要积极给予回答，如果不会则可告诉孩子如何查询，或者弄明白后再告诉孩子。

另外，教师还应使家长明白，培养孩子在各种活动中的好奇心也是很重要的。在活动中，孩子通过发现问题会产生好奇心，进而产生探究、学习的心理。

天下没有不爱子女的家长，但是不要让“爱”成为孩子的负担，爱他们也要适时、适量。孩子正处于成长的一个非常时期，教师的教育尤其需要家长的配合，教师和家长可以通过给孩子一个正确的指引，为孩子创造一个良好的学习和生活环境，减少孩子的学习压力，从而让孩子把学习当成一件快乐的事情来做。

努力提升学生的自信心

小泽征尔是世界著名的音乐指挥家。在一次世界优秀指挥家大赛的决赛中，小泽征尔按照评委会给的乐谱指挥演奏，正演奏时，小泽征尔突然发现乐曲中出现了不和谐的音符。开始，他以为是演奏家们演奏错了，就指挥乐队停下来重奏一次，但他仍觉得不对。这时，他觉得是乐谱有问题，而在场的作曲家和评委会的权威人士都坚持说乐谱绝对没有问题，是他错了。

面对着这些音乐大师和权威人士，小泽征尔思考再三，他坚信自己的判断是正确的，于是他斩钉截铁地说："不！一定是乐谱错了！"

话音刚落，评委席上的评委们立即站了起来，报以热烈的掌声，祝贺他大赛夺魁。

原来，这是评委们精心设计的"圈套"，以此来检验指挥家在发现乐谱错误并遭到权威人士"否定"的情况下，能否坚持自己的主张。前两位参加决赛的指挥家虽然也发现了错误，但因不太自信和迷信权威而被淘汰。小泽征尔因充满自信而摘取了桂冠。

自信心是个体对自己积极、肯定又切合实际的自我评价。一位哲人曾经这样说："谁拥有自信，谁就成功了一半。"可见，自信心对学生的学习极为重要。一个学生拥有了自信就会有强烈的进取精神，就不会惧怕任何困难和任何挫折，而是以坚韧不拔的意志去奋斗、去拼搏，努力实现自己的目标。

居里夫人有句名言："我们应该有恒心，尤其要有自信心！"然而，一些学生却缺乏自信心，整日以胆怯面对世界，给自己下了"我不行"的定论，在这样的自卑阴影里，他们还能爱上学习吗？因此，教师应该为学生创造平等、民主、亲切、和谐的学习氛围，让学生在学、思、疑、问的过程中逐渐提升自己的自信心。

张天霖是福建省三明市将乐县实验小学的一名教师，她的班上刚刚转来一名叫小凯的学生。由于对新环境的陌生，以及跟同学和老师在语言交流上存在障碍，加上他的学习基础差，所以小凯总是表现得很自卑。

有一次张老师上课提问，小凯突然举起了手，尽管手举得不高，有些畏畏缩缩，可还是被张老师发现了。张老师喜出望外，立刻叫了小凯的名字让他来回答问题，于是小凯慌忙站起来，随即又低下了头。

张老师看到小凯低下头，又继续问道："小凯，你怎么了？你不是要回答问题吗，怎么不说话呢？"

小凯说："老师，我不会。"

同学们听后哄堂大笑。

小凯羞得涨红了脸。

望着如此尴尬的小凯，张老师对学生们说："小凯转到咱们班已经两个月了，这是他第一次举手回答问题，可能是太紧张了，没有把答案说出来，但是他敢举手，这就是一大进步。让我们为小凯同学的勇敢表现鼓掌吧！"

放学后，同学们都回家了，只有小凯还在教室里思考着那道题。张老师轻轻地走到小凯身边，小凯看到老师后，显得很不好意思。

"怎么，还没有弄明白吗？"张老师和蔼地问。

小凯点点头。

张老师又把这道题重新给小凯讲解了一遍，然后笑着问他："既然你不会这道题，为什么还要举手呢？"

经张老师这么一问，小凯马上掉下了眼泪："老师，我不应该不懂装懂。来到这个班级已经这么长时间了，我没有回答过一个问题，心里非常着急。在原来的学校，我的学习成绩就不好，到了这里，学习就更吃力了，同学们也看不起我。看到同学们上课都争先恐后地举手发言，我也很想举一次手。我觉得，就是我举起了手，您也不会叫到我的，可您偏偏就叫到了我……"

听了小凯说的这些话，张老师心里很难过，她为自己跟小凯的交流过少，对他的关心不够而感到内疚。

张老师轻轻地抚摸着小凯的头，说："这样吧，以后我提问时遇到你懂的问题，你就跟其他同学一样举右手，不懂的问题你就举左手，有把握的题你甚至可以把手举得比别人更高一点，我就知道该不该叫你回答了。你看怎么样？"

"行。"小凯高兴地说。

在以后的课堂上，小凯就按照张老师说的话去做了。

一段时间过去了，张老师把小凯叫到了办公室，并拿出了他举左右手次数的记录给他看，小凯很是吃惊。

张老师说："这段时间你举右手的次数是 27 次，举左手的次数是 11 次，再加把劲儿，争取把举左手的次数降到 5 次。"

张老师如此的细心让小凯始料不及，他有些激动，眼睛也有些湿润。"老师，您放心，我一定会努力的。"小凯充满自信地说。

从那以后，小凯就像变了一个人似的，学习非常用功，遇到不懂的问题也敢向同学和老师请教了。在期末考试时，小凯考出了全班第六名的好成绩。看到小凯的进步，张老师欣慰地笑了。

一天，张老师在小凯的作业本里，写下了这样一段话："在课堂上，我几乎看不到你举左手了，老师很高兴。你要永远记住，在任何时候都不要让自卑打倒你的自信。"

第二天，张老师就收到了小凯的回信："老师，我现在终于明白了您的良苦用心。您让我举左手并且要少举左手，就是为了让我超越自己，换只手举高自己的信心。老师，您对我这么关心，我从心底对您说一声'谢谢'。相信我，老师，我会继续用优异的学习成绩来回报您的。"

自信心是一个人在不断的成功体验中慢慢建立起来的，树立自信心是一个漫长的过程。教师在教育教学过程中，要尽可能多地为学生创造可以获得成功的机会，要善于捕捉学生微小的进步，并给予学生及时的表扬和鼓励。

教师应如何提升学生的自信心，为学生营造乐学的氛围呢？

1. 尊重每一位学生

教师首先要做到尊重每一位学生，尤其要尊重学生之间的差异性。不能只注意学习好的学生，而忽略了那些学习成绩差的学生。只有当每一个学生都能感受到教师的关怀，他们才能有足够的自信心去学习。教师只有对每一个学生做到一视同仁，才会让学生感受到自己受重视了，这对他们自信心的培养非常重要。

2. 营造和谐的师生关系

师生关系是影响学生心理状态的一个重要因素，也是学生树立自信心的一个重要保障。在教育教学中，教师应该放下师者的架子，将自己完全融入学生中，与学生交朋友，从而创造和谐的师生关系。

3. 通过寻找学生的优点，提升学生的自信心

每个人都有很多优点，只是他们自己没有发现罢了。不自信的人平时只看到自己的缺点，而看不到自己的优点。教师可以让学生互相找各自的优点，然后把每一个学生的优点写在纸上，并粘贴在教室后面的墙上，起名为"优点栏"。这样让学生时常看一看这些优点，既激励自己，又有助于提升他们的自信心。

4. 为学生搭建展现自我的舞台

勇于展现自我，是人生的价值所在，是每一个有自信的人所具备的品质。学生通过展现自己获得成就感，这对于他们树立自信心非常有帮助。一些学生由于胆小、害羞和缺乏自信而不敢表现自己，这时，教师就要扮演助推器的角色，为学生搭建展现自我的舞台，鼓励他们勇于表现自己。当学生的成功体验多起来以后，他们的自信心就会增强。

5. 要与学生多沟通

沟通不是简单说教，而是让自己成为学生的知音。当学生犯错时，教师要保持良好的心态，多与学生沟通，耐心地听他们解释犯错误的原因，热心地给他们指出改正的方法。同时，教师还要引导他们多向身边的同学请教和学习，使他们在失败的基础上走向成功，在失败的挫折下重树自信。

爱默生曾说："自信是成功的第一秘诀。"学生拥有自信是他们通向成功的奠基石。因此，教师要尽最大努力激发学生的自信，让他们从"我不行"的心理阴影中走出来，成为把握自己人生旅途航向的主人！

4

教法艺术化效应：

讲解妙趣横生，让学生浸润其中

实现课堂知识讲解趣味化，是教师在课堂教学过程中的共同追求。教师在教学中，通过对知识形象化的讲解让抽象知识具象化，这不仅能够让学生更好地理解知识、运用知识，而且还能让学生主动探究知识。

形象化讲解，让抽象知识具象化

实现课堂知识讲解趣味化，是教师在课堂教学过程中的共同追求。然而教师在讲解一些抽象的知识时，会感觉比较吃力，学生理解起来也很困难。由此让许多学生不爱学习。

鉴于此类情况，教师应学会化抽象为具象的课堂教学方法，即把抽象的内容具象化，从而解决教学重点，突破教学难点，提高课堂效率。

刘建宇是临沂罗庄学校的一位数学教师，刘老师班里有90%的学生都喜欢上数学课，有80%的学生认为数学很简单。但是，在现实中大多数学生都感觉学习数学要比学习其他学科吃力，那么刘老师是如何让枯燥抽象的数学课成为众多学生喜欢的学科的？下面是刘老师把抽象的数学知识具体化的一个课堂实例：

师：同学们，今天我们一起来做一个动脑的游戏好不好？

生：好！

师：咱们班共有72名学生，其中男生40名，女生32名。第一小组有4人，第一大组有16人。现在，老师说分数，请同学们根据这个分数所对应的人数站起来，怎么样？有信心做对吗？

生：有！

师：请第一小组人数的1/4站起来。

(一小组站起来1人)

师：谁来说说为什么要站起来1个人？

生：一小组有4人，把4人平均分成4份，1/4占其中的1份，是1个人。

师：回答得非常正确，那么请第一大组人数的1/4站起来。(板书：4人 1/4 1人)

(第一大组站起来4人)

生：第一大组有16人，平均分成4份，每份是4人。(板书：16人 1/4 4人)

师：请女生的人数1/4站起来。

(女生站起来8人)

生：女生有32人，平均分成4份，每份是8人。（板书：32人　1/4　8人）

师：请男生人数的1/4站起来。

（男生站起来10人）

生：男生共有40人，平均分成4份，每份是10人。（板书：40人　1/4　10人）

师：请全班人数的1/4站起来。

（站起18人）

生：全班共有72人，平均分成4份，每份是18人。

师：如果是全年级的1/4、全校的1/4，人数会怎么样？

生：人数会更多。

师：同样都是1/4，为什么表示的具体人数不一样呢？

师：请同学们观察板书，你们会发现什么？请大家用自己的话总结出来，下面开始进行小组讨论。

（大家开始你一言我一语地讨论起来）

师：怎么样？大家发现了什么规律？

生：老师，我们发现相同分数的整体不同，分数所对应的具体数量也不相同。整体越大，分数所对应的具体数量也越大，反之，整体越小，分数所对应的具体数量也越小。

师：同学们，你们总结得非常正确，大家可以利用生活中常见的现象进一步加深对"分数"的认识。

一节课很快结束了，学生们意犹未尽，还沉浸在对分数认识的兴奋中。

分数本身是一个很抽象的概念，学生难以理解。因此，案例中的刘老师在帮助学生理解分数的概念时设计了一个生活化的情境，即让学生找出本班第一小组、第一大组、女生、男生、全班人数的1/4对应的各是多少人，从而使学生轻松地认识到，由于整体的不同，相同分数所代表的具体数量也不相同；整体越大，相同分数所代表的具体数量也就越大。这样的情境浅显易懂，把复杂的东西简单化，把抽象的东西具体化，把难懂的知识生活化，从而激发了学生的学习兴趣，让学生乐学。

抽象的内容单调枯燥，令人费解，而形象、直观的内容则能清晰地印在学生的脑海里，教师要想让学生乐于学习，就必须把抽象的知识与生动具体的事物结合起来，让抽象的内容具象化。那么，教师怎样做才能让抽象的知识具象化呢？

1. 表演教学法

表演教学法，它形象直观、形式自由、实用性强，是学生最感兴趣、最乐于接受的教学方式之一。

一位教师在教学《守株待兔》一课时，学生并不理解其寓意。这时教师灵机一动，扮成守株待兔者，倚在黑板下闭目打坐，让学生“劝”自己。学生兴致倍增，纷纷劝起老师来：“老师，您等不到兔子啦……”“老师，再等下去您会饿死的!”教师还模仿守株待兔者的口气和学生争辩。学生越劝说兴致越高，就能越深入地理解这篇寓言的寓意。

教学中除教师表演外，还可以让学生表演，从本质上说，学生个个都是天生的艺术家。他们不仅具有潜在的表演天赋，而且还有着爱表演的个性特点。因此，让学生表演也有独特的教学意义，它可以有效地调动并发挥学生学习的积极性和创造性。

2. 实物教学法

实物教学法是指教师带领或指导学生利用实物进行与课堂教学内容相关的实验，使知识形象化。教师借助实物创造直观情景，可以有效地吸引学生的注意力。

在实物教学中，教师和学生都可以充当教具。如英语教师在讲解有关体貌特征的形容词时，可以请几位形体特征各异的同学上讲台，然后用英语分别描述每一个学生的体形特征，描述如下：He is tall. She is short. He is fat. She is thin.（他高。她矮。他胖。她瘦。）接下来，教师和几个同学站在一起，教师继续用英语描述并板书：I am old. They are young.（我年纪大。他们年纪轻。）待学生熟悉了这几个句式后，教师又请学生对他们的好友进行描述，通过反复操练使学生很快学会了形容词 tall、short、fat、thin 的用法。

3. 情境教学法

情境教学法是指在教学过程中，教师有目的地引入或创设具有一定情绪色彩的、以形象为主体的、生动具体的场景，从而帮助学生理解教材，并使学生的心理机能得到发展的教学方法。情境教学法的核心是激发学生的情感。

例如，教师在政治课上讲“矛盾的普遍性与特殊性的辩证关系”时，就可以让三个学生分别扮演张三、李四、王五，然后让其他学生找出他们各自的特点。接着同学们从高矮、性格、兴趣、爱好等方面介绍他们的不同点(即特殊性)，最后找出他们共同的特点：都有一个脑袋，两只手，都要新陈代谢，都有自觉能动性，都能制造工具等，具有这些特点的东西就是“人”，即“人”是他们的普遍性，是从特殊性当中抽象概括出来的本质特征。

通过这些活生生的人，学生能很快理解“矛盾的普遍性寓于特殊性之中，并通过特殊性表现出来，没有特殊性就没有普遍性”的含义。从实际教学情况来看，学生的学习兴趣被激活后，就能在短时间内接受并运用新知识。

4. 多媒体教学法

在教学中，一些抽象且依赖猜想等手段得到的结论较多，学生往往只知道结果而不知结论形成的过程，再加上传统教学手段在重点与难点的教学上有一定的局限性，所以这些内容对学生而言比较难以掌握。

多媒体进入课堂，可以使抽象的概念、定理具体化、形象化，尤其是能进行动态的演示，弥补了传统教学方式在直观立体感和动感等方面的不足，利用这个特点可处理传统教学方法难以解决的问题。

多媒体课件具有集文字、动画、声音、图像于一体并能同时进行展示的优点，在课堂教学中可以将抽象变为直观，将静态变为动态，使教学内容更形象、更生动、更具吸引力，从而扩大了学生的认识空间，减少了学生想象的困难，缩短了学生的认识过程，使学生容易建立正确的空间观念，为教师解决教学重点、突破教学难点、提高课堂效率和教学效果提供了一种现代化的教学手段。

把抽象的知识具象化，使得教学更具形象表现力，学生学习的积极性也更加容易被调动起来。所以，教师应该充分利用多媒体教学手段，通过创设特定的知识情境，让学生在浓郁的具象氛围中感受知识、体会情感，并饶有兴致地学习。

寓教于乐，让枯燥知识生动化

在很多学生眼里，学习是一件痛苦的事情，因为有些知识比较枯燥难懂，再加上教师教法不当，的确影响了学生的学习兴趣。所以，作为教师，在教学中要尽量对书本上的知识加以研究，使之变得生动有趣，让学生感受到学习的乐趣，这样才会让他们爱上学习。

Let' s learn——colours 这一课主要是让学生记住10种颜色的单词。广东省东莞市东城区第五小学的吴文纯老师在教学时，一上课就对学生说："同学们，今天我要给你们讲一个故事。"

听了老师的话，教室里有了一阵小小的骚动，紧接着，吴老师出示了一张棕色猴子的图片，向学生介绍说它是故事的主人公——M，a brown m.（第一种颜色——brown）。出于对故事和猴子的好奇，学生很快就记住了"brown"这个单词。

吴老师又继续介绍说："The brown m is a fruit seller. Do you know what does he sell?（这只棕色的猴子是个卖水果的。你知道他卖些什么水果吗?）"这时，学生的积极性已经完全被调动起来了，大家抢着要说出自己的猜想。有的学生用中文说：苹果、梨、西瓜，有的用英文说：apple，banana。吴老师一边肯定着学生的回答：Yes，he sells apples，oranges，bananas and water—melons，peaches and grapes.（是的，他卖苹果、橘子、香蕉、西瓜、桃子和葡萄。）一边拿出苹果、橘子、香蕉和西瓜的图片贴在黑板上，从而自然地引出了red apple，orange orange，yellow banana，green water—melon，pink peach，purple grape（红色的苹果，橘色的橘子，黄色的香蕉，绿色的西瓜，粉色的桃子，紫色的葡萄）6种事物，而red，orange，yellow，green，pink这6种颜色也被学生轻松地记住了。

接着，随着小偷white fox（白狐狸）、警察black cat（黑猫警长）和blue car（蓝警车）的一一出现，学生一方面被故事的情节所吸引，另一方面又急于想知道这些在他们生活中所熟知的事物的颜色该如何用英语表达，学生学习的兴趣和积极性都达到了高潮，并很快记住了10种表示颜色的单词。

吴老师教学的对象是正处于儿童阶段的小学生，他们的个性特点是喜欢新奇，爱想象，因此吴老师以故事为切入点，就能激发学生学习的兴趣，从而引导学生进入教学活动中。

吴老师把10个表示颜色用在学生熟知并感兴趣的10种动物身上，“藏”在故事里。在听故事的过程中，学生的情绪逐渐高涨，心情变得愉快，课堂气氛也显得轻松和谐。由于故事的吸引，大家不由自主地投入学习活动中，并记住了其中出现的10个事物以及它们的颜色。这种故事加图片的教学法，使得原本枯燥的10个表示颜色的单词立刻变得形象生动、立体鲜明，学生的视觉、听觉都受到刺激，教学效果非常显著。

苏霍姆林斯基说：“教师如果不想方设法使学生产生情绪高昂和智力振奋的状态，而只是不动感情的脑力劳动，就会带来疲倦。”这说明要想让学生保持高昂的学习情绪，教师必须让枯燥的知识变得生动、有趣味一些。那么，怎样才能让知识不再枯燥无味呢?

1. 在游戏中消除枯燥

心理学家认为，活动是认识的源泉，动作是智慧的开端。如果把教学融入游戏中，求知就不再是学生的一种负担，而是一种享受、一种心理需要。

在游戏过程中，学生的学习情感得以积极发展。英国教育家洛克说：“教育儿童的主要技巧是把儿童应做的事都变成一种游戏。”因此，教师要为学生创造一个轻松愉快的学习氛围，把乏味的教学同游戏活动结合起来，让学生带着愉快的心情边玩边学，从而达到一种“教师乐教，学生乐学”的理想境界。

2. 在猜谜中消除枯燥

猜谜语是学生喜闻乐见的一种活动，它寓知识性、趣味性、哲理性于一体，教师如果把猜字谜、编字谜融入学习活动中，不仅可以调动学生的学习兴趣，而且还能加深他们的记忆，对学生知识的巩固能起到很好的辅助作用。

教师还可以把枯燥的知识点编成谜语，让学生猜，或者让学生自己编谜语，同学之间互猜，在活动结束后对优胜者给予表扬和奖励。

3. 在听故事中消除枯燥

故事可以让枯燥、难懂的知识变得活灵活现、生动有趣，从而吸引学生的注意力，激发学生学习的兴趣。

4. 在听音乐中消除枯燥

音乐给人以美的享受。在节奏鲜明、富于韵律感的音乐中学习知识，不但能让学生轻松掌握知识，而且还能陶冶学生的情操。

5. 在看漫画中消除枯燥

漫画能逼真、形象地表现各种事物和现象，把与学习知识有关的漫画引入课堂，可以培养学生的观察力、想象力和思维能力，还可以丰富学生的相关知识。

6. 在联想中消除枯燥

教育家威廉·詹姆士说："一个事实，在心中越是与其他大量事实发生联想，就越能很好地记住，留在心中。"联想是记忆知识的一个重要方法。在课堂上教师引导学生进行一些必要的联想，有助于学生对知识的理解和消化。

7. 在编歌诀中消除枯燥

歌诀凝练简洁、朗朗上口、新颖有趣，在教学中教师可以利用这个特点，或让学生自己，或师生共同将枯燥的知识点编写成歌诀，以激发学生的学习兴趣。

8. 在绘画中消除枯燥

由于儿童是用形象、色彩、声音来思维的，所以教师可利用这一特点结合教学内容设计一些绘画式教学。这样不仅能让学生感到新鲜有趣，而且还能巩固学生所学的知识。

9. 在引用诗词中消除枯燥

从古到今历代文人墨客都留下了许多脍炙人口的诗词作品，教师在讲课时若能恰当引用，也能给课堂增添许多情趣。

没有枯燥的知识，只有使知识枯燥的教师。其实，任何知识都可以是鲜活的，只要教师结合教育教学实际，采取必要的形式，寓趣味性于知识性之中进行教学，就能够消除知识的枯燥感，从而调动学生学习的积极性，激发他们的求知欲，并提高教学效果。

浅显化讲解，让深奥的知识通俗易懂

将深奥知识浅显化，即简单教学。新课程改革中各种新的理念、新的方法、新的手段无疑给课堂教学带来了无限生机，然而，随之而来的新名词也让人们眼花缭乱，那些只图时髦而不顾教学内核的手段，只能让教学变得越来越复杂，越来越模糊。全国小语会会长崔峦先生说："简简单单教语文，完完全全为学生，扎扎实实求发展。"这简单朴实的话语给了简单教学以最好的诠释，即简单能留住教学的根，简单能守住教学的魂，简单能追求教学的质效，简单能体现教学的本真。

泰兴市常周中学的张向荣老师在讲授《陋室铭》一课时，张老师以生动形象的语言，使深奥难解的文言文，尤其是其中的思想在现实生活中的教育意义变得更加浅显易懂。下面是张老师的教学实况。

师：提一个问题让大家选择一下：设有一间豪宅大厦，要得到它，须说若干句违背自己良心的话，做若干件伤天害理的事；设有一简陋室，那里绿色可人，有知音相伴，只要你想拥有它，它便在你的眼前。你要哪一个？

生：我选择后者。

师：恭喜你，你的选择居然和唐代一位大名鼎鼎的诗人不谋而合，他就是刘禹锡。你有望成为新时代的刘禹锡吗？现在让我们来一起学习刘禹锡这篇表达自己心意的《陋室铭》。

师：本文最富哲理、最能体现作者写作主旨的一句话是什么？这句话是怎样引出的？

生：斯是陋室，唯吾德馨。

生：这句话先说有"山""水"，然后引出"德馨"的。

师：陋室陋吗？

生：不陋。

师：那么，本文又是从哪几个方面来论述"陋室不陋"的？试结合文章的语言加以分析。

生："苔痕上阶绿，草色入帘青。"这里是写陋室优美的自然环境。

生："可以调素琴，阅金经。"这里是写陋室主人的情趣。

生："谈笑有鸿儒，往来无白丁。"这里是写陋室往来客人的情况。

生："南阳诸葛庐，西蜀子云亭，孔子云：'何陋之有？'"这里作者援引西汉扬雄、大教育家孔子的事例及名言，有力地证明了"斯是陋室，唯吾德馨"。

师：再看室内的陈设，文章重点突出了哪些物件？由此你产生了哪些联想？这对我们有什么启发？

生：素琴、金经。

生：由此我想到了主人读书情趣的高雅。

生：我们要有选择地读书，读名人名著。

师：短短的一节课，我们只是初步了解了作者的一些思想，这并不奇怪，因为至今老师也不敢说已经读懂了它，已经进入刘禹锡的精神境界里，并把这种精神带入我的生活。我至今仍在解读它。同学们，一年以后，你还会再读《陋室铭》吗？十年以后呢？若干年以后呢？

生：会。

师：美文是要我们用一生去解读的，但这并不妨碍我们对它进行长期的、孜孜不倦的研习，每当我们精进了一步，我们的学识、做人的涵养也就提高了一大步，因为精神的影响是可以超越时空的。

文言文是文化传承的重要载体，但对现在的学生来说，其蕴涵的意义与精神有些深奥难解。张向荣老师正是注意到这一问题，所以在讲授《陋室铭》一课时就很注意对学生进行引导，张老师以语言为抓手，通过创设情境让学生插上想象的翅膀，从而让深奥的文言文变得浅显易懂。

又如下面这位教师给学生解释"拿来主义"时的教学实况。

小明问老师："老师，鲁迅先生所说的'拿来主义'具体是什么意思啊？"

老师略微思索后说："对于拿来主义啊，天津有一位叫冯骥才的作家在回答外国记者的问题时作过很好的回答。一次在访法欢迎宴会上，外国记者接二连三地向冯骥才先生发问。其中有一位记者问冯骥才：'尊敬的冯先生，贵国改革开放学习西方资产阶级的东西，你们不担心变成资本主义吗？'冯先生说：'不！人吃了猪肉不会变成猪，吃了牛肉也不会变成牛。'"

"冯先生的意思是说我们在学习资本主义先进的东西时，并不会变成资本主义，只是将它拿来利用而已。鲁迅先生所说的拿来主义的意思也是如此，就是将外面的东西拿来，消化、吸收有用的东西为我所用，抛弃糟粕，而不是简单地'拿来'。"

"噢，我明白了。"小明恍然大悟。

"拿来主义"这个词本来就不好理解，怎样"拿来"，"拿来"怎样运用，学生在刚接触这个词时，肯定不能很快、很好地理解。但案例中该教师通过例举冯骥才先生的答记者问，很好地回答了学生的问题，让学生理解了“拿来主义”的含义，即拿来主义就是将不属于自己的东西，吃进、消化成自身需要的营养，抛弃糟粕，而不是简单意义上的“拿来”。深奥的知识通过教师的浅显化讲解变得简单、生动。

对于教师讲授的知识，学生可能受学科教学进程及认知水平的限制，会对某些远离自身生活实际的知识点、内容的理解较为肤浅、片面，或缺乏深度和综合的理解，若教师置学生的实际于不顾，只是一味地照本宣科，必然会挫伤学生的学习积极性，甚至会使学生丧失学习兴趣。那么，教师该如何使讲解的知识深入浅出、浅显易懂呢？

1. 运用修辞手法化难为易

教师可运用恰当的修辞手法，巧妙地将知识化难为易。当遇到一些令学生疑惑不解的抽象理论和概念时，教师可以巧用比喻等修辞手法，将抽象的内容形象化、具体化，学生理解起来就会更加轻松、更加深刻，教学也会收到事半功倍的效果。

2. 做好教材的多次开发，实现“多次飞跃”

教师可以对教材进行多次的开发，实现教学的多次飞跃。第一次飞跃可以增补教学中所需的感性教学资源，让学生感悟知识的演变。第二次飞跃可以实现学生由感性回归理性的目标，让学生归纳、感悟各知识点的不同特征，从而让学生在浅显的教学中感受探究、合作、乐学的精神，以及培养学生良好的竞争意识。

3. 运用多媒体教学，突破难点

教师可以运用多媒体教学，以突破难点，化难为易。多媒体教学具有灵活多变、信息量大、传递速度快、途径多及感知效果好等优点，尤其是多媒体课件的使用能综合图像、动画、音响、文本等多种效果，从而将抽象的内容具体化、微观的事物宏观化、复杂的事物简约化、深奥的知识浅显化，并能多角度地向学生传递教学信息，对教师解决教学中的重点、难点起到了很好的促进作用。

另外，多媒体教学还可以加大课堂容量，帮助学生拓宽知识，也可以留给学生更充裕的思考问题的时间，并增加有针对性的训练，从而提高课堂教学效率，促进教学难点的突破。

4. 教学语言要贴近生活

教师可以在备课中将书面文字进一步消化，转化为口头语言，再辅之以每个教师在教学中独特的形体语言，使教学语言贴近生活，从而让深奥的知识变得更加浅显易懂，引起学生思维的共鸣，并加深他们对知识的理解和运用。

提倡教师用生活化的语言教学，也并不是否定其对教学术语的运用，因为教学术语的运用是建立在生活化语言教学基础之上的，两者是和谐统一的关系。

因此，教师在课堂教学中，面对那些深奥的知识点时要有针对性地选取材料，使深奥的知识更具实用性、趣味性和信服力，教学自然也就能为更多的学生所喜爱，进而达到事半功倍的效果。

梳理知识，让零碎知识系统化

在教学过程中，由于一些学科知识过于零碎，学生对这些学科知识的消化吸收比较吃力，因此，学生通常对这类学科缺乏足够的兴趣。所以，作为教师，如何把零碎的知识变得系统有趣是非常必要的。

孔繁刚老师是上海市上海中学国际部史地教研组组长，1994 年被上海市人民政府授予“优秀教师”的称号。

孔老师在历史教学中十分注重学生思路的连贯性，他认为既然让学生花费了那么多心思学习知识，就应该发挥它最大的潜力为学生提供服务。如果知识分散，学生又怎么能清晰地学习、清晰地掌握、清晰地运用?

因此，在长期的施教过程中，孔老师总是把培养学生系统化学习的能力排在教学工作的第一位。孔老师在教《20 年代的国际关系》一课时，由于这篇课文涉及面广，内容复杂，知识的呈现形式显得相对分散，结构框架不是很清晰。所以，上课前，孔老师将本课内容按一定的结构框架印发空白知识结构表，学生人手一份。然后让学生跟随老师的思路，在老师的讲解过程中把空白结构表填完整。

上课一开始，孔老师便说道：“同学们，我提一个问题，借了别人的钱要不要还?”

学生们异口同声地回答：“当然要还。”

孔老师又说道：“同学们可能认为这个问题太简单了。但是，如果债主冲进了欠债人的房子，打死了他的孩子，捣毁了他的家具而且把他的房屋也烧掉了，请问，这时是该先还债主的债呢，还是先赔偿债务人的损失呢?”

听到一个如此奇怪的问题，学生们一时语塞了。

孔老师笑了笑：“我并不是要求大家讨论这个问题，而是要告诉你们，这是发生在 19 世纪 20 年代初的两位外交家之间的一段真实的唇枪舌剑的辩证。今天我们讲的《20 年代的国际关系》就与这个问题有关。”

这时，学生的注意力立刻被拉到了主题上，而且这种新颖的导入方式也极大地激发了学生的学习兴趣，让他们在围绕主题展开想象的同时，更促使他们积极深入地对主题内容进行思考，为将分散知识归纳到知识结构体系中打下了良好的基础。

孔老师顿了顿，继续说道："这里讲的20年代的国际关系，主要是指欧洲的国际关系。现在，每个人手上都有一个空白的表格，这是我们今天这节课的知识结构图，大家可以通过这张结构图来学习。"

孔老师先帮助学生认识当时的历史背景，让学生明白，在第一次世界大战后欧洲形成了一个怎样的国际格局或体系，它的实质是什么，然后，孔老师在黑板上画出了与学生所持的格式一模一样的结构图，并将第一个已解答完的问题写在了结构图上。

孔老师问："十月革命以后，苏维埃国家同西方资本主义国家之间的军事对抗关系怎么会在进入20年代以后出现松动与缓和呢？"

孔老师一边讲解，一边将知识中一些细小的"枝节"纳入结构图中。

在接下来的教学过程里，孔老师又用同样的方法将知识逐步归纳到结构图中去。通过清晰的板书，使原本分散零乱的知识有了明显的结构。随着学生手中的结构图一点点填满，零散的知识也就变得系统了。

运用结构图的形式对知识作系统化讲解，是教师在教学中使用率较高的方法之一。因为结构图不仅可以从视觉上给学生一种清晰明了的感觉，而且利用结构图还有一个最大的优点，就是教师在画结构图的时候，可以只给学生一个空的主体框架，然后让学生共同参与其构建过程。在这个过程中，学生可以自主思考，并尽情表达自己的见解，从而体会到学习的乐趣，更愿意学习。

在本案例中，孔老师运用结构图表的方式，将零散知识整理归纳，以更适合学生理解的方式呈现在学生面前，取得了非常好的教学效果。

那么，教师应该怎样做才能使零散的知识变得系统呢？

1. 要全面分析零散知识的特点

要想将零散的知识系统化，首先就要将零散的知识分析透彻。就像我们在教学中总是强调因材施教一样，如果不能了解学生，又怎么能因材施教呢？如果对零散知识不彻底理解，又怎么能引导学生梳理成体系呢？

在分析零散知识的过程中，不仅要分析各个零散知识之间的联系，而且要权衡该知识在整个知识结构中所占的比重，如果是重要的知识就重点强调，如果不是很重要的知识就可以适当忽略。如此，构建形成的知识系统才能有主有次，学生才能更容易理解和接受。

2. 知识点结构系统化

知识点结构系统化就是对知识点进行分析整理，将其内容简单明了地表达出来。这有利于学生将所学过的知识形成知识网络，对所学的知识能够融会贯通，进而提高学生对知识的迁移、重组能力。

3. 单元知识系统化

单元知识系统化就是把相对独立的每个教学单元和知识内容加以归纳总结，使之形成一个整体或一个系统。这一层次的系统化，主要是利用知识点结构系统化的成果，可以将知识点连成知识链，也可以列出细目或是结成知识网。

4. 专题知识系统化

专题知识系统化，主要是指在学习中打破教科书的章节体系，把同一性质、同一类别的知识归纳在一起，使之成为一个系统。如高中历史中改革变法的内容，就可以用列表的方式来展示中国古代历次改革变法的原因、内容、代表人物、作用与要点，以专题的形式进行归纳总结。

综上所述，教师帮助学生对整个知识进行系统化的掌握，可以方便学生在脑海中随时浮现出课程的全貌。如果教师不对知识进行系统化梳理，很多知识只有当教师提醒时，学生才能回忆起来，有可能学生只记住了一些支离破碎的知识点。只有把握好整个知识的系统结构，才可以避免知识点的遗漏和盲点。另一方面，教师帮助学生对知识进行系统化的整理过程本身也是充满趣味的教学过程。

发挥表演作用，让知识“动”起来

在教学中，教师为了促进学生对教学内容的理解和体验，经常组织学生对教学内容进行戏剧化的模仿表演和再现，使知识变得有趣味，以达到学习交流和娱乐的目的，这就是表演教学。

《惊弓之鸟》是小学三年级第一学期第六单元中的一篇课文，这一单元的训练重点是理解字词的意思。而《惊弓之鸟》一文中有两个字词的理解对学生来说比较困难。一个是“惊弓之鸟”，虽然这个成语的字面意思学生通过读课文、分析字义便可得知。但要深入理解这个成语的引申义，以及这则成语故事所要传达的道理，对于刚刚学习理解字词的小学生而言还是有一定的难度的。因为课文主要是抓住“更羸不用箭射下鸟”这一故事主线进行叙述，而不是从这只惊弓之鸟的角度展开叙述。另外一处是让学生理解“那只大雁直往上飞，拍了两下翅膀，忽然从半空里直掉下来”一句中的两个“直”字。这两个“直”在一个句子中出现了两次，但代表了两种含义，学生理解起来比较困难。

考虑到以上这些因素，上海福山外国语小学的王淑芬老师选择了生动有趣的表演教学法。王老师先让学生读课文并画出表示“更羸本事大”的句子：更羸并不取箭，左手拿弓，右手拉弦，只听得“嘣”的一声响，那只大雁直往上飞，拍了两下翅膀，忽然从半空中直掉下来。

王老师问学生：“这句话中有两个‘直’你们理解吗？我请一个同学来扮演这只鸟，演示一下‘惊弓之鸟’掉落的过程，其他同学一起来当更羸，好不好？”

“好。”学生们听了很兴奋，纷纷举手想上台表演。王老师让一名男生演示，这名男生扮成一只大雁，先是从远处慢慢地飞来，飞起来时摇摇摆摆，一副受伤的样子，嘴里还“哎哟，哎哟”地叫着，等到大家一起拿弓、拉弦，喊“嘣”时，他一下子摔倒在地上。

台下的学生看了大笑起来。王老师也笑着问：“大家觉得他演得怎么样？”

学生1说：“很形象，把鸟受伤的样子表现出来了。”

学生2说：“演出了第二个‘直’的意思，他一下子掉下来了，说明这只鸟掉得很快。”

王老师又问：“哪个字没有演好？”

学生3说：“第一个‘直’没表现出来。我们看了仍然不知道这个‘直’的意思。”

“谁能演一演？”王老师又问。

大家马上举起手。

“大家都想来演一演。我有个要求，这次在演示的时候，这只鸟儿必须通过语言表达自己的想法，如看到箭是怎么想的，等等。大家先准备一下。”

学生们开始准备，过了几分钟，王老师请一名学生上台。这名学生也扮成大雁，先是从远处慢慢地飞来，飞起来时摇摇摆摆，并时不时摸摸自己的伤口，一副受伤不轻、尚未痊愈的样子，嘴里还“哎哟，哎哟，好疼啊，好疼啊”地叫着，等到大家一起拿弓、拉弦，喊“嘣”时，他惊慌失措，大喊“救命啊！箭来啦！怎么办啊！快逃！”然后一个劲儿往天上飞，并使劲拍打翅膀，突然“啊——”的一声，一下子摔倒在地上。

看着他形神兼备的表演，学生们又笑了。

王老师再问：“现在明白了吗？第一个‘直’是什么意思？”

学生4说：“一个劲儿”的意思。

学生5说：“拼命”的意思。

“那么这只鸟怎样做，就不会掉下来呢？用‘如果……就……’来说一说。”

学生6说：“如果这只鸟仔细看清是不是真的有箭射来，它就不会掉下来。”

学生7说：“如果它遇到突发情况不那么惊慌就不会掉下来。”

学生8说：“如果它的心理素质不那么差就不会掉下来。”

……

最后，王老师总结道：“同学们说得很对，其实，这就是‘惊弓之鸟’这个成语要告诉我们的道理。”

在《惊弓之鸟》这篇课文的教学中，王老师考虑到“惊弓之鸟”和两个“直”字不太好理解，于是采用了比较直观、充满趣味的表演教学法。但王老师并没有让学生扮演文中的主要人物更羸和魏王，而是让学生根据课文内容扮演一下“惊弓之鸟”，演示一下鸟掉下来的过程，通过演一演，让学生体会这只鸟究竟是怎么掉下来的，从而让学生直观感受“直”的意思，并从鸟掉落的原因出发，讨论这只鸟“如果怎样，就不会掉落”，自然地引出“惊弓之鸟”的引申义。整个教学过程简单而充满趣味，将原本枯燥乏味的分析、讲解、朗读、感悟，变成学生的“演——评——创造性演——说”来完成，体现了表演教学明显的优势。

第一，直观性。这一内容的教学若是让学生查字典，或是老师分析讲解，或是小组讨论，学生都需要将文本内容在脑海中进行想象，然后才能达到理解的目的。而角色扮演能将枯燥的文本直观展现，学生一看便能明白两个“直”字的意思，也帮助他们弄清了两个“直”字意思上的区别，从而大大提高了课堂教学的效率。

第二，趣味性。在表演过程中，观看的学生会受到直观的视觉冲击，而扮演的学生则必须在充分理解和体会文本的基础上，发挥自己的想象力对文本进行再创造。整个表演过程充满挑战和新鲜感，学生兴趣盎然，乐在其中。

兴趣是求知的先导。表演是激发学生学习兴趣的一种行之有效的手段。它不仅吸引了学生的注意力，而且激发了学生内在的表演欲望和潜能。尤其是低年级的学生，更喜欢表演教学的形式。那么，教师可以通过哪些表演手段来激发学生学习的积极性呢？

1. 肢体表演法

教师可以运用肢体表演来展现词汇的意思，从而让学生轻松地理解那些新接触的、有些晦涩难懂的词汇。

肢体表演不仅限于语文课和英语课，自然课、历史课也十分适用。比如，在自然课上，教师可以带领学生通过舒展身体来表现秧苗的成长、小动物的变化等，让学生体会到大自然的奥妙；而历史课上，教师可以通过对历史上主要人物的模仿，把学生带入一个生动的历史情境，让他们全身心地投入教师所讲的内容中。

2. 分角色表演法

有些教师不敢尝试分角色表演教学法，因为他们担心课堂混乱，出现纪律问题。这种担心不无道理，这就要看教师对课常教学的把控能力了。教师如果能够与学生一起把所学内容改编成剧本，并将学生合理地分成几个小组，引导他们根据学习内容和自己的想象演绎教材中的故事，这不仅能有效地提高学生学习的兴趣，而且还能保证课堂纪律的有序性。

3. 哑剧表演法

哑剧属于肢体表演，但它不是一般的肢体表演，而是带有问题的肢体表演。这些问题恰恰能够激发学生的好奇心。学生有了好奇心之后，自然会对课堂产生兴趣，从而关注学习。

表演哑剧要注意两点：一是要提前备好课，做到动作准确、形象；二是在动作中要带有学生所关心的问题。

4. 就地取材表演法

课堂表演不可能带入很多教具，因此教师要学会就地取材。比如，桌椅、板凳可以是房子、小船；铅笔、橡皮可以是飞机、宇宙飞船等。这样的教学设备既简单又实用，还能有效展开学生的想象力，让他们亲身体验，并乐在其中。

5. 集体表演法

由于课堂时间有限，不可能做到让每一个学生都成为课堂的主角。但是，每一个学生都有表演的欲望，如果长时间忽略一部分学生，可能会降低这些学生对课堂的兴趣，此时，教师就可以运用集体表演的形式进行授课。

赞科夫说："教学方法一旦触及学生的情绪和意志领域，触及学生的心理需要，这种教学方法就会变得高度有效。"表演教学不但能给予学生充分展示自我的机会，而且还能进一步激发他们的学习兴趣，让学生在扮演中获得知识、能力和快乐。因此，教师应适当发挥表演的作用，让知识"动"起来，让学生乐起来。

增加趣味因素，让知识有亲切感

爱因斯坦说过："兴趣是最好的老师。"新一轮课程改革正如火如荼地进行着，"新课标"要求："教师要善于激发学生的学习兴趣，创造性地开展多种形式的教学活动，努力形成教学个性。"教师在教学的各个环节中增"趣"添"味"，是一种很有实效的做法，它能刺激学生积极去学，从而有效地提高学生的素质，培养学生的创新能力和实践操作的能力。

例如，银川第一职业高级中学的吕雪晴老师在讲授"分类计数原理和分步计数原理"一课时，通过采用"问题情景——建立模型——探究——解释——应用——拓展"的模式，使教材的内容尽量与现实生活中的问题相结合，从而增加了数学的趣味性和实用性，让学生感到数学就在身边。具体教学实况如下：

师：从银川到北京可以有哪些途径？

生：坐飞机。

生：坐大巴。

生：坐火车。

生：还有自驾车。

师：假如乘飞机有 3 班，坐火车有 2 班，坐大巴有 3 班，那么这一天中，从银川到北京共有多少种不同的走法？

生：3 种。

生：应该是 1 种。

生：应该是 8 种。

师：到底有几种呢？我们来看一个相似的例子。假如有一个人要去附属医院看病，想从 1 楼到 10 楼，可以乘电梯，也可以乘扶梯，还可以爬楼梯。电梯有 4 座，扶梯有 3 座，楼梯有 2 座，请问从 1 楼到 10 楼共有多少种不同的方法？

生：我坐电梯有 4 种方法。

生：我乘扶梯有 3 种方法。

生：我爬楼梯有 2 种方法。

师：那么一共就是 $4+3+2=9$ 种方法。这就是分类计数原理。

师：大家再来看一道题：假如有三个篮子，第一个篮子内装有6种不同的水果，第二个篮子内装有5种不同的水果，第三个篮子内装有4种不同的水果。客人来了，要用水果来招待客人，那么从三个篮子里任取一种水果，有几种不同的取法？如果从三个篮子里各取一种水果，又有几种不同的取法？

生：第一个问题，取水果的方法有三种。第一种方法是从第一个篮子里取一种水果，第二种方法是从第二个篮子里取一种水果，第三种方法是从第三个篮子里取一种水果。因为从任何一个篮子里取一种水果都能完成这件事，所以可以用分类计数原理。

生：第二个问题，要完成这件事，需要分三个步骤。即要从每个篮子里各取一种水果，只有这三个步骤都完成了，才算完成了这件事。所以应该用分步计数原理。

师：嗯，同学们说得很好，看来对于分类计数原理和分步计数原理大家都有所了解了，那么，我们再来看一道题：一名战士两手各执一面红色信号旗，左手的旗可放在左上、左中、左下的三个位置；右手的旗可放在右上、右中、右下的三个位置，那么用一面旗可以表示多少种不同的信号呢？用两面旗又可以表示多少种不同的信号呢？

（生自发互相讨论起来）

师：请一位同学到讲台上给大家展示举旗的位置，用书来代替旗帜，并且把标准答案显示出来。好，就请这位同学。

大家从上台展示举旗的学生所做的动作中体会到了答案，并为学生所做的动作大笑不已，课堂气氛达到了高潮。

生到黑板演示标准答案，如下：

左手位置	上	上	上	中	中	中	下	下	下
右手位置	上	中	下	上	中	下	上	中	下

师：很好，看来同学们已经掌握了分类计数原理和分步计数原理，那么，除了将课后作业完成外，有兴趣的同学可以收集一些生活中常见的应用这两个原理的事例，在下次上课时，我们看看谁收集的事例多，以及各是怎样用这两个原理解决生活中的问题的。

生：好。

要让讲解妙趣横生，让学生听完欲罢不能，教师就要在教学中增加趣味因素，将抽象的教学内容直观化、通俗化、具体化。吕雪晴老师通过利用上楼、取水果、举旗信号等生活化的事例，采用学生易于明白的语言，将分类计数原理和分步计数原理讲解得非常透彻，使学生很好地掌握了这节课的重难点内容。

给教学增加趣味的目的，在于激发、培养学生的兴趣，调动学生的学习积极性，提高课堂教学效果。事实上，有了兴趣，学生才会乐意走进课堂，才会有求知的欲望。

具体来说，教师可采用什么方法使自己的教学充满趣味，让学生听完欲罢不能呢？

1. 情境熏陶法

为了在教学中增加一些趣味因素，教师可充分挖掘教材的丰富内涵，弄清课文包容的科技、人文、历史、地理等方面的知识，并围绕教学目的和教学要求加以梳理设计，使之与课文内容水乳交融，为学生营造一种富有趣味的情境。在这样的情境中，学生既可以受到情感的熏陶，又能够身心愉悦地去学习。

2. 多媒体教学法

伴随着教育技术的发展和进步，多媒体等现代化教学手段在教学中的应用日益广泛。教师可恰当地利用多媒体进行教学，这既可以拓宽学生获取信息的渠道，提升课堂教学质量，又可以将知识化难为易，化静为动，化抽象为直观，使教学变得更加生动有趣。

3. 丰富课堂活动法

在课堂活动或游戏中，学生本身就是快乐的发现者和创造者，他们可通过独立操作课堂活动或游戏，多角度地进行创造性思维活动，挖掘出自身的潜能，从而成为课堂学习的主人。课堂活动或游戏既有利于增强教学的趣味性，又能调动学生参与教学的积极性和主动性。教师在教学中可根据教学内容，穿插一定的课堂活动或游戏，让课堂变得趣味盎然。

4. 设疑置难法

在教学中，教师通过设疑置难能引起学生的认识冲突，激发起学生对所学知识的兴趣，并让学生产生求知欲望。那么，教师可把问题作为教学的出发点，在教学中有意识地设置一些悬念，让学生在一步步的解疑中逐渐培养起探究知识的兴趣。

有人说："我们的课堂有'温度'无'湿度'；有'热度'无'力度'，究其原因，就是课堂缺少思维的力度和触及心灵的深度，仅仅停留在做表面文章上。"所以，教师需要通过坚持不懈的努力，在教育教学实践活动中不断去总结、去探索，使自己的教学更加精彩，更加生动有趣，从而让学生听完欲罢不能。

环环相扣，给知识制造悬念

给知识制造悬念，就是教师在前一课的基础上，提出一些引人入胜的问题，留给学生去思考，去探究，使学生进入探索情境，然后在后续教学中由师生共同讨论、解决这些问题。

通过不断设疑、解疑的链状教学，教师可以在教材内容和学生求知心理之间制造一种"不协调"，在学生心理上造成"悬念"，从而使学生的注意力、思维凝聚在一起，达到智力活动的最佳状态。

新课程改革提出了"自主、合作、探究"的教育理念。自主的原动力是什么？合作的契合点在哪里？探究的欲望源自何方？这些都是悬念。

学生之所以在学习中不断产生主动探究的欲望，在一起合作研讨问题，说到底就是因为教师在教学过程中巧设了凭一己之力难以解决的问题悬念，即教师巧妙的悬念铺陈和问题引领。

案例一：

河南省商丘市第一实验小学的教师闫秋霞，在上《"扫一室"与"扫天下"》时，就先卖起了关子，制造了一些悬念，从而勾起了学生的学习兴趣。

师：同学们，一滴水作用大吗？一粒米作用大吗？

生：不大。

师：是啊！水滴、米粒那么小，也许很多同学都是这样认为的。老师就见过校园里正在滴水的水龙头，餐桌上同学们掉下来的饭粒。这里有一组数据，一起来看一下。(出示课件)

师：看到这组数据，你想说什么？

生：我想说不要小看这些微小的东西。

生：微小的事物积聚起来就会变得强大。

师：是啊，水滴、米粒虽小，但聚集起来能办大事情，解决大问题。今天我们就进入第十一单元有关大与小的学习——《"扫一室"与"扫天下"》。同学们，你们先把课文题目读一遍，然后说一说有什么问题。

生：题目中的"扫一室"与"扫天下"为什么要用引号呢？

生："扫一室"与"扫天下"有什么关系呢？

生：大与小的关系是怎样的？

师：同学们很会发现问题，实际上这些问题正是我们这节课要重点学习的，需要我们从文章的字里行间去寻找答案。读完这篇课文后，谁能说一说它讲了一个什么故事？

生：这篇课文主要是讲陈蕃生活懒散，薛勤教育他的故事。

生：这篇课文讲的是陈蕃志存高远，但生活懒散，薛勤告诉他，做大事要从做好小事开始。

师：那你认为陈蕃是一个什么样的人？

生：陈蕃志存高远，喜好读书，在生活上却很懒散，连自己的书房都很少收拾。

师：你很会发现问题。我们一起来读这句话，注意这句话前后意思一样吗？哪个字把句子分成了意思相反的两个部分？

生：我发现这句话前后意思不一样，前面说陈蕃的优点，后面说陈蕃的缺点。

师：是的。这是一个转折句，“但”字前后的意思发生了转折。后半句说陈蕃生活懒散，连自己的书房都很少收拾。你能从课文中找出描写陈蕃书房的句子吗？

生：屋子里又脏又乱，桌子上书呀、杂物呀，什么都有，而且上面满是灰尘；地上到处是垃圾，墙壁上还有不少蜘蛛网。屋子里不仅脏，而且连空气也显得污浊。

生：薛勤一进书房，着实吓了一跳。

师：有谁知道“着实”可以用哪个词替换？

生：确实。

师：那我们把“着实”换成“确实”来读一读。看看这样换好吗？为什么？

生：换了“确实”没有“着实”程度深，没有“着实”更能体现陈蕃书房的乱。

师：对于“不禁”，你是怎样理解的？

生：“不禁”就是忍不住。

生：“不禁”就是不由自主。

生：这个词也能体现出陈蕃房间乱得让人忍不住皱眉。

师：这是陈蕃的缺点，但他有一个优点，那就是“志存高远”。谁能说一说陈蕃的志向是什么？你是从哪里知道的？

生：要做轰轰烈烈的大事业，要扫除天下一切不平之事。

生：大丈夫活在世上，要干的是轰轰烈烈的大事业，要扫除的是天下一切不平之事。

师：是啊，这几个词语告诉我们，陈蕃说这句话时是一点都不在乎的，是觉得自己有理而说话很有气势的，是认为自己对而骄傲自满的，所以他满不在乎。“大丈夫”在句中指有志气、有作为的男子，陈蕃虽然生活懒散，但他是以大丈夫自居，所以才满不在乎、理直气壮。正是这番话，说出了陈蕃的远大志向。句中“扫除天下不平之事”就是题目中的“扫天下”，天下需要他去扫吗？这个“扫”在这里是什么意思？

生：是“管理”的意思。

生：我觉得是“治理”更合适。

师：“治理”的意思，治理天下是大事还是小事？

生：大事。

师：是啊，是大事，是轰轰烈烈的大事业。那对应的“清扫小小的一间屋子”也就是“扫一室”是大事还是小事？

生：平常小事。

师：薛勤听了陈蕃这番话后说了什么？

生：年轻人，你连一间小小的屋子都不扫，又怎么去扫天下呢？

生：老师，我发现文中还有一个反问句：“此人年少而有大志，但连小事都不愿意做，怎么能做成大事呢？”

师：这两句话句式相同，但观点却是完全相反的，你同意谁的观点？

生：我同意薛勤的观点。

师：此时，你想对陈蕃说什么？

生：我想对陈蕃说，不做平常小事，就做不成大事。

生：我想对陈蕃说，快改掉你懒散的缺点吧，要想做成大事业，必须从小事做起。

好的教学来源于好的问题，好的问题本质上就是有价值的悬念。案例中的教师通过一滴水、一粒米，引导学生认识到课文中的固有悬念——连小事都不愿意做，怎么能成大事呢？进而让学生深刻理解课文主旨——要想做成大事业，必须从小事做起。

案例二：

某物理老师出示两个灯泡，甲是“220V、40W”，乙是“220V、100W”，问：“将这两个灯泡接在教室220V的插座上，哪个灯泡会更亮？”

学生经过讨论后，大多数学生认为“220V、100W”的乙灯泡会更亮。

老师又问：“那么，是不是100W的灯泡一定比40W的更亮呢？”

学生说：“是。”

听到学生的回答后，老师将两个灯泡并联接入电路，实验结果与学生的答案果然一样。当学生们正为自己的判断正确而高兴时，老师又将两个灯泡串联接入电路。

“请同学们仔细观察，现在这两个灯泡哪个更亮？”

学生们充满疑惑，因为实验结果出乎他们的意料，竟然是40W的灯泡更亮。

老师笑着说：“灯泡亮与不亮，主要是看通过灯泡的电流的大小。电流大时，灯泡更亮。并联时，灯泡的实际电压等于额定电压，实际功率等于额定功率。

悬念的彻底解决，可使学生加更牢固地记忆知识。案例中的物理老师通过设置悬念“100W与40W哪个更亮”，来引出串联、并联的教学内容，随后再进行深入分析、讲解，使学生很快明白了并联为什么合乎情理，而串联又为什么出乎意料。这个环节的设置，既让学生掌握了公式，又让学生明白了解题关键：灯泡的亮度与电流有关，灯泡串联或并联时，电流不同，所以，亮度也就不同。

悬念作为一种学习心理机制，是由学生对所解决问题的未完成感和不满足感而产生的。教师适时地创设悬念，可使学生产生一种不断探索、追求知识的心理需求，从而变“要我学”为“我要学”。

这种心理需求具有巨大的潜在能量，它能激发学生的学习动机和兴趣，丰富他们的想象力，吸引他们的注意力，增强他们的记忆力，并开拓他们的思维。因此，巧妙地设置悬念，充分体现出课堂教学的魅力和艺术感。

那么，教师如何在教学活动中设置悬念呢？

1. 设“疑”

“学起于思，思源于疑。”“疑”能使学生在心理上感到困惑，产生认知冲动，进而拨动其思维之弦。要使学生学而有进，则必须使学生“疑”。要使学生“疑”，教师就要不失时机地设“疑”，造成知识上的悬念，从而提高学生的求知欲和探索兴趣。

2. 精“问”

一个恰当而耐人寻味的问题能激起学生思维的浪花，教师可适当地选择、提出好的问题，以吸引学生的注意力，唤起他们的好奇心和创造力。提问不仅使学生对所要解决的问题产生悬念，“找结论”的思维之弦绷得很紧，而且可使学生对问题理解得深刻，记忆得牢固，同时也可为教师以后的教学提供必要的心理准备。

3. 制“错”

在教学过程中，教师可有意收集或编制一些学生易犯而又意识不到的错误方法和结论，使学生的思维处在错与对之间的相互碰撞中，进而引导学生找出错误的原因，克服思维定势。另外，教师有目的地设计一些容易做错的题目，造成悬念，也有助于提高学生探根寻源的兴趣，培养学生探究学习的主动性。

4. 求“变”

教师可在教学过程中对典型的问题进行有目的、多角度、多层次的演变，使学生通过步步解“变”，逐步理解和掌握此类问题的一般规律和本质属性，并对学习始终保持“新”“奇”的感觉。求“变”可使学生再度沉浸到对问题的探索之中，培养其发散思维，并为其思维潜力的发挥创景设情。

5. 留“尾”

教师可在每节课（或教学片段）结束时提出问题，在学生心里留点“余味”，为后继教学涂上一点“神秘色彩”，从而激励学生进一步探索和解决问题。留“尾”既总结了本节课的教学内容，又为下一节课的教学埋下伏笔，这样可促使学生主动去发现新旧知识之间的联系，并主动建立新的知识结构体系。

课堂教学不仅是一门技术，更是一门艺术。要使课堂生动活泼，引人入胜，除必须掌握一定的技巧之外，教师还要不断加强自身素质建设。“问渠哪得清如许，为有源头活水来”，要给学生一瓢水，教师自己得有一桶水。教师只有不断用知识充实自己，才能更好地吃透教材内容，在教学中抓住学生心理特点，精心设疑，制造悬念。

情景交融，把知识融入情境

情境教学，即把知识融入情境中，指的是教师把握教材中的知识点，根据学生已有的知识基础和生活体验进行再创造，为学生再现逼真的生活场景，让知识为学生的生活服务，让教学在优美、生动的情境中进行。

教师可以用生活经验、故事引导、音乐融入等多种有效方法进行情境教学，从而让学生喜欢学习，痴迷于教师的讲解。具体来说，它具有以下几个方面的作用：

第一，有利于解决问题。学生学习知识的目的是为了今后能用知识独立解决实际生活中遇到的问题，这就意味着需要知识的迁移和应用。情境教学使学生在真实情境下学到知识，了解所学知识在现实生活中的意义和价值，进而使所学知识成为解决实际问题的工具。

事实上，情境教学也能够丰富学生解决问题的策略。在情境教学中，学生不断接受来自新情境下产生的新问题的挑战，在此过程中他们可能会受到一些挫折，但为了解决这些问题，他们会不断调整问题的解决策略。通过日积月累，学生解决具体问题的经验和策略就会日趋丰富。

第二，有利于调动学生的学习积极性。“知之者不如好知者，好之者不如乐之者。”培养和提高学生的学习兴趣是教学的永恒话题。教师可以结合课程内容，利用学生身边的生活事例、学生熟悉的社会现象，以及对人们生活质量有重大影响的发现和发明作为情境教学的素材，通过创设生动活泼的教学情境，从而调动学生参与教学的积极性和主动性。

第三，有利于形成良好的情感、态度和价值观。新课程改革要求教师在知识与技能、过程与方法、情感与价值观三个维度上培养学生。教师通过选择合适的教学情境，使教学情境来源多元化、真实化，可以有效帮助学生形成良好的情感、态度和价值观。

总之，教师在把知识融入情境时，要有意识地利用环境、情感、艺术等因素来调动学生无意识的心理活动，以协调他们有意识的心理活动，从而最大限度地挖掘学生的生理和心理潜能，拓宽他们的逻辑思维空间，丰富他们的情感，使他们能积极主动地投入学习。

下面是李吉林老师情境教学的片段：

师：老师很想知道有多少同学喜欢看月亮。

生：我喜欢看。

生：我也喜欢看。

师：真好！有时候我们看见月亮是这样的。这是什么样的月亮？

（出示圆月剪影）

生：这是圆月亮。

师：月亮很圆，用两个圆字会说吗？

生：这是圆圆的月亮。

（又出示新月剪影，把弯弯的月亮贴在一幅画有星星的深蓝的天空上）

师：有时候我们还会看见这样的月亮。这是什么月亮？

生：这是半月形的月亮。

生：不对，半月形没有这么大，这是弯弯的月亮。

师：对！晴朗的夜晚，有这么可爱的月亮挂在蓝蓝的天空中，该多美呀！难怪同学们喜欢看月亮。有一位老爷爷还特意把自己看月亮的情景用一首诗记录下来，这首诗就是《小小的船》。

“小小的船”是什么样的船？是真的吗？大家读读课文。读书要认真，要一个字一个字看清，一个一个标点看清，不要读错。

（生读课文）

师：现在弄清楚了吗？这个“小小的船”是不是真的船？

生：不是指真的船。

生：我知道，指的是月亮。

师：老师看出来了，同学们很喜欢这首诗，对吗？李老师也喜欢读，大家听我读课文。

（师读课文）

师：课文第一句就写了月儿，是什么样的月儿？你们看月儿怎么样可爱？

生：这月儿弯弯的，像一根香蕉。

生：这月儿小小的，两头尖尖的。

生：这月儿像小船，也像镰刀。

师：这儿用了两个“弯”字，“弯弯的月儿”，你们觉得这月儿怎么样？

生：用了两个“弯”字，觉得这月儿弯得要命。

生：不是弯得要命，是弯得好看。

生：我觉得这月儿弯得可爱。

师："弯弯的"表示很弯，弯得很可爱，谁能举一个例子？

生：我知道，弯弯的小路。

生：还有弯弯的小河。

师：那么这弯弯的月儿像什么呢？

生：这弯弯的月儿像小小的船。

师：对。"小船"，"小小的船"，比比看哪一个更小？

生："小小的船"比"小船"更小，就是很小很小的船。

师：说得很好。"很小的船"和"小小的船"意思一样，但你觉得哪一种更可爱？

生：我觉得"小小的船"更可爱。

师：现在有哪位同学知道"弯弯的月儿小小的船"这句话中要加上一个什么字，可以把这句话联系起来？

生：加一个"像"字。

生：就是"弯弯的月儿像小小的船"。

师：对！第一句就是这个意思。课文中的小朋友，看着弯弯的月儿，为什么觉得像小船，而不像香蕉不像镰刀呢？他想做什么？

生：老师，我知道了，香蕉只好吃，不能坐。

生：小船就可以坐上去了。

师：同学们讲得真好，那你看到这弯弯的月儿想不想上去呢？

生：想！

师：如果现在正是夜晚，你们坐在院子里抬头看着夜空，天上有星星、有月亮。你们看着这弯弯的月儿，听着琴声（放《小小的船》曲子），觉得它真像一只小船。有哪些同学在这时能感觉到自己已经飞向了月球？

生：我飞上去了。

生：我也飞上去了。

生：我的身子好像变轻了。

生：我的腿好像变长了，已经坐在月亮上了。

师：好，现在你们已经飞向了夜空，坐在了"小船"里。你们睁大眼睛，看看自己在月亮上能看到什么？

生：我看见星星了。

生：我看见北斗星了。

生：我看见人造卫星了。

生：我看见许多星星在向我眨眼睛。

师：星星那么亮，向我们眨眼睛，这是什么样的星星呢？

生：这叫闪闪的星星。

师：对。“闪闪”就是一闪一闪，你们看——

（李老师启动教学挂图上的控制键，图上的星星一闪一闪）

师：你们坐在月亮上，除了看到星星还看到了什么？

生：我还看见蓝蓝的天。

师：蓝蓝的天，我们每天都看见，谁能用“蓝蓝的天”说一句话？可以说蓝蓝的天上有什么，也可以说我在蓝蓝的天上做什么，想想看，看谁说得好。

生：蓝蓝的天上有弯弯的月儿。

生：蓝蓝的天上有星星一闪一闪的。

生：蓝蓝的天上有一朵一朵的白云。

生：小鸟飞向了蓝蓝的天空。

生：我坐上飞机就飞向了蓝蓝的天。

生：我将来要坐上宇宙飞船，在蓝蓝的天上给老师打电话。

师：书上说，“只看见闪闪的星星蓝蓝的天”。这里“只”是什么意思？

生：我知道，就是在月亮上除了星星和蓝天，别的看不到。

生：老师，不对，坐在月亮上还可以看见银河。

师：嗯，很好！其实，银河就是许多星星聚集在一起。当然，坐在月亮上还可以看见地球。你们觉得弯弯的月亮像小船，那蓝蓝的天像什么？星星又像什么？

生：我坐在小船上，看看蓝蓝的天就像大海。

生：星星像灯。

生：老师，是大海里的航标灯。

师：你讲得很对。

生：月亮下面一朵一朵的白云，就像大海里的波浪。

师：这首诗里有好几个词是把相同的字叠起来的，如果不重叠，你们觉得怎么样？

生：星星、月亮好像不怎么好看了。

师：这一堂课同学们表现都很积极，这样一首美丽的诗大家应该想办法把它背下来，看谁背得快。

（学生开始练习背书，一个个背得很有兴致）

教师在教学中通过创设良好的学习情境，能让学生快速融入课堂，激发学生浓厚的参与兴趣，悟出课文中蕴涵的情感、道理，并感悟出学习方法。李吉林老师深知情境可为学生提供鲜明的感知材料，在教学时她通过创设情境联系蓝天、星星、月亮，让学生把观察所得表达出来，从而促进了学生们想象力等思维能力的发展，使学生参与的积极性大大增强。以情为上，情愈浓，学生的感悟愈深；以境为主，让学生的情、理、法在境中悟出，在境中体现。

那么，教师应如何创设情境，让学生在形象生动的情境中理解、掌握知识呢？

1. 生活展现情境

教师把学生带入社会，带入大自然，从生活中选取某一典型场景，作为学生观察的客体，将情境鲜明地展现在学生面前。

2. 实物演示情境

教师以实物为中心，略设必要背景构成一个整体，以演示某一特定情境。生动形象的背景可激起学生丰富的联想，所以，教师用实物演示情境时，应考虑到相应的背景。

3. 图画再现情境

图画是展示形象的主要手段，教师用图画再现课文情境，实际上就是把课文内容形象化。具体来说，教师可以利用课文插图、特意绘制的挂图、剪贴画、简笔画等方式来再现课文情境。

4. 音乐渲染情境

教师利用音乐渲染情境时，不要局限于播放现成的乐曲，还可自己弹奏、轻唱或学生演唱，其中关键是选取的乐曲与教材在基调、意境以及情境的发展上要对应、协调。

因为音乐能以特有的旋律、节奏塑造出音乐形象，可使学生心驰神往，将其带到特有的意境中。

5. 表演体会情境

教师运用表演体会情境的教学，具体包括两个方面：一是学生进入角色，二是学生扮演角色。进入角色，是让学生设想自己是课文中的某人；扮演角色，则是让学生担当课文中的某一角色进行表演。由于学生进入、扮演角色，课文中的角色不再是书本中的描述，而就是自己或班中的同学，如此，学生对课文中的角色必然会产生亲切感，很自然的就能加深内心的体验。

6. 语言描述情境

以上所述创设情境的五种途径，都是运用了直观手段。情境教学十分讲究直观手段与语言描绘的结合。在情境出现时，教师应伴以语言描绘，这对学生的认知活动可起到一定的导向性作用。语言描绘使教师的讲解带着感情色彩作用于学生的感官，也使其创设的情境更加鲜明，这能加深学生感知的效应。学生因感官的兴奋，主观感受得到了强化，求知情感也得以激发，这促使他们自己能够进入特定的情境之中。

情景交融，把知识融入情境中，是以情感为纽带贯穿整个教学过程的。师生的情感会随着课文情感的起伏而推进、延续，而课堂教学有了情感纽带的牵动、维系，可以变得更富诱惑力，学生的好学精神也可以得到有效的培养。

调动情绪，让学生在互动中学习

片段一：

老师："同学们，上节课我们知道了我国的资源现状，请一个同学来回忆一下。"

学生听后连忙翻书查看，大家把头埋得很低，生怕被老师点到。

老师很生气："上节课这个知识点讲了好几遍，还嘱咐你们一定要记住，你们回家怎么不温习呢？"

学生们把头埋得更低了，大家的脸都涨得通红。

片段二：

老师："同学们，我们上节课一起探讨了我国现在的资源状况，同学们想一下，当时我们是怎样得出这个结论的？"

大家开始慢慢地回想，不一会儿，就有学生举起了手。

同样的内容，用不同的教学方法，就会出现不同的教学效果。很多教师在上课时都会遇到片段一的情况，其问题不在于学生，而在于教师。因为教师的教学方法不能调动学生的积极性，不能让学生产生学习的动力。在学生们看来，这样的课堂只是教师一个人的课堂，教师是教学的中心，是学生的指导者，处于绝对权威的地位，学生只是被动地接受知识，他们没有思维的时间和空间，没有表现的机会，以致丧失了学习的积极性和主动性。在这种传统的教学方式下，教师教得很累，学生学得也很烦，毫无教学效率可言。

因此，为了调动学生的积极性，使呆板的课堂变得生动有趣，教师应致力于教学方法和教学策略的转变，通过构建互动的课堂教学，让学生切实感受到上课不是在受罪，而是在分享快乐。

在讲授《我们和太阳做游戏》一课时，重庆市沙坪坝高滩岩小学的周西敏老师没有直接进入课题，而是带着学生到操场玩起了踩影子的游戏，学生互相追逐着他人的影子，玩得不亦乐乎。周老师则拿着DV机拍下了学生快乐游戏的场景。

拍完后，周老师和学生一起回到了教室。周老师笑着对学生说："同学们，我给大家带来了一首特别好听的歌曲，请听——"（随后开始播放歌曲《种太阳》）

歌曲放完后，周老师问："这首歌曲的名字叫——"

正处于兴奋状态的学生，异口同声地回答："种——太——阳。"

"对。同学们，播种太阳就是播种我们美好的希望，我们不但要播种太阳，我们还要跟太阳做游戏。所以，我们这节课的内容就是跟太阳做游戏。大家请看——"说着，周老师播放了刚才拍摄的学生玩踩影子游戏的录像。

看着自己的身影出现在画面上，学生们一个个兴趣十足，周老师趁机问大家是否完成了观察太阳的作业。学生都纷纷举例来说太阳是温暖的、明亮的，能够让人感觉到愉快的，还说出了在太阳底下不同的时间自己影子的不同变化。

有的学生还抢着回答："在太阳下面，影子会随着我跳，随着我跑，我和太阳还有影子玩得可高兴了。"

周老师夸奖道："同学们很聪明，发现了太阳公公的很多秘密。其实，太阳公公还是一位非常高明的魔术师呢！你们想不想看太阳公公是怎么变魔术的？"

学生立刻产生了好奇："太阳公公会变什么样的魔术？"

周老师没有回答，而是拿出了一个透明的三棱镜，并把三棱镜放在幻灯机上。这时，大家立刻发现了光线的变化。

"啊，五颜六色的光真漂亮！"学生赞叹道。

"同学们，太阳光和幻灯机的光是一样的。细心的同学在生活中一定见过这样的魔术。现在老师给你们每一个小组发一点家里常用的洗涤剂，大家看看，这些洗涤剂有没有颜色。"

"老师，它是透明的。"一个学生拿到洗涤剂后马上给出了答案。

"对，你回答得很正确。现在就让我们用没有颜色的洗涤剂去亲手制出和彩虹一样五颜六色的泡泡来。不过，老师有个小小的要求，大家在吹泡泡时，也要当好小小观察家，看看泡泡在阳光下会出现哪些颜色？"

很快，教室里充满了五颜六色的泡泡和"唧唧喳喳"的回答声。

看到学生们在课堂上这么投入，周老师把课程内容逐步深入，用放大镜聚焦太阳光，让一些物质燃烧；然后讲到植物、动物的生长都离不开太阳。

很快，45 分钟的课堂结束了，很多学生还意犹未尽，大家都说这节课太有意思了，希望周老师以后能多上这样的课。

在周老师的课上，学生们情绪高昂，注意力高度集中，这主要得益于她有效的互动教学。教师作为互动教学平台的总体设计者和全程参与者，要有大局观念和整体意识。对教学节奏的快慢、互动时间的长短、学生兴趣的消长、思维活跃度的高低走向要调控得当，拿捏到位，同时要在互动中帮助学生调整视角、迁移思维，让教学双方在互动中都能获得最大收益。

一些教师已习惯根据自己的设计思路进行教学，自己怎么教，学生就怎么学，他们认为课堂上有教师和学生的对话就是有了师生互动。如学生只要回答“懂”或“不懂”、“是”或“不是”、“对”或“不对”就行了。但这不是真正的师生互动，教师必须要打破这种定式，让学生真正参与“教”的活动，让教学活动真正的“动起来”。那么，教师如何创设互动的课堂，调动学生学习的情绪呢？

1. 创设一种情境，让互动具备条件

情境的创设是学生情感的催化剂，可以为师生互动、生生互动奠定基础。学生在教师创设的情境中，或体验现实的社会生活，或体验某个典型角色，或体验某种社会情感，从而迸发出极大的学习热情。

情境化教学还有利于激发学生的兴趣，调动学生的求知欲，充分发挥学生的主体地位。教师在创设教学情境时，应当特别注意选用学生喜闻乐见的形式进行，如讲故事、做游戏、直观演示、对话表演、操作实验、多媒体演示等。学生有了对学习的热情，就会增强其学习的积极性和主动性，也能够真正实现师生的互动。

2. 营造一种氛围，让学生主动质疑

课堂氛围是师生互动的产物。这里所说的氛围，包括教师在课堂上表现出来的对每个学生的尊重和关爱，对每个学生的鼓励和帮助，对每个学生的宽容和理解，还包括学生之间的团结合作、坦诚交往、相互帮助和欢乐共处。

过去的一些教学模式由于拘泥于课堂纪律，以致严重压抑了学生的自由活动。而“互动式”的教学模式表明，学生并不只受教于教师，他们自己也能独立学习。真正的学习并不是由教师传授给学生，而是出自学生本身，因此教师应该给予学生充分的自由，让他们自己发现问题、提出问题，并找到解决问题的方法。

3. 调整一种心态，让教师学会倾听

教师的倾听，就是要虚心、诚心、耐心地听学生怎么读书，听学生怎么发言，听学生怎么评价体验。在倾听中，教师要注意分析学生的学习心态和学习方法，捕捉学生思维创新的火花，研究学生自主学习存在的问题。

倾听，要求教师在与学生交流时要放下架子，以平等的心态去听取学生的意见，让学生把想说的话说完，然后教师再发表自己的看法。这体现了教师对学生的尊重和理解。倾听，还要求教师不能只听正面意见，还要耐心听反面意见，不仅要听取优秀生那些富有创见性的回答，还要认真听取学生不成熟的、幼稚的，甚至是错误的见解。这体现了教师对学生学习活动的全面观察、深入了解和客观评价。

总之，学会倾听是教师胜任互动式教学的一项重要基本功。

4. 建立一种关系，让互动发挥实效

传统的师生关系是建立在权威教育的基础上的，教师是知识的传授者，常以自己的规范准则指导学生，而学生处于被接受的地位。这种权威式的教育关系，使学生的主体作用难以得到发挥，因而师生之间也就难以建立和形成良好的沟通和互动关系。

在新课程改革的理念下，教师应该是学生学习的合作者、引导者和参与者，教学过程也应该是师生交往、共同发展的互动过程。在这个过程中，师生双方都觉得与对方是平等的，因此，师生的感情关系也是完全不同的样子：学生尊重教师，但不畏惧教师；教师也不再自认为是一个绝对的权威。师生之间更多的是作为共同学习者的合作关系。

叶澜教授说："课堂教学的本质应当被视为师生、生生互动的过程。"在互动过程中，教师和学生都是独立的个体，都是具有独立人格和价值的人。但是课堂中的师生互动绝不会自然产生，它只可能建立在师生间平等、尊重、理解的基础上。这就要求教师要彻底摒弃"师者为尊"的传统意识，尊重每一个学生，使学生在一种和谐、轻松的状态下学习。

师生互动是让教师和学生充分参与课堂教学的重要环节，只有让学生充分动起来，学生在一节课中才能得到最大的收获。因此，教师要合理创设互动课堂，通过构建民主、平等、和谐的师生关系，让师生共同学习，共同发展，让教学更加生动、实用和有效。

利用图表，让知识直观、富有色彩

图表具有直观、形象、简明等特点，它在教材中占着非常重要的位置，它不但是教材重点知识的一种表达形式，而且也是对教材中文字难于表述的内容的高度概括和直观形象的表达，是一种极富生命力的知识传播手段，具有文字所不能也无法替代的作用。

图表应用广泛，数学、语文、物理、化学、地理、生物等诸多学科都需要用到图表。以生物学为例，用图表的形式描述生物知识、生理过程、生态学知识，不仅是课堂教学的一种重要手段，也是近几年高考中能力考查的一种重要题型。以 1999 年生物高考题为例，上海卷中图像、图表题占 52%，广东卷中占 54%，可见图表题解题能力的重要性。同时，每年的试卷分析也表明：图表题是学生失分率最高的题，也是最难的题。这就要求教师在教学过程中应加强图表教学，通过图表教学培养学生的观察能力（识图能力）、绘图能力、空间想象力和综合分析能力。

教师利用图表进行教学，既有利于学生发挥联想能力和视觉记忆能力，迅速理解和抓住知识要点，从而提高自身的逻辑思维能力和概括能力，也有利于提高教学效率。

因此，教师应发挥自己的智慧，加强对图表与课堂教学融合的研究，让图表在教学中发挥更大的价值。

在平时的作业、练习、考试中，有很多题目教师反复讲，学生反复做，学生还是反复错。对于学生在学习中出现的这些问题，教师常感头痛不已。

如何讲，如何练，如何找到办法，从而一劳永逸地解决这些问题，就成了教师的一大难题。南京市天景山中学英语教师潘光军发现，图表教学可以很好地解决这个问题。

在进行初三英语的复习时，潘老师经常碰到这样的选择题：

题 1：There are a lot of people in the park today，some are playing football，some are flying kites，some are talking，some are playing cards，____ are fishing.

(A) other　(B) others　(C) the other　(D) the others

题 2：I drank a cup of tea just now，would you please give me ____ cup of tea?

（A）the other （B）another （C）other （D）others

虽然这两个知识点讲了许多次，这类题目也练了很多次，但还是有很多学生不知道该选哪个答案。如何让学生准确又牢固地掌握the other，another；other，others；the other，the others之间的区别，准确无误地解题呢？潘老师想到了用图形的方法来辅助讲解。

潘老师在黑板上画了以下图形来说明the other与another的区别：

○one（一个） ○●the other（另一个）

○one（一个） ○○●another（另一个，可表示“又、再”的意思）

学生一看就知道了它们之间的区别：the other指的是两个当中的“另一个”；而another指的是三个或三个以上中的“另一个”。它们的共同点是the other和another后都要跟单数可数名词。

接着，他又用图形来说明other，others；the other，the others的区别：

1. others＝other＋复数可数名词；the others＝the other＋复数可数名词

2. ○○○ some（一些） ●●●the others（其余的）

○○○ some（一些） ●●●others（其他的）○○○

从上图，学生就可以轻易地得出：

1. the others等于the other加复数可数名词，如果上文出现名词，下文可以省略名词，只需在the other后加“s”；同样，others等于other加复数可数名词，如果上文出现名词，下文可以省略名词，只需在other后加“s”。

2. 这四个词的区别在于：范围中有许多个，除去一些，如果是剩余的（都包括在内），就用the others或the other＋复数可数名词；如果除去一些，其他的（不全在内），就用others或other＋复数可数名词。

通过图表的演示，再加上这样的讲解，学生都纷纷点头，表示明白了，也很容易就把上面的两道选择题做出来了。两道题均选B。第一题选B的原因是，钓鱼显然不是人们除了踢足球、放风筝、谈话、打牌以外所做的唯一的事，人们还在做其他好多的事。第二题是因为此处表示“再喝一杯茶”的意思，显然对方的家里不可能只有两杯茶，还有许多杯茶。

在复习“现在完成时”时，关于have/has gone to，have/has been to，have/has been in用法的区别，潘老师问学生能不能也用“图形法”来说明。

结果学生跃跃欲试，纷纷举手想上黑板演示。潘老师叫了一位学生，只见他在黑板上画下如下图形（图中文字为潘老师所配）：

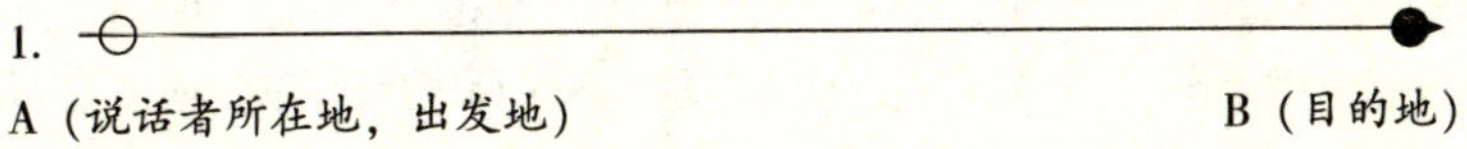

have/has gone to：表示某人去了某地还没回来，可能在去的路上，可能已到了目的地（B），可能在回来的路上，但现在没有回到出发地（A）。

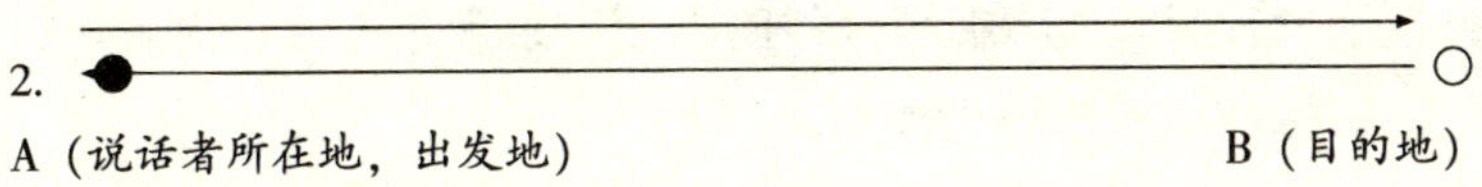

have/has been to：表示某人去了某地（B）已经回来了，肯定已回到出发地（A）。

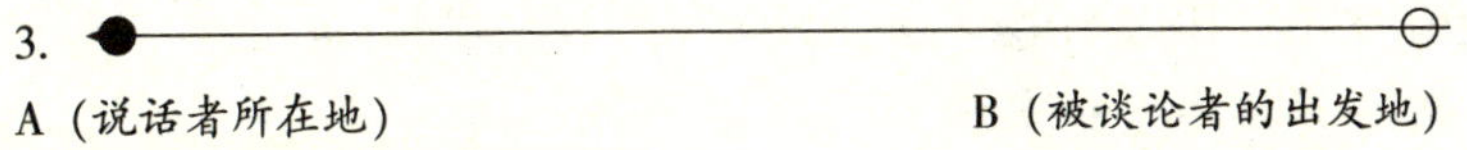

have/has been in：表示某人从某地（B）来到说话者所在地（A）已有一段时间，他目前肯定在说话者所在地。

上述几幅图形清楚地表明三个词组的区别。很明显，该学生明白了这个知识点，也能够用图形来解说概念。

这是潘老师在英语教学中常用的“图形法”。此外他还在教学中经常使用“表格法”。

在复习现在进行时、一般现在时、一般将来时、一般过去时和现在完成时五种时态时，潘老师为学生设计了一份表格让学生进行复习：

项目 时态	概念	时态标志	动词构成	典型例句	备注
现在进行时					
一般现在时					
一般将来时					
一般过去时					
现在完成时					

当学生把相关内容都一一填进表格时，就自然知道这些时态的用法与区别了。

此案例中的第一步是教师通过图形帮助学生理解概念，第二步则是学生从教师的讲解中受到启发，自己创造性地设计出理解知识点的方法；而第三步则是教师设计表格，让学生自己将知识点填充进去。尤其是第二步，在设计图形的过程中，学生发挥自己的创造力，从而获得自信心和成就感，真是一举多得。

从上面的案例可以看出，运用图表解说艰难、晦涩的概念，可以化繁为简，起到事半功倍的效果。这符合学生的认知规律，体现了从特殊到一般再到特殊的认知过程。学生掌握了这些明晰化、条理化的知识点就可以轻松解题了，而且也保证了解题的正确率。

在教学中，进行概念讲述或解析一些知识点的异同时，教师如果单纯地用语言讲述，学生可能会越听越糊涂。但如果用图形或表格来辅助说明，则会使教学内容变得更加直观，学生也容易理解，从而达到事半功倍的效果。

那么，教师如何运用图表法让教学更富有色彩呢？

1. 巧设图表，导入课文

教师在导入课文时可设置表格，让学生带着表格中的问题在讲解中寻找答案。比如，教师可以利用小黑板展示一份课文人物主要事迹表，并通过指导，让学生对表中的主要内容有比较深的印象；接下来，教师可让学生打开课本快速阅读，寻找与表格内容相关的重要事迹；最后，教师可要求学生在合上课本的情况下完成表格，以强化学生的记忆。

2. 巧设图表，解析课文

在教学中，有些知识不是语言结构复杂、形象众多，就是内容偏难，或是篇幅太长，这给学生的理解、掌握带来了不少困难。面对这种情况，教师在教学中要帮助学生把课文化繁为简、化难为易，此时，教师如果运用图表教学便会显示出其形象、直观、简单、层次分明的优越性。因此，教师在讲解知识时可以从不同角度或者根据不同线索设计几个图表，全方位、多角度地展示课文内容，使知识更加浅显易懂。

3. 巧设图表，概括课文

导入、解析课文所用的图表本身就具有概括的作用，但教师仍需站在一定的高度设计能够起到提纲挈领作用的图表，以直观、明了地概括知识的产生过程、发展历史以及表现特点等，从而帮助学生全面掌握重难点知识。

4. 巧设图表，拓展课文

教师可在课堂教学完成之后，以图表的形式留一次课后作业，引导学生对相关知识进行拓展和延伸，以满足他们的求知欲，激发他们探究性学习的积极性和创造性。

图表是一种非常独特的表达方式，它相对于语言、文字而言，能容纳更多的信息量，具有直观性的特点。在一些教材中，几乎没有一篇课文没有图表，有的甚至占整个课文内容的一半左右。因此，教师应多花一些心思在图表上，通过合理运用图表帮助学生掌握教学内容，获取更多的有效信息，使学生的学习变得事半功倍。

创设问题情境，让学生主动探究知识

问题情境是指教师有目的、有意识地创设各种情境，以促使学生质疑问难，探索求解。创设问题情境是促进学生顺利完成学习任务的有效手段，一个好的问题情境可以起到“一石激起千层浪”的效果。

布鲁纳认为：“学习者在一定的问题情境中，经历对学习材料的亲身体验和发展过程，那才是学习者最有价值的东西。”一切学习都是在一定的问题情境中进行的，从这种意义上讲，“问题情境”可理解为一种具有特殊意义的教学环境，它能激发学生的学习兴趣，唤起学生对知识的渴望和追求，使学生能主动地学习，从而高效地完成学习任务。

某教师指出：“学生的数学学习活动不应只限于接受、记忆、模仿和练习，还应倡导学生自主探索、动手实践、合作交流、阅读自学等学习方式，这些学习方式有助于发挥学生的学习主动性。”这种观点表达了数学教学的新理念，即坚持以学生为主体，教师为主导。在这种理念下，数学的课堂教学应该是丰富多彩的学生创造性的活动。可是，有很多学生对数学没有兴趣，觉得数学很难学，很枯燥。该教师认为其中的一个重要原因是，在课堂教学中，教师没有创设适当的问题情境来激发学生的求知欲。

以下是该教师教学“直线斜率”一课的实例：

1. 创设情境，导入课题

师：同学们骑自行车上坡时很吃力，这与坡的什么有关呢？

生：与坡的平缓和陡有关。

师：好，现在我们就来分析一下坡的平缓和陡的问题。先请同学们来观察下面两幅图片。

（课件出示两张不同的楼梯图）

图 1

图 2

问题1：其中的楼梯有什么不同？

生：楼梯的平缓和陡的程度不同。

问题2：用什么量来反映楼梯的平缓度呢？（提示：观察楼梯下面两个三角形）

生：用高度和宽度的比值来反映。

师：回答正确。用高度和宽度的比值来反映平缓度，也就是坡度。公式：高度/宽度＝坡度，楼梯的倾斜程度由坡度来决定，坡度越大，楼梯越陡。

2. 归纳探索，形成概念

（1）借助模型，直观感知

课件：给出一个楼梯模型：

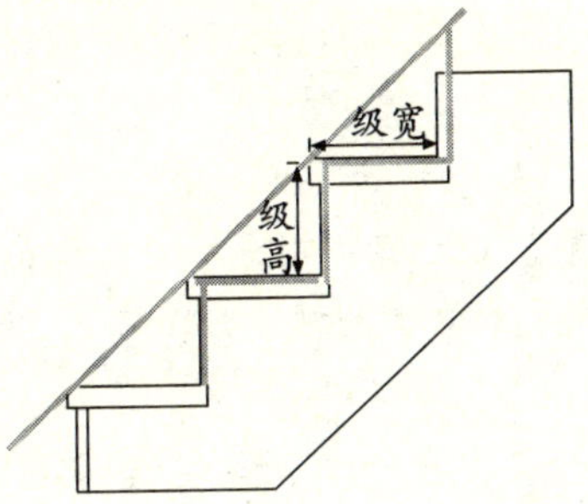

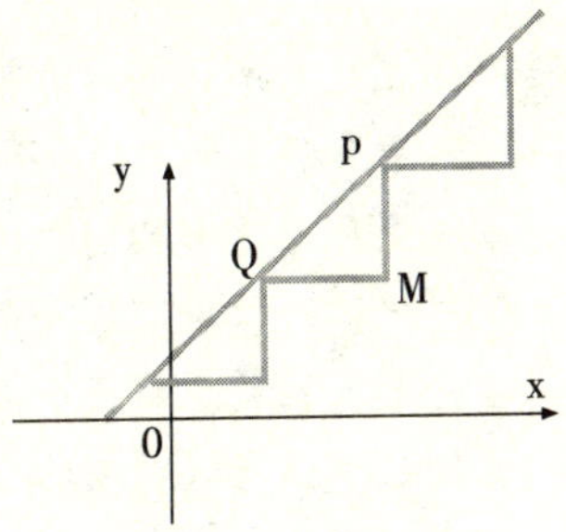

楼梯上面有一条直线，直线反映坡度。

设计意图：通过模型直观感知直线的斜率，完成学生对直线斜率的感性认识。

师：楼梯的倾斜程度用坡度来刻画，那么直线的倾斜程度用什么量来刻画呢？

（对于教师提出的这个问题，学生们议论纷纷，不知如何回答）

（2）通过探究，形成概念

师：研究直线的倾斜程度我们可以借助直角坐标系。

（师生共同探究，得出了直线斜率严格的定义，板书定义。教师引导学生找出定义中的关键）

直线的倾斜程度＝高度/宽度＝MP/QM，这个比值叫直线斜率。（常用字母“K”表示）

即 K＝MP/QM

设计意图：使学生体会通过实际问题如何概括出具体数学概念的过程。

(3) 掌握概念，适当延展

(课件出示一个坐标轴)

问题一：如何用点的坐标形式来表示斜率呢？

已知两点 $P(x_1, y_1)$，$Q(x_2, y_2)$，如果 $x_2 \neq y_2$，则直线 PQ 的斜率为：

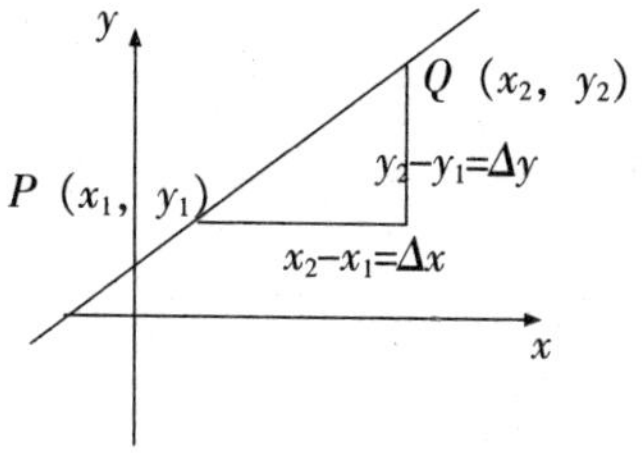

$$K=\frac{y_2-y_1}{x_2-x_1}$$

$$=\frac{\Delta y}{\Delta x}=\frac{\text{纵坐标增量}}{\text{横坐标增量}}$$

(斜率的几何意义)

设计意图：教师把学生对直线斜率的认识由感性上升到理性的高度，完成对概念的更深层次的理解。

问题二：直线斜率会因为点取得不同而改变吗？

生：另取两点说明问题。(不会改变)

问题三：是不是所有的直线都有斜率？(一些学生说是的，一些学生说不是的，教师叫了一位说“不是的”学生发表自己的观点)

生：垂直于 x 轴的直线斜率不存在。

师：为什么不存在呢？可以为大家用板书进行演示吗？(教师让该生独立分析、解决问题)

课件：

如图直线 l_1，l_2，l_3，l_4 都经过点 P (2，3)，又 l_1，l_2，l_3，l_4 分别经过点 Q_1 (−2，1)，Q_2 (4，1)，Q_3 (5，3)，Q_4 (2，5)，讨论 l_1，l_2，l_3，l_4 斜率是否存在，如果存在，求出直线的斜率。

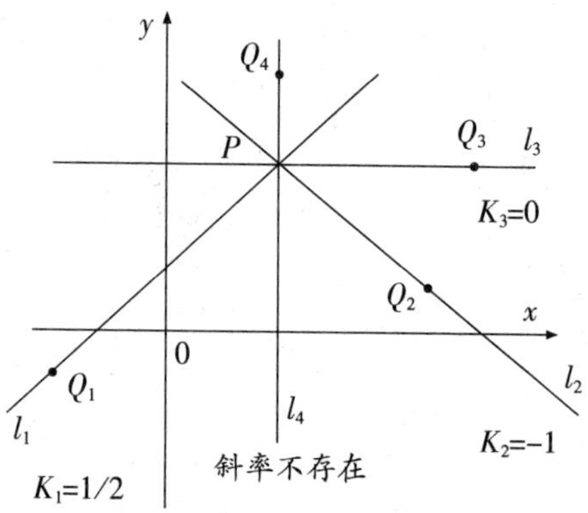

学生板书，然后由其他学生进行评价。

（教师给学生足够的思考时间，并让学生各自发表评价，经过全班学生积极讨论、分析，最后达成共识）

教师强调书写格式和注意点，然后引导学生小结：已知不垂直于 x 轴的直线上任意两点就可以求出斜率。

（4）归纳小结，提高认识

教师小结：

①直线的斜率：定义、斜率公式、几何意义、求法。

②斜率反映直线的倾斜程度，在同一条直线上任何不同的两点所确定的斜率相等。

师：这两点是这节课我们学习的重点，大家一定要深刻理解。同时，课下请同学们仔细观察一下生活中的哪些问题和现象是和直线的斜率有关的？大家注意收集一下，下节课我们交流。

……

关于“直线斜率”一课，这位教师采用了创设问题情境启发学生探究学习的教学方法。他将教材的知识点以“提问题”的形式呈现在学生面前，让学生在寻求和探索解决问题的思维活动中，掌握知识、发展智力、培养技能，进而培养学生发现问题、解决问题的能力。该教师在问题情境教学的过程中，还使用了多媒体课件来辅助教学，为学生提供了直观感性的材料，有助于学生对问题的深刻理解，提高了学生的学习兴趣。

从这个教学实例中，我们可以看出他的教学过程分为三个阶段：

第一，课题引入阶段。教师提出的问题符合学生的生活经验，能引起学生的学习兴趣，锻炼了学生的观察能力。通过图形的直观感觉，给学生以直线斜率的感性认识，为突破教学难点做好了铺垫，从而自然地导入新课。

第二，定义探究阶段。教师重视课堂问题的设计，通过提出三个问题，引导学生对定义进行探究，然后层层深入，激发学生积极思考，从而在师生交流中对知识形成认识。

第三，概念应用阶段。“直线的斜率”定义应用设计这一阶段，教师完全让学生独立完成，培养了学生自主学习的能力和探究知识的能力。教师根据学生已有的认知状态和生活经验，通过设计一系列问题，让学生在独立思考、合作交流、自主探索的过程中主动发现、建构新知，从而获得对知识学习的积极体验。

创设问题情境教学的基本模式是：设置疑问——认知失调——探究讨论——问题解决——评价反思，其中关键的环节是设置疑问。那么，教师怎样创设问题情境才能既利于学生主动探究知识，又能取得教学实效呢？

1. 创设问题情境要具体明确

适宜的问题情境能激发学生的思维，调动学生的兴趣，活跃课堂的气氛，而不切实际、抽象空洞的问题情境则会使学生感到高深莫测，困惑不已。因此，教师创设问题要具体明确，这是问题情境创设的基本原则。只有问题目的明确，学生才能理解问题的含义，才能思考和解决这些问题。

例如，"平面的基本性质"一节的教学，教师向学生提问："大家能用数学的眼光来分析下列问题吗？怎么检验教室的地面铺得平不平，为什么用来作支撑的架子大多是三脚架，为什么只要装一把锁门就能固定……"这样的问题就比较明确，然后通过对这一系列问题的讨论、作答、体悟，就可以把这节课的重点、难点逐步推进，从而调动学生探究问题的主动性。

2. 创设问题情境要有新意

教师创设新颖而有趣的问题情境容易吸引学生的注意力，调动学生的情绪，学生学起来就会兴趣盎然。

例如，在"等比数列"一节的教学中，一位教师就创设了如下有趣的问题情境来引入等比数列的概念。阿基里斯（希腊神话中的善跑英雄）和乌龟赛跑，乌龟在前方1里处，阿基里斯的速度是乌龟的10倍，当他追到1里处时，乌龟前进了1/10里，当他追到1/10里，乌龟前进了1/100里；当他追到1/100里时，乌龟又前进了1/1000里……

（1）分别写出相同的各段时间里阿基里斯和乌龟各自所行的路程。

（2）阿基里斯能否追上乌龟？

教师通过创设有新意的问题，引出等比数列的定义，一下就调动起学生的学习兴趣，使他们很快就进入了主动学习的状态。

3. 创设问题情境要符合学生的"最近发展区"

问题情境的创设既要与学生的智力和知识水平相适应，又要具有一定的挑战性。太容易的问题学生不感兴趣，过难的问题又会使学生感到高不可攀。现代教学理论认为在学生思维的最近发展区提出问题，能促使学生最大限度地调动相关知识来积极探究，从而使学生能够"跳一跳，摘果子"。

例如，一位高中教师在讲"将复数的代数式化为三角式"这一节的内容时，如果让学生自己去解决问题，就不能简单提出："怎样把复数式化为三角式？"这样的提问太抽象，学生会感到无从下手。如果把它改成另外一个问题："已知 a，b 是不同时为零的实数，求 r 和 θ 使 $a+bi=r(\cos\theta+i\sin\theta)$。"这样的提问就符合学生思维的最近发展区，学生通过主动探究就可以摘到“果子”了。

4. 创设问题情境要联系实际

教师创设问题时应联系学生的已有知识、能力及个人经验，让问题贴近学生的生活，从而激发学生主动探究问题的兴趣。

例如，一位教师在讲不等式证明的例题时，由于是阴雨天，教室里的光线较暗，于是教师就用以下问题引入：“大家知道，建筑学上有规定：民用建筑的采光度等于窗户面积与房间地面面积之比，但窗户面积必须小于地面面积，采光度越大说明采光条件越好。试问窗户与地面都增加同样的面积，采光条件是变好了还是变坏了？为什么?”学生很快进入了探索状态，并找到了问题所隐含的数学模型：若窗户面积为 a，地面面积为 b，则 a<b，设共同增加的面积为 m，问题即转化为窗户面积与地面面积比值大小的问题。

由于有了实际问题做背景，学生的探究热情异常高涨，比较法、分析法、综合法、构造函数法、定比分点法、数形结合法等十几种方法竞相出现。在解题回顾中，师生还共同对问题进行了引申、推广及相应证明，这既增强了学生探究的兴趣和勇气，也让学生品尝到了成功的喜悦和创造的快乐。

爱因斯坦说：“提出问题往往比解决问题更重要。因为解决问题也许仅是一个数学上或实验上的技能而已，而提出新的问题则需要有创造性的想象力，而这标志着科学的真正进步。”“问题教学”绝不是简单的教师问、学生答。“问题”是思维的动力，是创新的基石，也是培养学生探究能力的起点，更是实现新课程教学目标的关键。因此，“问题”应作为载体贯穿整个教学过程，教师的提问要让学生萌发自主学习的动机和兴趣，进而使学生养成主动探究知识的习惯。

利用多媒体，给知识注入丰富、新奇的元素

随着现代信息技术的发展，多媒体已被越来越多地应用到课堂教学中，成为现代教学技术的重要手段。使用多媒体教学，可以使教师和学生处于主动的人机对话的学习状态，唤起学生的学习兴趣，提高学习效率；还可以使一些在传统教学手段下很难讲解的教学内容或无法观察到的现象能形象、生动、直观地显现出来，从而加深学生对问题的理解，提高学生学习的积极性。

因此，教师要逐步更新观念，要适应现代教学发展的新趋势，通过合理利用多媒体，以调动学生的学习兴趣。

在讲“生态系统”一课时，葫芦岛市教师进修学院附中的邱志萍老师就采用了多媒体教学手段。

邱老师在屏幕上播放了一幅地球画面，伴随着舒缓的音乐，大屏幕上的地球慢慢旋转起来，森林、山脉、河流、草原、城市……众多生态系统在上面一一呈现出来。这一幅幅多姿多彩的生态系统画面，一下子就吸引了学生的眼球，把学生拉进了大自然，让学生通过画面感受大自然的神奇与美好，并让学生初步感知了地球上的各种生态系统类型。

几分钟后，音乐结束，画面也随之停止。

看着一脸陶醉的学生，邱老师笑着说：“同学们，大自然是不是很美？我感觉到大家已经进入画面中并且陶醉在里面不想出来了。”说着，邱老师用手指着停止的画面，“这就是我们今天将要学习的内容——地球的生态系统。在广阔的地球表面，地形复杂多样，各地气候差别很大。因此，各地的生物种类也不尽相同，而相应的由各种生物组成的生态系统也是多种多样的。现在，谁能告诉大家地球上都有哪些生态系统呢？”

学生们纷纷举手，争先恐后地要回答问题，邱老师最后让一个男生回答了该问题。

男生说：“从大的方面说，地球的生态系统可以分为陆地生态系统、湿地生态系统和海洋生态系统 3 种。”

“很好，概括得不错！再划分细点就更好了。谁还能说出更多的生态系统类型吗？”邱老师继续问道。

一个女生站起来回答说："如果细点分，地球上有森林生态系统、草原生态系统、海洋生态系统、淡水生态系统、湿地生态系统、农田生态系统和城市生态系统7种生态系统。"

邱老师点了点头："不错，这位同学回答得很正确，看来大家对生态系统已经有所了解了。记得几天前，我给大家布置了一个任务，让大家根据自己的兴趣，组成森林、草原、海洋、淡水、湿地、农田和城市7个小组，并整理了相关资料。现在，请各组推举两名代表上来，用自己的方式向其他组同学演示一下本组所调查的生态系统。首先请森林组上台。"

森林组的学生代表走上讲台，他们把收集到的图片用大屏幕显示出来，色彩缤纷的画面立刻吸引了大家的注意力，大家仿佛置身于一个大森林中。根据变化的图片，学生代表讲解道："我们是被称作'绿色水库'的森林生态系统，是陆地上最大的生态系统，也是生物圈中最重要的生态系统……"

学生们听得非常认真，当森林组的代表讲解结束后，邱老师让其他学生来点评。学生们一致认为森林组选的图片十分形象，讲解也简明扼要，能让大家快速记住森林生态系统的特点，但美中不足的是，图片有些小，看不清楚，这样就使得画面效果不太理想。甚至还有学生建议他们下次直接从网上下载图片来放映，那样效果会更好。

接下来，其他组的学生代表带着本组同学收集或制作的图片走上讲台，为其他学生生动地讲述了本组所代表的生态系统。

整堂课，学生都沉浸在美丽的图片和生动的讲解中。课程结束时，大家已通过直观的多媒体演示全面了解了地球上各种生态系统的特点，掌握了教材内容。同时，在邱老师的引导下，学生也看到了地球所面临的困境，认识到保护地球生态的重要性。

布鲁纳说："学习的最好刺激，乃是对所学材料的兴趣。"多媒体教学法就是这样一个能引起学生对知识产生浓厚兴趣的好方法。

当社会进入信息时代后，学生接受信息和知识的方式由传统单一的文字形式向图像、影音等多媒体形式进行着多元化的转变。因为多媒体将计算机、电视机、录像机、录音机和游戏机等融为一体，将枯燥难解的知识简单直观地表现出来，具有很强的可视性，这样的课堂对学生来说不再是刻板的"监狱"，而是能够吸引他们全部注意力的"放映室"，他们喜欢这种生动有趣的课堂。

多媒体教学因其图文并茂、声像俱全、动静皆宜的表现形式，深受广大学生的欢迎，那么教师如何利用多媒体来激发学生的学习兴趣呢？

1. 增强课件的知识性、趣味性和实用性

教师在设计课件时，既要考虑教学内容和教学目的，又要考虑学生的性格特征、年龄特点和认知水平，要注意把知识性、实用性与趣味性融为一体，寓教于乐，从而培养学生的学习兴趣。

2. 利用多媒体切入主题

在上课时怎样引入主题，一直是教师所关注的问题。如果教师切入主题的手段高明，学生就能很快进入课堂；反之，学生不仅进入不了课堂，还会对教师接下来的讲解失去兴趣。因此，教师可以在上课开始，就为学生播放与课堂内容相关的课件，用生动、形象、直观的图像将学生的注意力引入新课，但时间不宜过长，三五分钟即可。

3. 利用多媒体创设问题情境

学生的认知过程是从问题开始的，有了问题，学生才能产生认知冲突，开辟认知起点。在教学中，教师要善于用多媒体创设问题情境，教师如果能设置认知陷阱，触发学生的认知冲突，就能让学生自己发现问题，并去分析问题和解决问题。特别是在讲授新课时，设置一些问题情境，可促使学生积极思考并提出问题，再通过讨论、交流解决问题，这样，学生就自然建构起对新知识的认知了。学生能提出问题并使问题得到解决，就会对问题的解决方法有更深刻的印象，掌握的知识就会更加牢固，认识也会更加深入。

4. 以图释文，相辅相成

图片可以用来诠释所教的课程内容，因此，教师可以结合教材内容选择合适的图片，然后把这些与课文相关的图片制成幻灯片投影在大屏幕上，接着再结合图片给学生讲解教材中的内容。这样做可以让知识变得更为形象、生动和直观，也易于激发学生的兴趣，从而帮助学生理解新知识，加深对新知识的印象。

5. 利用多媒体引导学生自主学习

多媒体本身所具有的直观性，让知识变得易于理解。因此，教师可以运用多媒体引导学生在课堂上自主学习。具体操作如下：

（1）教师展示多媒体，然后依据图像提出提示性问题，启发学生思考、分析。

（2）学生看完图像，思考、分析问题后，由教师根据他们的反馈进行指导。

（3）教师在学生了解或者大致理解即将学习的知识的基础上，引导他们深入理解概念、原理，构建知识网络。

6. 利用多媒体组织研究式课堂

多媒体教学方式对学生提出了较高层次的要求：首先，它需要学生自己制作或者收集与课堂内容相关的图像，然后他们再运用获取的信息，调动大脑中储存的所有知识，对即将学习的新知识进行描述。这一方式需要在学生对所学知识有一定认识的基础上进行。而教师则要根据即将教授的知识来布置实践活动。首先，教师应让学生收集相关资料，并制作图像；接着让学生自己确定研究课题，展开学习性研究；然后，让学生在课堂上对所呈现的图像进行讲解、分析和深层剖析；最后再和学生一起作出评价、总结。

信息时代的到来给教学工作带来了诸多方便，自从有了多媒体，课堂变美丽了，变生动了，既解放了教师的粉笔，又解决了许多“三寸不烂之舌”所不能言语的“海市蜃楼”的问题。课堂容量增大了，学生可以如饥似渴地在网络世界里汲取更多的养分，这大大推动了教师的教学，成为教学诸多推动因素中一个和谐的音符。

在多媒体世界里，“不怕做不到，就怕想不到”，正确运用多媒体，沧海可变桑田，腐朽可化神奇。在教学改革的浪潮中，教师一定要学会恰当地使用多媒体，充分发挥多媒体的技术优势和表达特色，以此激发学生的学习兴趣，从而培养学生丰富的想象力和创造力。

讲解诙谐幽默，让学生快乐求知

英国学者鲍门说过：“理想的教师应当达到艺术化的教学水平，要善于利用幽默来激发学生的兴趣，使学生学得更好。”

为什么教育家如此看重教师的教学幽默呢？因为幽默的教学不仅能让课堂气氛活跃，而且还可以使学生在一笑之余引发联想，出神入化地推动学生领悟知识，并使学生在理解知识的同时感受学习的乐趣。

案例一：

特级教师于永正在讲授《我爱故乡的杨梅》时，请一个学生朗读课文，让其他学生边听边想象情节。

这个学生读得有滋有味、声情并茂，仿佛把同学带入了果实累累的果园：“……没熟透的杨梅又酸又甜，熟透了就甜津津的，叫人越吃越想吃……”

学生读完，于老师看了看全班学生，煞有介事地说：“小荣同学听得最投入，我发现他在边看边听的过程中，使劲咽过两次口水。”

学生先是一愣，很快回过神来，大家都“咯咯”地笑了起来。

于老师接着说：“课文中描写的事物，肯定在他的头脑中变成了一幅鲜明生动的画面。我断定，他仿佛看到了那红得几乎发黑的杨梅，仿佛看到了作者大吃杨梅的情景，仿佛看到了那诱人的杨梅果正摇摇摆摆地朝他走来，于是他才不由自主地流出了‘哈喇子’……”

于老师说完，学生们笑得更厉害了。

待学生笑过，于老师又郑重其事地说：“如果读文章能像小荣同学这样在脑子里‘过电影’，把文字还原成画面，那就证明你不仅读进去了，而且也读懂了。老实说，刚才我都流口水了，只不过没让大家发现罢了。”

学生们再一次大笑。

案例一中，于老师利用幽默的开场白，既调节了课堂紧张的气氛，又缩短了师生之间的心理距离。学生感到教师和蔼可亲，畏惧感顿消，从而愿意配合教师学习。所以，只有当学生的学习兴趣被调动起来，主体作用得到发挥的时候，课堂才会出现学生乐学的氛围。

案例二：

上海特级教师钱梦龙在讲《故乡》这篇课文前，与学生先进行了一番对话。

师：在上新课前，我先检查一下大家自读课文的情况。同学们在回答问题的时候，尽可能不要看书。如果实在忘了，怎么办呢？

生（小声地）：偷看一下！

师：偷看一下？说得好啊！（学生大笑）别笑，偷看也是一种能力呀！很快地在书上一眼扫过，就能马上找到自己所要找的那个词、那个句子，不也是一种能力培养吗？不过，大家在考试的时候，可不要培养这种能力啊！

于是，一堂课就在学生的笑声中展开了。因为钱老师刚才的一番话，学生学习的劲头一直很足，课堂上不断有学生提出问题。

生：闰土为什么要把碗碟埋在灰堆里？

师：闰土把碗碟埋在灰堆里？这是谁说的？

生：杨二嫂。

师：那么，究竟是不是闰土埋的呢？

生：不是的。

师：为什么？说话要有根据。

生：杨二嫂挖了埋在灰堆里的碗碟后，就自以为很有功劳，拿走了“我”家的狗气杀，这就是杨二嫂说谎的目的。

生：可能是“我”埋的，以便暗暗地让闰土得到许多碗碟。

师：哦，原来是这样啊！

生：如果说是闰土埋的，那杨二嫂怎么会知道呢？

师：这里有一个问题：闰土会偷东西吗？

生（齐）：不会！

师：为什么？

生：书上说：“母亲对我说，凡是不必搬走的东西，尽可以送给他，可以让他自己去拣择。”这样，闰土尽可以明着拿，根本用不着偷埋。

师：有道理！有说服力！我都被说服了。我们解决问题，就应该到书中去找根据。那么，是谁埋的呢？

生（齐）：杨二嫂！

师：为什么？我们要以文为证。这可是法制社会，没有证据乱说话是要受法律制裁的。

生（大笑）：不知道是谁埋的。

师：对，就是不知道。这个是“历史的悬案”。但有一点是可以肯定的，杨二嫂以这个作为理由拿走了狗气杀。这样写是为了说明什么？

生：杨二嫂贪小便宜。

师：这个问题大家解决得真好，我特别高兴。我曾经看到杂志上也议论过这个问题，结论大概是闰土是绝不会偷埋的。理由呢，跟我们这位同学所说的完全一样！这位同学如果写了文章，也可以在杂志上发表嘛！

（生大笑）

这时，又有一个学生说鲁迅之所以写杨二嫂这个人物是要反映旧社会的妇女问题。钱老师又幽默地来了一句："好啊，你考虑问题可真广，还考虑到了妇女问题，这问题提得很高级。"

……

钱老师上课时课堂气氛始终是活跃的、积极的，其中的奥秘之一就是他善于使用幽默的教学艺术。其实，钱老师完全可以用一句话就把这堂课要讲的知识点说透："杨二嫂举报了埋在灰堆里的碗碟后，就以此为借口，拿走了'我'家的狗气杀。这件事反映了杨二嫂爱贪小便宜的心理。"这样一来，老师是省了时间，学生也听懂了，但是，学生不能完全细化理解文章每句话的布局与安排，自然也就对这堂课的知识点没有什么深刻的印象，教学效果也就没这么好了。正是因为钱老师的幽默，学生一举两得：既享受到了快乐，又习得了知识，培养了能力，并且让学生也感受到了钱老师平易近人、乐观向上的品质。

幽默是教师个性的表现，是教学过程中哲理和情趣的统一。教师在教学时，富有哲理和情趣的幽默，不仅能深深地感染和吸引学生，而且还使自己教得轻松，学生学得愉快。正如教育家斯维特洛夫所说："教育家最主要的，也是第一位的助手是幽默。"

教师用诙谐幽默的用语使教学达到理想效果，这并非一朝一夕就能练成的。正如苏联教育科学博士巴班斯基所说："没有任何一种最好的教学方法能适应各种教学情境，唯有符合师生实际情况的教学方法才能取得应有的教学效果。"幽默的教学风格是教师通过对教学实践的不断积累和反思，经过千锤百炼后形成的。教师在教学中要做到诙谐幽默，大致可以遵循以下几个原则：

1. 幽默应具备可笑性

幽默能给人带来快乐，是笑的艺术。教师可以运用一些俗语和歇后语让课堂氛围轻松活泼；也可以有意违反语言规律和社会习惯，使原先的一种常规认识和目前所说的事实产生矛盾，从而制造幽默效果。总之，教师把幽默带进了课堂就意味着把笑声带进了课堂，学生在轻松愉快的环境下学习，学习兴趣自然就会提高。

2. 幽默应具有深意性

幽默诙谐、妙趣横生的课堂教学用语是优秀教师的必备技能。但是教师在课堂上的幽默并非纯粹的“讲笑话”，而是为了启发学生的思维，提高思维的质量，因此，它应该与新知识结伴而行。一般的幽默偏重于娱乐性，但是教学的幽默是透过可笑的形式，表现真理、智慧，因此，它必须具有深意性。教学幽默不能背离教学目标和内容，如果一堂课只是笑声不断，而无深意，其结果只会是冲淡了教学内容，分散了学生的注意力，浪费了宝贵的课堂时间。

3. 幽默应具有暗示性

漫画家方成说过：“幽默使人在笑声中同时引起联想和推断，领悟其中的含义。”教师的幽默并不是明言直白地表达，而是通过曲折含蓄的表达方式，使学生揣摩暗藏其中的信息。

例如，课堂上很多学生喜欢“抢嘴”，特级教师余蓓蓓针对课堂上乱成一团的“抢嘴”现象说：“我们班级30个学生个个精神饱满，就像是一个个打足气的皮球，但在课堂上，总是有不和谐的声音传到我的耳朵里，这儿、那儿……还真不少，我听见的是漏气的声音。是哪个皮球破了呢？我得把它拿到修理店里去修理一下。”学生们听后哄堂大笑，也理解了老师的用心良苦。在这里，余老师把她要表达的信息暗地里传递给学生，学生在会心微笑的同时，也欣然接受教师的建议。

4. 幽默需要借用语言上的某些技巧与方法

有些课文内容比较枯燥乏味，教师要想制造出幽默的教学效果，可以运用比喻、引用、夸张、对比、婉曲、顶真、反语、双关、飞白、曲解等修辞手法，使之变得生动形象、诙谐风趣、含蓄夸张。

例如，师生们正在分析一句病句：学生们正聚精会神、全神贯注地注视着英雄的报告。

师：这是一句病句，谁替它把把脉？它病在哪里？

生：它病在动宾搭配不当，“注视”与“报告”不能搭配。

师：如何医治呢？

生：应把“注视”换成“倾听”。

师：哦，是进行“移植手术”。

师：我们修改病句，就好像医生替病人看病一样，自身需要有扎实的功底，这样才能做到准确判断、对症下药，该“切除”的就“切除”，该“移植”的就“移植”，做到“药到病除”。

在这里，教师巧妙地把改病句比做医生看病，并且恰当地运用了一些医学方面的专业术语，起到了妙趣横生的幽默效果，给学生留下了极为深刻的印象。

5. 幽默可以借助“肢体语言”来表达

丰富的“肢体语言”是优秀教师必备的技能。根据美国心理学家的一项研究证明，在人类语言的重要度中，面部表情、眼神、手势等所占的比重高达55%。因此，在教学中，教师若能灵活地运用肢体语言同样可以增加课堂的幽默气氛。

例如，于永正老师在口语交际课“送、还东西”中谈论关于嘴的作用时，于老师说：“看来，嘴的作用还真多。如果于老师没有嘴，就无法和你们说话。我要请同学们站起来，如果没有嘴，这个意思就无法表达出来。”说完，于老师作了演示：嘴巴紧闭，从鼻子发出含糊不清的声音，学生大笑。

幽默是教师教学语言必备的法宝之一。教师在语言或行为上若能做到幽默风趣，就能在无形中形成一种亲切、随和的魅力，从而吸引学生的注意力，赢得学生的好感，使学生在轻松愉悦的氛围中学到知识。所以，教师应该好好地修炼自己的教学语言，让课堂的每一分钟都在精彩中度过。

抓住突发事件，让知识随机生成

苏霍姆林斯基说："教育技巧并不在于能预见到课堂的所有细节，而在于根据当时的具体情况，巧妙地在学生不知不觉中作出相应的变动。"这种巧妙的"变动"正是教师教学机智的体现。

教学机智是一种课堂调控艺术，是一种高度自动化的课堂应变能力，体现了教师在教学过程中应付和处理偶发事件，捕捉和发掘教育契机的能力与素质。教学机智在课堂教学实践中的运用，主要体现在对课堂偶发事件的处理和对课堂生成的教学资源的捕捉上。

在课堂教学中出现的突发事件，主要包括三个方面：一是教师课堂教学发生失误，如教师板书时写错字，与学生谈话时讲错话；二是学生言行不当，有意无意地干扰课堂秩序；三是教学环境突变使正常的教学秩序被破坏。面对这些问题，教师应该巧妙地运用教学机智，捕捉课堂随机生成的教学资源，激发学生的学习热情，从而让课堂充满惊喜和智慧，让学生乐于学习。

案例一：

浙江省丽水市缙云县第二实验小学教师厉爱玲在上语文课时，刚上到一半，窗外突然电闪雷鸣，狂风呼啸，继而大雨滂沱，教室内外一片嘈杂，几乎所有学生的注意力都被转移到窗外的瓢泼大雨上。

在当时的情形下，厉老师如果要继续原来的教学内容已很难吸引学生的注意力和学习兴趣，反而会让学生反感。"与其被动讲课还不如主动出击"，厉老师当机立断，停止了原先关于水果的语言表达训练内容，因势利导马上进入有关雷雨的观察与认识这一环节，要求学生从音、形、色等方面观察和感受窗外的雨景，并在全体学生面前作简单的介绍。结果学生表现积极，在厉老师的引导下进行了认真细致的观察和想象，并且都希望到讲台上发言，将自己眼中的雷雨讲给其他同学听。

试想一下，当学生正全神贯注于电闪雷鸣时，老师如果声色俱厉地拍手击桌，狠狠训斥，那将是什么结果？不言而喻，即使课堂勉强得以恢复安静，学生的心或许还沉浸在窗外的雨景中，或许还在细声小语地讨论窗外的闪电、雷鸣和大雨，甚至有可能将兴趣化为逆反心理对教师的教学活动产生抵触情绪，教学效果也就可想而知了。

案例二：

于永正老师正在执教《惊弓之鸟》的第二课时，当于老师讲到“孤单失群”这个词时，学生的理解遇到了困难。这时，一个男生突然推门而入。面对突如其来的情景，于老师放下手中的课本，走到他跟前，摸了摸他的头，笑眯眯地问道：“你怎么迟到了？刚才到什么地方去了？”

生（胆怯地）：我刚才在楼梯口坐着休息，没有听到上课铃声。

师：你当时是什么心情？

生：有些紧张，我发现周围没有人了，想到可能上课了，所以赶紧跑了过来。

师：当你发现此时只剩下自己一个人的时候，你有什么感受呢？

生：既孤单又害怕，还有些紧张。

师：这种感觉能用课文中的一个词来形容吗？

生（略加思索）：孤单失群。

师：很好。你一个人离开同伴能不孤单、紧张吗？当然，这紧张还有怕迟到挨批评的成分，对不对？请你读课文中描写受伤的大雁“孤单失群”的句子，然后演一演受伤的大雁在空中飞行，好吗？

（迟到的学生边读课文边演示，创造性的表演赢得了同学们热烈的掌声）

师：（再次摸着他的头，微笑着）虽然你一时失群，迟到了，但你帮助大家理解了“孤单失群”，你也是功臣。

（听了于老师幽默的评价，迟到的学生有点难为情地笑了，他乐滋滋地跑回座位。课堂继续向着理想的境界进发……）

在教学过程中，课堂上充满着许多未知的因素和偶发的事件，再优秀的教师也不可能预见或防止课堂偶发情况的出现，再周密的教案也不可能为偶发情况事先设计好具体的解决方法和步骤，因此，教师必须就课堂的需要，巧妙地运用教学机智，对课堂突发事件进行准确判断并加以灵活处理。

在《惊弓之鸟》这节课中，首先，面对迟到的学生于老师并没有生气、发怒，而是以宽容的态度与之平等对话，以发自内心的尊重和爱感染他，使他不再为迟到感到紧张、担心，也使教学在安全、自由的氛围下能正常进行。

其次，于老师还善于把握教学机遇，捕捉课堂的生成资源。于老师运用教学机智巧妙地把学生迟到的情景转化为课堂教学的新资源，运用幽默有趣的语言将迟到的学生与“孤单失群”巧妙组合，帮助其他学生理解“孤单失群”的含义及其用法，让学生充分体会到语文学习中的求索感、创造感和成功感。

教学机智是教师在具体教学情境中的即兴创作。它既不是教师备课时的奇思妙想，也不是教师在教学情境中的妙手偶得，而是教师在特定的教学情境中着眼于时间问题，充分发挥自己的创造力，瞬间作出在当时情况下最佳的行为方式。那么，教师应如何抓住突发事件灵活机智地让知识随机生成呢？

1. 机智幽默法

幽默是教学机智的润滑剂，针对课堂教学情境及外来因素的干扰，教师运用机智幽默的语言可以化解尴尬的局面，最大限度地减少外来因素的干扰。在课堂教学过程中，教师会经常遇到个别调皮的学生故意发出叫声，扰乱课堂秩序。这时，教师最好的对策是结合讲解内容对此加以巧妙的转化，用幽默风趣的语言指正学生的做法，并且把学生的注意力转移到课堂上来。幽默教学不仅为课堂增添活力，而且为师生交流提供了平台。

2. 顺水推舟法

在课堂教学中出现的偶发情况，常常会使教师措手不及，但同时也会给教师的教学带来灵感，教师可以以此为切入点，顺着新的教学思路推进教学。比如，教师在讲解中出现知识性错误或者因为笔误把字写错，被学生发现，学生在课堂上嘀咕或者发出笑声，这时，教师万万不可恼羞成怒，而应该坦率承认错误，并且利用教学机智顺水推舟，展开错误，让学生在纠正错误的过程中学习，从而加深对知识的理解。

3. 以变应变法

当课堂教学超出原来的设想，突然出现意料不到的情况，且影响到正常教学时，教师可以采取以变应变的方式。例如，于漪老师上课时，几只蝴蝶突然飞进了教室，吸引了学生们的注意力。于漪老师是这样处理的：她首先让学生把蝴蝶赶走，然后让学生以蝴蝶飞进教室为题打一词牌名，当学生们苦思冥想不得其解时，于漪老师给出了答案："'蝶恋花'啊，因为你们都是祖国的花朵！"在学生们会意的笑声中，于漪老师又开始了她的讲课。

4. 借题发挥法

教师可以把课堂教学中的偶发事件巧妙地融进自己的教学，借题发挥，大做"文章"。

一位政治教师曾碰到过麻雀飞进教室的情况，该教师借麻雀这一"不速之客"的出现，给大家讲了一个故事："五六十年代，我国曾经把麻雀与苍蝇、蚊子一起列入害虫名单，在全国开展消灭麻雀的运动，理由是麻雀偷吃掉大量的粮食。但实践表明，麻雀蒙受了冤屈，因为麻雀对人类的益处远远大于它对人类的危害。”之后，他又以此为题，让学生运用所学的哲学道理加以分析。学生们反应热烈，兴趣十足。有的从矛盾主次方面的角度，说明麻雀对人类有利有弊，但利大于弊，看问题应抓住本质；有的运用普遍联系的原理，分析消灭麻雀会破坏生态平衡；还有的从认识发展的角度，说明人类对麻雀的认识经历了一个不断深化的过程……这样，这位教师巧妙地借“麻雀事件”，引导学生复习巩固了所学知识。

5. 因势利导法

所谓“势”，是指事情发展所表现出来的趋向。教师在处理偶发事件时，要注意发现和挖掘事件本身所表现出来的积极意义，然后或顺势把学生引向正路，或逆势把学生拉向正轨。

曾有这样一个生动的故事：一个学生在粉笔盒里放了一条大青虫，希望给新接班的女教师一个下马威。但那位教师巧妙地因势利导，将消极因素转化成了积极因素。这位女教师待同学们安静下来后，她平和地说道：“据说每位接手我们班的新老师，都会收到一份大家赠送的特殊礼物，王老师的灰老鼠、郑老师的大黄蜂……而我呢，你们送了一条大青虫。”她微微一笑，指着那条青虫说，“我刚才摸到这条大青虫，着实吓了一跳。不过我觉得捉这条虫的同学很勇敢，至少有一定的捕虫经验……我相信，凭他们的能力，凭他们的勇敢，不仅能抓一条大青虫，还应该做出点其他的什么。老师相信你们!”那几个调皮的学生原本等着挨老师的批评，却没料到老师还表扬了自己，可不知为什么他们就是高兴不起来，只是呆呆地听老师讲有关爬行动物的知识……第二天早晨，这位教师又踩着铃声走进教室，一股清香扑鼻而来，她惊喜地看到，讲台上的粉笔盒里插着一束野菊花。

课堂教学需要教师的教学机智，而教学机智并不是教师与生俱来的，是教师在后天的教学活动和具体的教学环境中经过磨炼与感悟而逐渐积累的。在课堂上，教师应根据不同的情况，因势利导，采取相应的应变方法，妥善处理好各类偶发事件，从而增长自己的教学机智和经验，也为课堂增添智慧的色彩。

发挥“小教师”作用，让知识学起来更有趣

“手要这样放，食指放在键盘的 F 和 J 键上。”婷婷一边将手按在键盘上做示范动作，一边耐心地跟一旁的阿婆说。“可这样手挡住了，我看不到字母啊?”60 多岁的阿婆反问“小老师”。

这是某社区举办的“家庭网上行”电脑培训活动，“老师”全是小学生。别看他们年龄小，但对“学生”却很认真，这些小老师都是手把手地教那些阿姨和婆婆。

学生也能当老师吗？他们不但能当社区的电脑培训教师，有时还可以走上讲台，给同学、老师讲课呢，而且这种由学生当教师的课堂，更能吸引其他学生的注意力，激发他们学习的兴趣。

《三打白骨精》是六年级下册的一篇新课文，选自《西游记》。对于这个故事，学生们早就耳熟能详。因此，某语文教师决定做个大胆的尝试，让学生来当老师。

第二天，教师在布置预习作业的时候，把这个想法透露给了学生。学生们听了立刻欢呼雀跃起来，并表示要回去好好“备课”。

上课了，教师问谁来讲台上讲课，学生们争先恐后抢着要当老师。出于一些考虑，教师请了班里语文成绩比较出色的课代表小奇上台。早有准备的小奇拿了语文书和“教案”像模像样地走到讲台前，其他学生一脸羡慕地望着他。这时，教师坐到小奇的座位上当起了学生。

“小老师”清了清嗓子，开始上课。“同学们，你们看过《西游记》吧？有谁来说一说，你对这本书的印象?”这时，学生们都兴致高昂地举起手，争着回答问题。

“不错，谈话导入，激发兴趣，还挺像回事的!”老师暗暗夸赞小奇的表现。接着“小老师”让学生自由朗读课文，初步了解课文内容，然后是学习生字词，再读课文，给课文分段。学生全神贯注，有条有理地读课文、讨论内容、交流意见，比语文老师讲课时还要有秩序，气氛更活跃。

根据“小老师”的设计，最后一个环节是“学习课文第一自然段”，他要求学生自由朗读这一段，并讨论：读了这一段，你知道了什么？之后，学

生积极交流起来。有的说："我知道了这个故事发生在西天取经的路上。"有的说："我知道唐僧肚子饿了，孙悟空帮他去摘果子吃。"有的说："我知道这个地方非常荒凉。"老师坐在下面，不禁自问："我读了这一段，我知道了些什么？"想到这里，老师也举起了手，学生们都兴奋地望着老师，有的还偷偷地冲着老师笑，该教师忽然感觉有点紧张。

"好，你来回答。""小老师"点名让语文老师回答，老师站起来说："我感觉这一段中的'山势险峻，峰岩重叠'这两个词，除了交代环境之外，还渲染了一种紧张的气氛，暗示了接下来会有妖怪出现，会有不寻常的事情发生，起到了铺垫的作用。"老师的话刚说完，教室里立刻响起了热烈的掌声，学生们对老师竖起大拇指，并一个劲儿地说："老师真棒！"

……

在小老师的带领下，课堂上高潮迭起，学生也兴致浓浓。

"小老师"在讲台前授课，由于"师生"之间在能力、知识水平上比较相似，再加上他们平日里朝夕相处，也没有什么距离感，他们就会把教室、讲台当成他们的"乐园""聊天室"——自然的氛围、自由的学习、自主的活动，自自然然、无拘无束，回归常态，还原生活。学生会克服自身的心理障碍，不再害怕说错，更不怕别人笑话，一个个变得都很自信，也更积极投入，主动交流，发言热烈，提问大胆，而"小教师"则更自信，声音也更响亮。这样的课堂，师生互动积极，真正做到了敢想、敢说、敢做、敢为……学生的自信都得到长足的发展。

"师者，传道、授业、解惑也。"这是自古以来人们对教师的认识。但随着时代的发展，现在的老师并不完全是"传道授业解惑"，老师和学生可以成为朋友，老师也可以做学生的学生。让学生来当老师，学生讲课，教师听课，不但能彻底改变学生被动接受的局面，充分发挥学生的学习主动性和创造性，而且还能让学生在教的过程中体会到教的滋味，理解教师的教学。

那么，怎样发挥"小老师"的作用，激发学生的学习积极性呢？

1. 让学生中的能者为师

教师要充分相信学生不仅能学，而且能教，在教学中要大胆放手，尽量多给学生提供当"小老师"的机会。

教师要对学生的性格、能力了如指掌，最大限度地发挥学生的能动性。比如，教师可以选择那些成绩优秀、表达能力较强的学生来担当"小老师"，他们能给其他学生做出榜样，带给其他学生信心，从而更容易激发学生学习的兴趣，进而提高他们学习的动力。

2. 抽签让学生上台

教师可以将学生分组，然后采用抽签的办法，由抽到签的小组到讲台上，用15—20分钟时间讲解本课的知识结构，以及他们对本课内容的理解。教师和其他小组的学生在座位上认真听他们的讲解，并作好记录，等他们讲解完后，再用15分钟时间各小组进行讨论，肯定其中讲得较好的地方，指出其存在的不足，然后根据讲解的情况各小组进行打分，取其平均分作为过程评价的一部分成绩。

3. 开展小组合作学习

教师可以在课堂上开展小组合作学习，让学生在小组内争当小老师，以给每一个学生创造主动参与学习过程的机会。

每一次小组学习必须是教师根据教学目标的重点和难点来安排的。小组成员的角色定位也必须是科学的，如为了方便教师对课堂教学的宏观调控，小组内学生可以被编成有序的号码：一号为组长，起到组织调控作用，也就是“组内小老师”，二号、三号分别为“记录员、观察员”，至于四号则应该是后进生或者学困生。这种方式，既能为学生提供更多当“小老师”的机会；也能促使学生在一起研究、探讨，进行合作学习；还能创设一种充满温情和友爱、体现关心和帮助的班级氛围，在这样的课堂氛围中，学生的学习将变得更加愉快。

4. 互帮互学一带一

由于学生的个性差异、知识水平不同，为了照顾到每个学生，教师可在学生中实行“一帮一”的学习方式，让优秀生做中等生的小老师，让中等生做学困生的小老师，这样能让更多的学生感受到自己的价值，从而产生一种成就感。

中国历来奉行“师道尊严”，即便是再随和的教师在学生心中的威严也难以抹去，因此，学生质疑问难时的拘谨也就在所难免，尤其是学困生，他们对老师更是敬而远之。然而，这种一对一互帮互学的方式就不一样，学生之间没有距离感，没有拘束，在学习上可能是你帮我，在生活中可能是我帮你，在很大程度上，学生之间辅导的效果比老师更佳，也比老师处理和解决问题更彻底。而且“小老师”都有明确的一对一的目标，弥补了教师以一带多、顾此失彼的缺陷。同时，“助教辅导”不再局限于课堂，它可以延伸到课外，拓展到校外，可以在课余时教、在游戏中帮、在节假日里辅，以灵活的方式使学生学得活，学得扎实，从而有效提高学生的学习效率。

我们常说，教学要由“教师讲为主”转变为以“学生学”为主，但现实中的教学仍以“教”为主，因为习惯成自然，课堂上教师如果不讲课，满腹经纶就难以展现。但教师应该明白，我们面对的是有头脑、会思考的学生，不是简单装知识的“容器”，是等待点燃的“火把”。如何把“火把”点燃，使“火把”燃烧得更旺，不妨让学生走上讲台，当一回教师吧！

5

教师魅力效应：

爱老师，从而爱学习

教师想让学生喜欢自己所教的课，首先教师要学会与学生沟通，尊重学生的想法，对学生提出的问题要及时给予解答，这样，学生才会喜欢这位教师，进而喜欢上他的课，在平时学习中学生才会努力学习。

善于沟通，和学生心贴心

杰克·韦尔奇是美国通用公司的第八任总裁，同时他也是一个善于与员工沟通的专家。他每周都要对工厂或办公室进行突击访问，和公司各个层次的员工进行交谈。不仅如此，他还定期和那些比自己低好几级的经理们共进他们想都不敢想的正式午餐，在进餐间隙，他和这些基层的经理畅所欲言，并认真听取他们的观点和意见。

杰克·韦尔奇还经常“微服私访”，有时可能直接给全球 34 万名员工中的任何一个员工写信或打电话，员工都亲切地称呼他为“杰克”。在他的带领下，通用公司从困境中走出来，重现了昔日的辉煌。

杰克·韦尔奇作为一名领导者，他最成功的地方就是善于和员工沟通。他通过良好的沟通技巧深入每个员工的内心，从而提升自己在公司的影响力，员工因为有这样一个令人信服的领导而更加勤奋地工作，最终使公司摆脱了困境。

沟通是情感的纽带，也是人与人之间传递思想和交流观念的重要途径。恰当有效的沟通，不仅可以使交流的双方获得有用的信息，还可以让双方在心灵的融会和思想的碰撞中领会被尊重、被理解的快乐。对教师而言，沟通对我们的意义更大，我们更应该加强与学生的沟通。

山东省滨州市博兴县实验中学的刘丽萍老师刚接手了一个新的班级，班里有三个调皮捣蛋、不爱学习的男生，老师一听见他们三个人的名字就头疼。刘老师接手这个班第一个月，就领教了他们的“风采”：三次校外打架斗殴，两次旷课，一次醉酒，抽烟让保卫科发现，校内不带校标，上课吃零食等。在月末班级常规评比中，刘老师所在的班排名倒数第一，所扣的分数全部“归功”于这三个学生。

刘老师为此很生气，真想把这三个男生叫到办公室狠狠地批评一顿。但她静下心来一想：对于这三个学生，以前的老师没少批评教育，学校和家长也采取了许多措施，但要么无济于事，要么收效甚微。自己再劈头盖脸地批评一顿有用吗？这样费心尽力地做无用功，何苦呢？不如换一种教育方法，先找出他们的兴趣点，然后再与他们进行沟通交流，这样也许更容易打开他们的心结。

于是，在接下来的几天里，刘老师开始从不同的角度来审视这三个所谓的“刺儿头”，结果发现他们虽然学习成绩差，行为习惯不好，但他们非常聪明，彼此之间还很讲义气。因此，刘老师开始以朋友的身份接近他们，和他们谈论一些他们感兴趣的话题。

经过几天的接触交流，刘老师了解到这三个学生非常喜欢踢足球，于是刘老师便买了一些足球杂志学习足球知识，以便和他们有“话”可说。别看这三个学生自以为是“足球迷”，但也不过是踢踢足球或崇拜某个球星罢了，对于其他更多的足球知识并不了解。刘老师就在他们面前讲自己所学到的足球知识，每逢此时三个男生便露出一脸崇拜的样子。几周之后，刘老师利用掌握的足球知识已让这三个“足球迷”佩服得五体投地。

渐渐地，他们对刘老师不再敬而远之，而是越来越愿意亲近刘老师，经常找刘老师谈论足球，并且悄悄地告诉刘老师：“你不像老师更像朋友。”刘老师听了高兴地说：“是吗？你们不嫌我老吗？不过，由于你们的违纪，我的班主任费比别人少领 20 元。如果你们能帮助我，下个月我请客，怎么样？”

“没问题，我们保证不再违纪。”三个学生痛快地答应了。从那以后，他们果然守约，再也没有违反纪律。

紧接着学校组织秋季篮球赛，刘老师把这个光荣而艰巨的任务交给了这三个男生。不出刘老师所料，这三个学生组织得有声有色，竟然使他们这个连续两年无力进入决赛的班级获得了年级第三名。刘老师高兴之余，特意为他们精心准备了一份奖品——三盒录音带，上面录有刘老师真心诚意的教诲：“谢谢你们为班级所做的一切。从这件事上，我更深刻地了解了你们是多么的聪颖、有毅力。孩子们，别把自己当朽木，老师认为你们是尚未开发的金矿，拥有更高的含金量。人非圣贤，孰能无过。知错能改就是美德，你们一定能做到品学兼优的。努力吧！老师在旁边为你们呐喊助威：预备，开始！加油！”刘老师将录音带精心地包装了一下，并把这份特殊的奖品在班级公开奖给了这三个男生。

三个男生听后感动得泪流满面。几天后，他们也送给了刘老师一盒磁带：“老师，谢谢您给我们的奖品，这是 15 年来我们获得的最宝贵的奖品。细细想来，我们的确是辜负了父母和老师对我们的期望。我们很后悔，可我们担心赶不上，很多同学也不愿意和我们交往。老师，您说我们还能行吗？别人都说我们已经无药可救了，我们还值得你这样费心吗？”刘老师听后立刻又录了一些鼓励的话交给他们，让他们大胆地与同学交朋友，大家也一定会接受他们的。

这样，通过几次录音传话，三个调皮的学生有了明显变化：他们每天准时到校，违纪现象明显减少，学习成绩也慢慢回升。他们说，如果自己再不努力，就太对不起刘老师的诚心诚意了，那样太不够意思。在刘老师真诚的沟通下，这三个“当一天和尚撞一天钟”的学生终于走上了努力学习的轨道。

陶行知先生曾说过一句话：“你的鞭子下有瓦特，你的冷眼中有牛顿，你的讥笑中有爱迪生。”中小学生的心灵就像一架多弦琴，其中有一根是和弦，教师只要找到它弹一下，就会使其他的弦一起振起，发生共鸣，从而产生美妙的音乐。刘老师面对这三个学习成绩差、行为习惯不好的双差生，先是用真诚沟通赢得了他们的信任；他们也从“敬而远之”到敞开心扉、吐露心声，师生之间产生了情感共鸣。接着，刘老师又为他们创造成功的机会，并在这个基础上给予鼓励，最终感化了他们，不但让这三个学生减少了违纪行为，而且还带动了他们学习成绩的提升。

刘老师的教学实践表明，学生喜欢一位教师，也会连带着喜欢这位教师所教的一切。我国教育名著《学记》中指出的“亲其师而信其道”就是这个道理。同时，情感也有迁移的功能，学生对教师的情感，也可以迁移到学习上，从而让学生产生学习动机。由此可见，师生之间的感情在教学中是多么重要，师生和谐的沟通足可以改变教育。那么，教师通过怎样的沟通才能让学生产生学习动机呢？

1. 闲聊式沟通

小学低年级的学生天真纯洁，特别喜欢在老师面前说自己家里的事、班里的事、同学的事、自己的事，这表明学生最初的心扉是向老师敞开的，他们都非常喜欢自己的老师，崇拜自己的老师，信任自己的老师。因此，教师要保持好学生的这份信任，就要走进学生的心灵，让学生觉得老师和他是有共同话题的。比如，在课间时教师可以和学生聊聊天、谈谈心。

看似简单的闲聊，却可以悄悄地拉近师生之间的距离，沟通之门也会就此打开。这时，教育就会变得容易得多。

2. 秘密式沟通

现在的学生都具有较强的自尊心，他们强烈渴望被他人尊重。在学校，老师是他们的依赖对象，老师对学生的尊重尤为重要。因此，面对学生的错误，教师不要当众大声斥责，而应回避他人，进行秘密沟通。

有时老师和学生之间也需要一点不为人知的小秘密，这样学生会觉得老师也很可爱，老师是在真正关心自己，这样老师也更容易成为学生的好朋友。师生间的小秘密提升了师生间的信任程度，秘密成为学生成长的催化剂。而其中最关键的是教师用博大的爱去关怀学生，感化学生，把爱的甘泉洒向学生的心田，让学生从老师那里感受到爱的力量，继而转换成努力学习的内部诱因。

3. 鼓励式沟通

一个人能否获得成功，自信心起着至关重要的作用。只有充满自信的人，才能在成长的过程中保持不懈的努力和不断创造的能力。学生渴望成功与肯定，渴望学习成绩的提高，这就需要教师不断的鼓励。而教师在关键时刻对学生的鼓励，会让学生信心大增，学生内在的潜力也会被充分挖掘出来。

鼓励和信任是打开学生心灵的钥匙。在学生遇到困难和失败时，教师的一个微笑、一句话语、一个眼神都能给学生以极大的激励，唤起他们对学习的向往与期待。因此，在教学过程中，教师要敏锐地感受学生的那份期盼，恰当、适时地为学生“加油”，给予他们更多的关注和鼓励。

4. 批评式沟通

无批评的教育是伪教育。有表扬，就有批评，学生需要表扬，也需要批评，就像花木成长需要阳光和雨露，也需要修杈剪枝，这样花木才长得好，花儿才开得艳。但对学生的批评，教师要充分考虑每个学生不同的性格特点，针对不同的学生采用不同的批评沟通方式，如此，批评式沟通才能起到实效。

5. 道歉式沟通

在教育中，教师要清醒地认清自己，教师只是一个平凡的人，难免会发生错误，面对自己的错误不能掩饰，也不能置之不理，因为教师不面对错误本身就是一种错误的教育，错误的教育对学生的影响比错误本身对学生的影响更为严重。

因此，教师在面对自己的错误时，要尊重学生的需要与感受，转变陈旧的师道观念，勇敢地向学生道歉。其实有很多时候，教师真诚的道歉反而会让学生更加尊重自己，并愿意听从教师的教导，从而提高学习的积极性。

沟通是建构和谐师生关系的桥梁，师生沟通渠道越畅通，师生关系就越和谐，教育效能就越大。

一般来说，对于教师施加的教育影响，学生都是有选择地接受的，至于接受多少，取决于学生对教师的接受程度。学生在与教师的交往中，只有感到自己被信任，可以充分展示自己的生命全貌之后，才愿意给予教师信任。这就需要教师平等、真诚地去和学生交流、沟通，以打造良好的师生关系，让学生心甘情愿地接受教师的教育。

主动向学生问好，让学生感受到被尊重

学生向教师问好，自古以来就是学生文明礼仪的要求之一。

为了加强学生礼仪习惯的养成教育，很多学校要求值日教师每天站在校门口，检查、监督学生进校时是否主动和教师打招呼。如果学生达不到要求，不但要扣除班级常规管理的得分，而且还要求学生退出校门，主动向值日教师问好后才能进入学校。

还有一些学校为了使这项工作落到实处，校长亲自站在校门口督查，并板着脸训斥达不到要求的学生。

尽管如此，一些学生仍然没有发自内心地养成这一礼仪，反而对教师和学校生出一些反感来。因为他们在这里只看到了自己被强迫着尊重教师，而没有看到自己被尊重。

人人生而自由平等。为什么只能是学生尊重教师而教师不能尊重学生呢？在某校学生座谈会上，有学生提出："为什么一定要学生先向老师问好，能不能老师先向学生问好？"

学生的话令校长恍然大悟。

"学生说得多好啊！作为道德的传授者，老师都不能先向学生问好，我们怎么能要求正在成长中的学生先向老师问好呢？"

于是，该校就发起了"老师，请先向学生问好"的活动。

从那以后，校园里经常听到来自教师的"某某同学，早上好""小同学，你好"之类的问候，而学校原先的担忧也没有出现——因为当教师先向学生问好时，学生就感受到了来自教师的尊重，他们就会以德报德，对教师给予更为礼貌的问好。

教师主动向学生问好，是尊重学生人格的一个具体表现。处于成长期的学生，心灵脆弱、自尊心强，教师应尊重他们的这一心理。

苏霍姆林斯基曾说过："在影响学生内心世界时，不应挫伤他们心灵中最敏感的一个角落——自尊心。"自尊心是指自我尊重并期望得到他人尊重的一种心理状态，其基础是承认和肯定自己的尊严，从而不做有损于自己尊严的事，并且不容许他人的侮辱和歧视。自尊心是一种积极的行为动机，有助于学生克服自身弱点，敦促自己去维护尊严。

教师时常教育学生要讲文明、讲礼貌，要主动向别人问好，可现实生活中，却没有多少教师能主动向学生问好。这就会伤害学生的自尊，使学生产生一种错觉：教师就好像是庙里的“菩萨”，高高在上，没有一点人情味儿。反之，如果教师能主动给学生一句亲切的问候，哪怕是“嗯”“好”“你好”之类简单的回答，学生也会觉得这个教师是热情的，是愿意跟学生平等交往的，从而在以后的学习中愿意跟这个教师对话、向他提问题、认真听他的讲解……

只有尊重学生，才能使学生在学习和生活中有安全感、愉悦感、尊严感，学生的潜能、智力才能得到充分发展。所以，教师不妨从向学生主动问好做起，采用多种方式，全方位地尊重学生。

每天，学校都要在学校门口、操场上或教室里安排三位教师分别巡视，以便及时处理学生发生的意外事件。

这几天轮到陈老师值班了，他负责学校门口。学生三五成群地走进校门，不时向他敬礼问好，陈老师也微笑着点头示意，或回以问候。

小明是陈老师班上的一位后进生。他学习成绩不好，总是给班级拖后腿。经常有同学讥笑他，老师也不喜欢他，甚至经常在课堂上批评他。为此，他常常唉声叹气，也不爱说话，不仅和同学交流不多，和老师也没话说。

当陈老师正招呼其他几位学生时，小明迎面走来了。快到陈老师面前时，他突然站住，一动不动地看着陈老师发呆。也许是看到同时进来的其他同学都向陈老师问好，自己也想说点什么吧，但是他却始终没有开口，低下头准备从陈老师身边走过。

就在那一瞬间，陈老师走上前，拉住小明，微笑着说：“小明同学，早上好！”

小明有些惊诧地看着陈老师，依旧没有回答，但却回应了一个浅浅的微笑。

第二天，仍然是陈老师值班，突然，一个不大但很清晰的声音传来：“陈老师，早上好！”

是小明！小明居然主动跟老师打招呼了。陈老师还没来得及说什么，他就欢快地跑开了。

从那以后，小明变得喜欢和陈老师交流了。陈老师也用更多的尊重和爱心去不断地感动这个不爱与外界交流的学生。渐渐地，小明不像以前那样自卑了，在课堂上也努力认真听课了。

在日记中，小明这样写道：“我学习成绩不好，同学们和老师都瞧不起我。我讨厌他们，也不想和他们在一起学习。但是，陈老师却不这样，他主动跟我打招呼。这样的老师真好，我非常喜欢。就算是为了陈老师，我也应该好好学习。”

只是一声主动的问好，陈老师就打开了小明封闭的心，换来了他真诚的微笑，也得到了他的主动问好。可见，小明不是一个没有礼貌的学生，他的沉默寡言是对老师的无声抗议。只要老师尊重他，真诚地与他交流，他也会尊重教师，并将对教师的喜爱转移到他讲的课上，愿意为回报教师的尊重而努力学习。

面对学生的问好，教师不能只是一“嗯”了之，更不能理也不理就匆匆而去，而应很正式地回应学生，还应主动与学生打招呼。这样才是对学生真正的爱、真心实意的尊重。否则，学生不仅会在问候上搞形式主义，甚至还会在心里对教师产生不满情绪，并将对教师的不满迁移到学习上去。这对学生的学习和师生的相处，都是非常不利的。

教师主动向学生问好，在表示对学生尊重时应注意以下三点：

1. 向不同学生问好

每一个学生都需要教师的关怀，每一个学生都需要教师的尊重。教师应主动向每一个学生问好，而不能将学生分为三六九等，尊重这个学生而不尊重那个学生。

（1）向害羞的学生问好

害羞是一些学生害怕与人交往的首要因素。对于这类“面子薄”的学生，教师应主动向他们打开一扇门，用热情的问候让他们感受到与人交往的和谐，激发他们主动与人交往的勇气。当学生的这种心理负担消除后，他们会更认真地对待学习的。

（2）向犯错误的学生问好

有些学生因为思想不成熟，考虑问题不全面，经常会犯一些在教师看来极为幼稚、不值一提的错误。对犯了错误的学生，教师常常以批评为主，这会让这些学生对教师逐渐产生一种畏惧感，与教师之间产生心理距离。事后，如果教师未能及时对他们进行应有的心灵抚慰和帮助，可能会导致他们与教师作对，甚至不上该教师的课。

相反，如果教师能够主动向他们问好，他们就会感到教师并没有将他们犯错的事记在心上，也没有因为他们犯了错而讨厌、歧视他们，甚至还挺喜欢他们，进而缓解或消除他们对教师的惧怕感，架起师生和谐相处的桥梁。

（3）向被冷落的学生问好

一个班里总会有几个学生被教师遗忘在角落里，从某种意义上说这是一种比批评更为严重的歧视。尽管这种“歧视”不一定是教师的自觉行为，但这会使这些学生因感受不到教师的关注而逐渐丧失自信和自尊，甚至对生活和学习都失去信心和兴趣。

如果教师能够在课后适时地将自己对他们的歉意与关心，通过一句小小的问候传递过去，学生就会因被承认、被关注而自信、热情起来，甚至还会对问候他们的教师产生好感，并因此对他们教授的课程多一些关注。

（4）向“目中无人”的学生先问好

“目中无人”的学生，一般学习成绩优秀，是教师的宠儿。但教师如果总是惯着他们，他们势必向错误的一端发展，变得自高自大、目中无人。因此，教师要想办法淡化这类学生的“优生意识”。当教师主动向这些学生问好时，他们就会想：比自己地位高的教师都能放下姿态，给予所有学生一视同仁的尊重，自己怎么能够看不起他人，总是高人一等呢！这样，他们就会摘掉自我陶醉的光环，恢复一名普通学生的感觉，并在待人接物时谦逊有礼，在学习上也不易产生骄傲情绪。

2. 换一换问候语

“同学们好”“老师好”，这已经是一个约定俗成的问候模式，学生早已失去了新鲜感。因此，教师应时常换一换问候语，从学生的真实需要出发，说一声亲切的问候，如“同学们辛苦了”“同学们受累了”等。

在问候时，教师一定要发自内心，让学生真实地体验到平等、自由、民主、尊重、信任、友善、理解和宽容，并感受到激励、鞭策、鼓舞、感化和召唤，从而形成正确的价值观积极地面对学习和生活。

3. 及时问好

教师主动向学生问好，不仅仅限于师生见面时，而是需要不分时间和场合。例如，教师讲课时可以走下讲台，问问学生接受知识的情况；提问时，教师可以面带微笑，用赞赏的话语鼓励学生；下课后，教师可以在教室停留几分钟，和学生唠唠家常，说说闲话；等等。教师随时随地地主动问候，能让学生更真实地感受到教师的人格魅力，更深刻地体会到教师对自己的关爱与尊重。

布鲁纳在《教育过程》一书中写道：“教师也是教育过程中最直接的有象征意义的人物，是学生可以视为榜样并拿来同自己作比较的人物。”事实确实如此。学生认可教师的说教，从教师那里学习知识时往往会不由自主地与教师的言行联系起来进行思考和评价。如果二者一致，学生就会乐意接受，反之则会抱鄙夷甚至抵制的态度。如果教师缺乏人格魅力，不懂得尊重学生，学生也会反感他，不听从他的教导，不爱上他的课。

所以，教师应从尊重学生，对学生主动问好做起，向学生传递温暖和力量，传递尊重与关爱，用自身的人格魅力影响学生，从而让学生接受自己，爱上学习。

言出必行，对学生信守承诺

学生喜欢教师是学生真正参与课堂、专注学习的前提，很难想象学生会愿意上不喜欢的教师的课。在教学中，我们可以看到有些学生偏爱某个科目，不是因为他们很喜欢这门课，而是非常喜欢上那门课的教师。

要做一位受学生喜爱的教师，需要教师具备很多对学生“口味”的品德、形态、体征等，而教师言出必行，对学生信守承诺就是其中很重要的一点。

诚信是教师的立教之本、立身之本、做人之本。教师讲诚信，有利于实施新课程改革的理念；有利于对学生起到潜移默化、示范带头的作用；有利于加强师生间的合作与交流；有利于增强学生对教师的信任，更有助于让学生从爱教师向爱学习转化。

陈瑾是福建省连江县第二实验小学的一名优秀教师。最近，她发现班上有一部分学生不能及时完成作业，学习没有积极性。

为了提高学生的学习积极性，一天，在课堂上陈老师当着学生的面宣布：“下周测验成绩得 100 分的同学，以及综合评比成绩最好的小组都将得到奖励。”

陈老师话音刚落，就听到有学生小声议论：“老师会给我们什么奖励啊？她可别又说话不算数啊！”

虽然是小声议论，但是，这声音传到陈老师的耳朵里是那么清晰。

陈老师皱起眉头，仔细一想，学生说的也是事实呀！

回想以前，有哪一次对学生的承诺兑现过呢？比如，小丽同学在班级演讲竞赛中获得第一名，说好要奖励她 30 颗“星星”的，却因为“星星”没有了，而没有及时兑现；第二组学生曾在班级各项评比中多次获得第一名，原定要在单元考试中给他们每个人加分的，却因为忙不过来没有加分；小志经常不能及时完成作业，本来放学要留下来帮他辅导的，却因为有事没来得及；学生纪律性差，说好要扣分的，结果又因事多而忘记……

想到这些，陈老师越发觉得惭愧，平常教育学生做人要守信用，可自己却做不到。自己都做不到的事情，又怎能要求学生做到呢？难怪学生的学习积极性不够高，有些学生甚至对老师布置的作业也是左耳进右耳出，全当没听见。

幸亏学生的议论及时提醒了陈老师，让她意识到了自己的缺点，于是，陈老师立刻补充道：“这次老师说的话一定算数，至于奖励什么，老师还要暂时保密。”

随后，陈老师立即统计了班里上周考试得100分的人，并当场给他们加分，答应他们到周五下午再进行其他奖励。陈老师暗想：这回一定不能让学生失望，否则还怎么让学生爱自己，信任自己呢？

盼望已久的星期五终于到了，学生早早来到教室，盼望着能得到陈老师的奖励。一上课，陈老师郑重宣布：“今天，老师要奖给得100分的学生每人一个新文具盒，综合评比成绩最优秀的小组，老师这次要送他们一面荣誉锦旗。”

“耶！”顿时，教室里欢呼声四起。

打那以后，陈老师对承诺学生的事情都能及时兑现，学生在各个方面也都有了很大进步，他们学习越来越主动积极，作业书写正确率越来越高，课堂纪律也越来越好……特别是一些自控能力比较差的学生，由于怕表现不好被老师扣分影响到小组综合成绩，也都变得更加自觉了。

“言必信，行必果。”教师的言行是学生的表率。案例中，学生一句担心老师说话不算数的话，使陈老师突然意识到自己的不守信给学生带来的恶劣影响，她在深刻反思自己的同时，还及时进行补救，一一实现了对学生的承诺。

教师工作虽然琐碎、繁杂，但不能以此为借口而不兑现承诺。例如，有一位教师跟学生有这样的约定：如果谁迟到，谁的作业没有交，就要接受处罚：男生做50个俯卧撑，女生做50个下蹲。一天，这位教师迟到了10分钟，她一进教室就说：“同学们，对不起，老师不仅迟到了，而且还忘记带你们的作业本，因此我必须自罚100个下蹲。”学生看到老师为赶着来上课，已经跑得满头大汗，都站起来阻拦道：“老师，不用做了，我们能理解。”老师说：“不！做人一定要讲诚信，任何人都要为他的行为负责。”于是，当着学生的面，老师开始一个接一个地做下蹲动作。

一个有分量的诺言，犹如一座有高度的山。教师不要轻易对学生承诺，但只要是答应了学生的事情就一定要办到，这是做人的基本原则，不能因为面对的对象是学生，就放宽对自己的要求。那么，教师如何做到信守承诺呢？

1. 树立诚信意识

诚信意识的形成将成为推动诚信行为的强大动力。当教师按照所规定的诚信规范去行动时，其内心就会形成一种强大的道德义务感和责任感。教育行政部门和学校应把诚信教育作为师德建设的重要内容，强化教师的诚信意识，树立诚信理念，并把它贯彻到学校教育的各个环节，使教师在接受思想道德教育的同时，树立正确的世界观、人生观和价值观，使教师真正认识到诚信的重要性，进而树立科学的诚信观。

2. 以身作则，为人师表

子曰："其身正，不令而行；其身不正，虽令不从。"

作为人类灵魂的工程师，教师必须要坚持诚实守信的原则，做到言行一致。"要求学生做到的，教师必须首先做到"，这是教师诚实守信的基本立足点。因此，教师在教育教学中一定要严格要求自己，注意自己的一言一行，为人师表，以身作则，给学生树立一个好榜样。

3. 实事求是，从小事做起

实事求是是指按照事物的实际情况说话办事做学问。要做一个信守承诺的教师，就要从实事求是做起。一是根据课程内容和学生的实际情况认真备好每一堂课；二是虚心、诚恳地与学生讨论在备课和上课过程中遇到的疑难问题；三是在批改作业和试卷时，要一视同仁，不要弄虚作假，真正对学生的素质发展负责任。

4. 关爱学生，公平对待每一个学生

教师的形象在学生心目中是比较有权威性的。在新课程改革以学生为本的理念的指导下，教师更应该平等地对待每一个学生，关注学生个性的发展，培养学生自信、自爱的品质。同时，教师对学生的教育离不开学生家长的配合，保持与学生家长的密切联系对学生的成长也至关重要。在与家长进行沟通时，教师也应该秉承诚实守信的态度，如实反映学生的在校情况，不能因为自己的工作需要或夸大或缩小。另外，家长会以及与家长约定的会面，教师都要认真对待，绝不能失约，否则会毁坏其诚信形象。

做一个守信用的教师，才会得到学生的喜爱；学生喜爱教师，才会爱上教师所教的课程，进而爱上学习。真正的好教师，不仅要从言语上对学生进行诚信教育，而且还要在行为上对学生进行"润物细无声"的教育，让自己的一言一行能履行承诺，从而把诚信的种子撒播到学生的心田。

知错能改，展现人格魅力

一次，一位下属请松下幸之助签一张贷款发放单，松下幸之助看后觉得没有什么问题，很快就签了字。结果这位下属因为刚进公司不久，缺乏经验，没有把好审核关，致使这笔贷款长时间无法收回。松下幸之助为此勃然大怒，将责任全部推到下属身上，并在公司大会上将这名员工狠狠地批评了一顿。

后来，松下幸之助感觉自己的行为有些过激了，毕竟这笔贷款发放单自己也过了目并签了字，虽然下属有一定的责任，但作为领导责任更大，如果把责任都推到下属身上显然是不对的。于是，松下幸之助马上打电话给那位下属，不但诚恳地向他道歉，而且按公司规定他自己还承担了大部分责任。不巧的是，这天下属刚乔迁新居，松下幸之助便登门祝贺，还亲自为下属搬家具，忙得满头大汗，令下属非常感动。

然而，事情并没有就此结束。一年后的这一天，这位下属又收到了松下幸之助的一张明信片，明信片上留下了一行亲笔字："让我们忘掉这可恶的一天吧，重新迎接新的一天的到来！"看到松下幸之助的亲笔信，这位下属感动得热泪盈眶，这让他对松下幸之助更加敬佩。从那以后，这位下属对公司忠心耿耿，工作非常出色。

面对自己的错误，松下幸之助没有回避，而是在想通之后立刻向下属道歉认错，并承担了大部分责任。他这种知错能改、勇于承认错误的精神，不但赢得了下属的信任和尊敬，而且还使下属更加热爱公司、热爱工作。

领导不是神，也会犯错；同样，教师不是圣人，也一样会犯错。犯错并不可怕，关键是怎样面对错误。美国优秀教师行为守则中有这么一条规定：在处理学生问题时如有差错，教师应敢于承认错误，并改正错误。这样做，你得到的将是尊敬，而不是其他。但我们有些教师，已经习惯了高高在上的感觉，让他们低下头来向学生认错，在他们看来是很没面子的事情。事实上，教师敢于在学生面前承认错误，并改正错误，其实是一种美德。这会让学生感到教师对自己的尊重，师生之间将更容易沟通，也更有利于建立平等、和谐、民主的师生关系，学生也会因为尊敬、爱戴教师而爱上学习。

一天，鞍山市东鞍山学校谢光辉老师的班里，有一位学生家长来告状，说是小宁同学经常欺负她的孩子，甚至在放学的路上无故殴打她的孩子。谢老师听了很生气，因为在他的印象里，小宁是一个不守纪律的学生，经常在课堂上捣乱，打架也是常有的，学习成绩也不好。鉴于他平时的表现，谢老师当即判断：小宁仗着身体壮实，蛮横霸道，恃强凌弱。若不严加管教，将来会发展到什么地步让人难以想象。

于是，谢老师怒气冲冲地把小宁叫到了办公室，并狠狠地把他批评了一顿。小宁听了先是瞪着惊恐的双眼，并用手直挠后脑勺，继而又咬紧嘴唇，倔强地扭过脸去。谢老师见状更是火冒三丈，心想：干了坏事竟然不老实认错，这还了得！因此他又加重了语气："难道老师还会冤枉你吗？今天你不承认也得承认！"但让谢老师出乎意料的是，小宁并没有因此屈服，仍是一口否认："我没有打他，不信你可以去调查！"

小宁的态度让谢老师不禁生疑：莫非事情真有出入？难道自己真是冤枉他了？转念于此，谢老师开始意识到自己有些武断了，在下结论之前确实应该先做一番调查。于是，谢老师又找其他几位知情的学生作了核实，结果证实小宁并没有撒谎，是自己错怪了小宁。

既然错了，就应该向学生道歉、认错，但谢老师又实在拉不下这个面子；但如果不认错，学生会怎么看待自己呢？经过思想斗争，谢老师终于作出决定：当着全班学生的面向小宁承认自己的过失。一天，谢老师在课堂上诚恳地说："小宁同学，对不起，请原谅老师的冲动，老师保证以后不再犯类似的错误。同时也希望大家引以为戒，凡事不可不调查就轻率地下结论。"话音刚落，台下响起了热烈的掌声。尤其是小宁，显得格外激动，他向谢老师投去深切的目光，那目光里不仅有钦佩，还有感动。

事后，小宁主动找到谢老师承认自己以前确实欺负过其他同学，但他表示今后会像老师那样知错就改，做一个正直、勤奋的好学生。从那以后，小宁像是变了一个人似的，上课不仅认真听讲，下课还和同学相处融洽，学习成绩也直线上升。

当谢老师冷静下来意识到自己误解小宁后，他经过激烈的思想斗争，最终放下教师的架子，摆脱以自我为中心的所谓"权威"，面对学生坦承了错误，并发自内心地向小宁道歉。谢老师真诚的一声"对不起"不仅没有降低他教师的身份，相反还赢得了学生们的敬重，他知错能改的品质，正是现代教师应该具备的人格魅力。

而更重要的是，谢老师承认错误、改正错误的行为深深影响了小宁，小宁不仅主动承认了以前欺负同学的事，而且还表示要像老师那样知错就改，做一个正直、勤奋的学生。由此可见，教师的身教有多么重要。

教师是学生最好的学习榜样。教师对学生的教育不仅在课堂上的讲解中，在每天的反复说教中，更在自己的言行中。教师的一举一动、一言一行都是学生效仿的对象。因此，教师犯了错误也要认错改错，以良好的言行带动学生。那么，具体来说，教师应该怎样做到知错就改呢？

1. 以诚恳的态度认错

这是学生原谅教师、接纳教师的第一步。态度诚恳地认错是一种情感教育，它不是理性的灌输，而是心灵的触动。"动之以情"，就是要求教师在教育过程中做到以人为本，即人性化教育，一切从学生出发。

人与人之间是相互影响的。当老师给予学生的是一个抱歉的微笑时，那么学生回敬教师的也将是一个宽容的笑容。在承认错误的时候，老师应该谦虚诚恳，切不可以高高在上的姿态为自己的错误找一个美丽的借口，或用权威的口气为错误找一件华丽的外衣。要知道，错了就是错了，没有借口可言。

2. 及时进行现身教育

教师犯了错误是教育学生最好的时机。如果勇于认错并且态度诚恳而且虚心向学生请教，不仅会使学生尊重教师，而且还为学生树立了一个很好的榜样，教育了他们一个人犯了错误应该怎么做。

杨昌济先生曾说过一句话："教育者常向被教育者说善之当行，恶之当避，故被教育者信教育者之实行其言，而期其言行之一致。教育者之行为若不违其言，其影响于被教育者必甚大。"因此，一个好教师凡倡导学生做的事情，他自己要带头实行；凡不让学生做的事情，他自己要尽量避免，做到时时处处"不违其言"，这就是"身教"。教师把自己犯的错误作为一个教育的契机，作为一种课堂生成的教育资源，及时对学生进行教育，既提醒学生不要犯同样的错误，又培养了学生的良好品德。

3. 向学生请教

人性中最深刻的禀性，就是成为重要的人的感觉，至少是在所处群体中及社会互动中能给人留下深刻的印象。当一个人长期处于被冷落、受歧视，除了挨批受训便不能为人知晓的境地时，他的自尊心、自信心连同进取心都会丧失殆尽。

学生都渴望自己的知识能派上用场，都渴望自己是一个有能力的人，可以得到别人的肯定和赞扬。当教师出现错误的时候，学生会觉得自己的价值终于有了体现的机会。他们觉得自己和教师是平等的。他们会自豪，这种自豪又激发了他们的学习兴趣，促使他们更积极地投入学习。所以，教师犯了错，既要有道歉改错的实际行动，还要不吝于向学生请教，让学生充分感受自己的价值。

知错能改，善莫大焉。知错善改的老师能赢得学生的信赖，能赢得学生的理解和支持。教师应当让学生在自己坦荡的、真诚的认错改错行为中，感受到自己的人格魅力。

公平公正，对学生一碗水端平

公平公正是一种社会关系状态，尽管人们对公平公正的理解、感觉和判断在不同时代、不同人群中会有所不同，但构成“公平公正”的“要素”却为人们所公认。“平等”是公平公正的基本原则，“相同的情况同样对待”是公平公正的示例，现实的“价值取向”“道德标准”是衡量公平公正的尺度或具体内容。教育的公平公正是公平公正的根本要求在教育关系或教育过程中的体现。

教师只有在教育中做到公平公正，才会在学生中树立较高的威信，才能顺利组织实施教育教学过程，并获得最佳教育教学效果，从而使学生爱上学习。教师的公平公正，对学生一碗水端平，可以起到以下几个方面的作用：

第一，可以满足学生的不同需要，营造民主平等的氛围，使每个学生都能获得参与表现的机会，从而满足自身发展的需要，实现自身的发展目标。

第二，可以确保学生的个性化发展。促进每个学生的个性化发展是公平公正的基本要求，教师公平公正地根据学生的不同水平实施差异性教学，可以保护与发展每个学生的个性。

第三，可以促进学生的自主发展。公平公正的教师重视每个学生的参与，并给予学生充分的自主空间，这可以保障他们自主学习，促使他们自主发展。

上海市卢湾区第三中心小学陈静菊老师在接手一个新班时，她发现一个叫小丽的学生与班里大多数学生不一样。她语言表达能力差，反应迟钝，学习有困难，常常考试不及格，也因此经常受到其他学生的歧视。而且，她对任何事都漠不关心，陈老师也感觉她智力上似乎有些问题。

后来，陈老师征得小丽父母的同意给她做了智力测试，结果发现她的智商确实比正常孩子低，属于低智商。通过家访，陈老师还了解到小丽的母亲患有严重的精神病，常发作住院。父亲腿有残疾，为了生活整天奔波，没有时间照顾女儿，小丽的生活由年事已高的奶奶料理。

学校对像小丽这样的特殊学生没有规定，也不要求老师做什么，但陈老师认为，身为老师自己有责任去公平地关爱、帮助、激励小丽，让她像其他学生一样健康、快乐地成长。

在课堂提问时，陈老师没有遗忘小丽，经常让她读一些简单的字母，但小丽缺乏自信，对陈老师也缺乏信任，每次都是低着头，从不开口说话。

对此，陈老师表现出极大的耐心。每次下课后，陈老师都来到小丽的身边，和蔼地问她："上课为什么不读啊，是不是怕读错了会被同学嘲笑？"

小丽总是点点头。

"学会了拼音才能认字、看书，你愿意长大后还是一个字都不认识吗？"

小丽又摇摇头。

"用嘴巴说，好吗？"陈老师继续鼓励道。

看着老师温和的目光，小丽终于开口说话了："不……愿……意。"虽然是断断续续的三个字，但这毕竟是她迈出的第一步。

"陈老师愿意做你的好朋友，教你读，好吗？"

小丽笑了，笑容里透出喜悦和信任。

受智力影响，小丽学东西特别慢，测验成绩总是班里最差的，而且与倒数第二的学生相差甚远。陈老师告诫自己：要根据小丽的情况来要求她，不要期望过高。每天上课，陈老师总是在完成了正常的教学任务后，留几个简单的问题，让小丽回答。

一开始，小丽还是不敢开口说话，但在陈老师和同学们的鼓励下，她终于开口了。不管小丽回答得对与错，陈老师总是找到她的优点，并对她大加赞赏，以帮助小丽树立自信心。

渐渐地，小丽学会了逐字逐词地回答老师的问题。

有一天，小丽主动找到陈老师，她第一次完整地说了一句话："陈老师，我是不是很笨啊？同学们会不会看不起我呀？"

陈老师听了非常高兴，这说明小丽已经学着打开心灵的一扇小窗，开始关心自己在同学心目中的形象了。她渴望一份平等，渴望被人赞赏，甚至渴望被人尊重。此刻，老师的评价具有极重的分量，甚至影响到她的未来。因此，陈老师决定要像鼓励其他没有信心的学生一样好好地鼓励小丽，帮助她树立自信。

于是，陈老师鼓励道："你一点也不笨，因为你做事很'认真'，从来没有不做作业等情况发生，好多同学都比不上你，连老师都佩服你的毅力。请你记住，做事认真的人是最聪明的。"

听了老师的话，小丽露出了腼腆的笑容。

果然，受到鼓舞的小丽变得非常认真起来，每天晚上哪怕是做到 11 点钟，小丽也要完成当天的作业后才睡觉，甚至坚持每天默写词语。这份认真让她学得非常扎实，每次词语测验她都能及格，单元测验也基本上都能及格。

在课堂上，当小丽能较好地问答问题时，陈老师就会当众表扬，不住地点头、微笑或者说“真好”“你真聪明”“我真为你感到高兴”等鼓励的话，以此维护她在同学们心目中的良好形象。但陈老师也不是一味地给小丽戴高帽子，私底下也及时指出她的一些小毛病，并帮助她改正这些小毛病。

在以后的日子里，小丽在学习上一遇到困难就主动来找陈老师：“刚才幻灯片上的练习题我来不及抄了，您可以把幻灯片借给我抄抄吗?”有时被欺负了，她也会来“请求援助”。而陈老师呢，无论多忙都会认真地听她诉说，对她与其他学生的矛盾也公平合理地处理，让她可以更好地与同学们相处。

就这样，在陈老师的关心、鼓励下，小丽各方面的能力都达到了正常学生的水平，她不但关心自己和周围同学的表现，还主动参与学校的各项教育教学活动。好几次词语竞赛，小丽的成绩都名列前茅，语文成绩也达到班级中上水平。

从小丽各方面的表现可以看出，她是一个低智商的学生，再加上经常受到其他学生的歧视，小丽出现了消极情绪。对于严重自卑、缺乏自信的小丽，陈静菊老师并没有放弃她，而是一视同仁地关爱、鼓励她，帮助她树立自信。陈老师不仅对小丽的优点大加鼓励，而且对她的小毛病也及时给予指正，并公平合理地处理她与其他学生的矛盾，帮助她融洽与其他学生的关系，从而赢得了她的信任。在陈老师的帮助下，小丽最终像正常学生一样健康、快乐地学习和成长。

公平公正是教师人格魅力的表现，教师只有公平公正地对待学生，才能获得学生的爱戴。那么教师怎样公平公正地对待学生，让他们“爱师而信道”，进而爱上学习呢?

1. 尊重学生的人格和受教育的权利

教师需要平等地对待每一个学生，对不同相貌、性别、民族、籍贯、智力、个性的学生要一视同仁，不偏心、不偏爱、不偏袒、不歧视每一个学生。

教师还需要尊重学生的人格以及人事权利，无论在什么情况下，都不能用刻薄、粗俗的语言讽刺、挖苦、嘲笑和打击学生，尤其是不能体罚和变相体罚学生。

另外，教师要与学生建立起一种平等、民主与合作的关系，要经常与学生、学生集体交换意见，并采纳他们合理的建议。

2. 公正合理地对学生进行教育

教师需要爱与严相结合，这是公正合理教育学生的条件、手段和动力。

公正原则要求：爱，不是出于个人的狭隘感情或“自然好恶”，而是出于教师对祖国和民族未来的热爱，对教育事业的热爱，出于一种高尚的道德感、责任感；严，也不是随心所欲，而是严中有爱、严中有理、严中有方、严中有度。

教师应深入了解学生、潜心研究教育的自身规律，用公正合理的态度、方法教育学生。

3. 公正合理地评价学生

教育公平公正不仅体现在“分数”面前“一律平等”的“外表公正”上，更表现在以追求最大限度地全面提高学生素质和创新能力为根本目标的“实质公正”上。因此，教师不仅要确保学生在分数面前一律平等，还要确保在各种活动中不抱成见、不徇私情、规范统一、公正合理地评价每一个学生。

4. 公平合理地赏罚学生

教育的公平公正，要求教师对学生的赏罚要以教育为前提，在实施中做到赏罚有据、赏罚有度、赏罚公平。

赏罚有据，是指教师的赏罚必须有事实和制度的依据。赏，一定要给予有立功表现的学生；罚，一定要给予主观上有过错的学生，并且要依据规定行事，不能随心所欲。

赏罚有度，一是指教师赏的面不宜太宽，搞平均主义；也不能太窄，使奖励被少数“冒尖”的学生所“垄断”。二是指教师的赏不宜太厚。三是指教师的赏要以精神奖励为主。

赏罚公平，是指教师在赏罚学生的问题上，绝不能被个人的爱憎亲疏所干扰，要做到“有功虽仇亦赏，有过虽亲必罚”。不论是赏还是罚，都要经过一定的民主程序，要让学生明了因故，不能个人说了算。

5. 公平公正地处理学生的各类矛盾

人不是生活在真空中，学生在学习和生活中，或与同学、与教职工、与学校、与社会各方面偶尔也会产生矛盾，甚至发生冲突也是在所难免的。教师在处理涉及学生的矛盾时，需要弄清原因，不能偏袒一方，责难一方，而应寻求相称的解决办法，努力做到“公平如秤”。尤其在涉及学校或教师的矛盾时，对处于弱势地位的学生，教师更应在态度、方法与结论上充分体现平等、合理与公正的要求，让学生心悦诚服。

公平公正是教师应秉承的职业道德，教师公平公正地对待学生有利于良好教育环境的展现，同时，还有利于教师威信的提高，有利于教师人格魅力的形成，让每个学生在课堂上都能享受到积极、愉快、兴奋、发现、成功的体验。

关爱学生，让学生感受来自教师的温情

郭卫是上海芷新集团的董事长，但在芷新集团内外，却没有人叫他“老板”，大家都叫他“郭老师”。这位民营企业的老板，连续十几年未和家人吃过年夜饭，每年除夕这一天，他必定是和农民工一起吃团圆饭，向这些农民工奉上一杯热酒。在他的企业里，每个农民工每年都有15天带薪假用于农忙；民工王习明患了癌症，郭卫带头捐款，并给王习明的妻子发工资，让她去陪伴丈夫……

郭卫对员工的关爱，使得公司内部环境充满和谐和温情，大家团结一致兢兢业业地工作，使公司获得了长足的发展，并被交通部评为一级资质运输企业。

老板关爱员工，员工会因为感动而热爱公司，这样公司的基础就会牢固，公司就能得到良好发展。同理，在学校，爱是教育的基础，教师对学生的态度关系着学生对待学习的态度。一个学生如果生活在鼓励和认可之中，他就会很自信，对学习充满兴趣；反之，他就会自卑，就会远离学习，认为学习是一种负担。

有学者认为：“疼爱自己的孩子是本能，而热爱别人的孩子是神圣！”作为教师，我们对学生的爱在性质上是一种只讲付出不求回报的、无私的、广泛的且没有血缘关系的爱，在原则上是一种严慈相济的爱。因此，这种爱更是神圣的，这种爱也是教师教育学生的感情基础，学生一旦体会到这种感情，就会“亲其师”，从而“信其道”，也正是在这个过程中，教育实现了其根本的功能。

湖州市花林中学的周紫琴老师接手一个新班时，发现班里的小轩不但学习不好，还不遵守纪律，与老师顶撞，迷恋电子游戏。周老师找他长谈了一次，告诉他不遵守纪律、不尊重老师、沉迷于电子游戏的种种危害，但小轩听后只是冷漠地说了一句：“我知道。”然后就我行我素，没有丝毫改变。

周老师意识到这种批评教育方式很难触动他的心灵，应该换一种方式教育，先让他接受教师，然后再改变自己。周老师诚恳地告诉小轩：“小轩，老师刚接手你们班，许多工作都需要你们的帮助，老师想请你来当数学课代表，你愿意吗？”

小轩惊讶地望着周老师，但他并没有说什么，只是默默地点点头。小轩对课代表这个工作干得很认真、很负责，他把每次少哪几位同学的作业，为什么没有交上来的原因……全写在一张小纸条上。看到小轩这么认真负责，周老师在班会课上对他给予了及时表扬。第一次得到表扬的小轩有些害羞，但此后他工作的劲头就更大了，不再像以前那样冷漠地面对老师。

对于小轩爱玩电子游戏的问题，周老师告诉小轩玩电子游戏要有限度，不能影响学习。此外，周老师还不时询问小轩在学习上有什么问题，并利用课余时间帮他补习功课。第一次感受到老师关爱的小轩，从内心里获得了一种温暖，他觉得自己应该对得起老师的这份关注，于是他上课开始变得更专心了，不但不再顶撞老师，而且还主动问周老师一些学习上的问题，成绩也有了很大进步。

小志和小轩一样也是一个爱玩电子游戏的学生。有一年暑假后开学，小志没有来学校，周老师一问才知道他又偷钱去打游戏机了。他的家人告诉周老师，小志怕老师和同学知道这件事，死活不肯去上课。周老师觉得小志肯定是为这件事感到羞耻，所以才怕别人知道。于是，第二天周老师来到小志家，亲切地对他说："小志，前一阵子，老师觉得你表现很不错，玩电子游戏的次数已经很少了，这说明你有决心也有行动。老师知道玩电子游戏的习惯一时半会儿很难改过来，但你已经有了好开头，就不要放弃自己努力换来的成绩。这个成绩要比学习成绩的提高更有意义，它需要克服、忍耐，没有坚强的意志和向上的精神是办不到的。"

小志听了感动得哭了，马上跟周老师回到了学校。周老师把新发的课本交给他，说是给他留的，希望他能在新的一年里有一个全新的开始，并且还告诉他，老师一直都认为他很聪明，只要他肯努力，一定能赶上其他同学。

在周老师的关怀和鼓励下，小志变得更加努力了，后来他还特地给周老师写了一封感谢信："老师，您的信任和期待让我知道自己只是一个犯了错误的孩子，而不是一个坏孩子。现在，我要加倍努力学习，力争考出好成绩来报答您对我的教诲。就像您说的那样，我一定能行的。"一年后，小志成功考上了当地的高中。

学生在成长过程中难免会走一些弯路，教师不要过于苛刻或急功近利地对学生的行为进行矫正，而应当手持爱的灯盏，用心灵的灯光为学生引路。周老师认为，爱是教育的真正内涵，如果没有爱，任何说教都无法开启一颗封闭的心灵；如果没有爱，任何甜言蜜语都无法打动一颗冰冷的心。只有用爱点亮心灵的灯盏，才能驱除蒙昧，收获希望。

因此，要想转化学生对学习的不良态度，让学生爱上学习，教师应给学生一份特别的爱，那就是信任、鼓励和宽容，以引导他们走向正轨。

从心理学角度讲，师爱是激发学生奋发成才的强大的教育力量，是和谐师生关系的纽带。一个教师只有关爱学生，学生才会亲近他，才会接受他的教育，才会产生进取心。那么，教师怎样关爱学生呢？

1. 尊重学生

爱的前提是尊重。作为教师既要充分认识“十个指头不一般齐”的客观事实，又要以“手心手背都是肉”的爱心来对待每一个学生，以保护学生的积极性和自尊心。

尊重学生，无论优生和差生，都要一视同仁，平等对待，不唯我独尊，那么师生关系就会水乳交融，学生也就会紧紧团结在教师周围。马卡连柯曾经说过：“如果有人问我该怎样用简单的公式概括我的教育经验的本质时，我就回答说要尽量多地要求一个人，也要尽可能地尊重一个人。”尊重学生，就应该给学生充分的信任和鼓励，让每一个学生都抬起头来！

2. 信任学生

充分的信任是激发学生巨大潜力的动力源泉。曾经有这样一个实验：心理学家到一所学校的一个班级搞调查研究，专家随机抽取了部分学生的名字告诉老师：班上的这些学生智商很高，是培养的对象，其余的学生智商一般，是“平庸一族”。过了几个月，心理学家再次来到这个班级，结果发现这些随机抽取并告知给教师的学生较之其余的学生有了明显的进步。

为什么会有这样的变化呢？是因为教师在接受这些“信息”后，信以为真，对这些学生给予了更多的关爱，投入了更多的热情。究其原因，起决定因素的不是学生的什么“资质”“智商”与“可教不可教”，而是每位教师所能给予这位学生的关注、信任和期盼。

教师不要以为自己能够洞察学生的一切，乃至一生，就先入为主地判定学生在自己心目中的印象，然后冷落他，甚至嫌弃他。教师对学生的信任、鼓励，就如同春天里的阳光，会使“奄奄一息”的“小树苗”重新焕发生机，健康成长。

3. 宽容学生

现在的学生大多都是独生子女，他们从小到大只听表扬，听不得批评。于是当他们犯了错误受到教师批评时，这些学生不是从自身去找原因，而是一味地埋怨教师，认为教师对自己存有偏见，甚至因此对教师产生强烈的抵触情绪。这时，教师若是为了树立权威，就与学生“硬碰硬”，势必会激起学生进一步的叛逆行为，师生关系也会变得更遭；反之，教师若是真正关爱学生，从学生成长的角度出发，宽容他们的过错，那么他们冷静下来经过反思后，反而更能认识到自己的错误，从而努力修正自己的行为，达到教育的目的。

4. 多角度评价学生

“多一把尺子，就多一批好学生”，“换一个角度，每个学生都是第一”。积极发现学生的优点，并给予他们赞扬，将会给学生带来积极的情感体验，促使学生进步。莎士比亚说：“赞美是照在人们心灵上的阳光。没有阳光，我们就不能生长。”乌申斯基说：“儿童憎恨的是任何时候也不能从他那里得到表扬和承认的教师。”“赠人以言，重于赠金；伤人以言，重于剑戟。”“在每个人的心灵深处，都渴望被别人赞美、表扬和欣赏。”学生是孩子，他们的这种心理更胜于成人，多角度地审视学生，发现他们的优点，给予他们表扬、鼓励，将极大地激发他们的学习热情，从而使他们取得进步和成功。

5. 加强与学生的沟通

现在的学生其个性和主体意识越来越强，随着年龄的增长，他们的成长烦恼也伴随而来；另外由于沉重的学业负担，他们还会出现各种各样的心理问题，这些都需要教师对他们进行引导。这时教师需要“蹲下来与学生谈话”，与学生平等相处，与学生朋友般地交换彼此的看法和意见，让双方明晓共同点和差异性，求同存异，相互理解。

加强与学生沟通，就是要走进学生的心灵，了解学生的所思所想，所爱所恨，教师不要用成人的道德标准去要求学生、限制学生、禁锢学生，而要多与学生交流，了解他们内心的真实想法，让学生能真实地感受到教师是在关心自己的成长，这样教育的效果也会更好。

关心和热爱学生是教师的天职，是高尚的道德情感，是教育获得成功的基础。教师应站在学生的角度去理解学生，通过民主、平等、和谐的师生关系来实现和增强师生在教育过程中的密切合作，共同完成教育教学任务。

勇于奉献，为学生雪中送炭

教师一直被奉为奉献的楷模，“春蚕到死丝方尽，蜡炬成灰泪始干”是对教师奉献精神的写照。但是现在却有人说奉献精神过时了，说它论调太高。其实，教师职业的特殊性就决定了教师工作的神圣性，教育的意义在于奉献，没有一种奉献意识，就无法做好教育工作。一个每天只关注个人利益的教师是不会受到学生的尊敬的，更无法让学生爱上他的课堂。

奉献是一种信念、一种精神、一种气质或风范，更是一名教师的职业操守。教师在思想深处必须有这种不求回报、不计较个人得失的奉献精神或信念，才能赢得学生的尊敬和爱戴，才能让学生因为喜欢教师而爱上学习。

1989 年，张丽娟被分配到北安市海星二中担任教师。这所学校在海星镇北 8 公里以外的一片高岗上，南面是广阔的水库，东面是敬老院，并且远离各村屯。学校没有正规的办公室，只有两排破旧的校舍，桌椅还是修了又修的。再加上到这里来上班太不方便了，从学校到家来回往返，晴天弄得一身土，雨天弄得一身泥，因此，很多教师都不愿意到这里来工作，即便是到这里的大多也是男教师。如果女教师被分配到这里，顶多干一年半载就调走了，原因是禁不起这份跋涉之苦。

面对这样艰苦的工作条件，张老师却顽强地坚持了下来，她的家人和朋友曾多次劝她让她调走，但都被她一一回绝了，张老师在这里一干就是 18 年。

来到这所学校后，张老师一心扑在工作上，把关爱都奉献给了学生。她每天几乎都是第一个到校，最后一个离开。由于是在农村，很多学生因为家里穷交不起学费而辍学在家，为了尽量不让这些学生辍学，张老师经常利用节假日翻山越岭，苦口婆心地做家长的思想工作，劝学生返校读书。有一次，张老师雨后到一个学生家里家访，由于道路泥泞，她弄得一身狼狈，甚至手和膝盖都被擦破了，脚也磨出了血。虽然身心疲惫，但张老师第二天仍然笑容满面地来到学校为学生上课。

为了学生，张老师操碎了心：看到学生的手冻了，她心疼地赶紧为学生织一副手套；看到学生生病了，她就像痛在自己身上一样，借钱为学生治病，而她自己还住在一间半毛草房子里，直到实在不能住了才借钱盖起了砖房；学生交不起书费，她为学生垫交；为了创新教学方式，她每天加班到很晚，备课、写教案……如此年复一年，日复一日，张老师从来没有因为工作的艰辛而抱怨、退缩过。

一次，张老师的孩子生病发高烧，她为了不耽误毕业班的辅导狠心地把生病的孩子交给了婆婆。还有一次她患了腰椎病，因为心里惦记着学生，病还没有痊愈，就又来学校为学生讲课了。

18年来，张老师扎根于农村教育，默默奉献，无怨无悔，她也因此赢得了学生的爱戴。为了报答张老师，学生们不但努力学习，而且还非常关心张老师，他们经常从家里给张老师带这带那，师生之间就像母子一样感情深厚。

“学高为师，身正为范”，这八个大字不仅道出了教师的内涵，也指出了教师应努力的方向。身为教师，除了让自己的教育教学水平得到提升外，个人的素养和道德品质也应该得到相应的提升。

当然，奉献并不是要求每个教师都像张老师那样为了学生顾不上家庭，必须像春蚕一样一生吐丝，至死方尽，或是如同蜡烛，一生只为照亮他人。奉献是平凡的，就在平常的工作和生活中，比如关爱学生、信任学生、宽容学生等，这些都是奉献。所以，教师的奉献精神应从日常教学的一点一滴做起，让学生感受到教师的爱，以此激发他们积极向上。

我国著名教育家陶行知先生曾经说过：“捧着一颗心来，不带半根草去。”这是对教师教学生涯的最好写照。教师应从以下几个方面去体现这种奉献精神：

1. 爱岗敬业

陶行知说：“教育是立国之本，教育是国家万年根本大计，是永久有益于世人的事。”所以，教师要热爱教育事业，要以优秀教师为榜样，恪守教师职业道德规范，树立良好的师德形象。另外，还要以学生为本，关心爱护每一个学生，每天多给学生一个微笑，多表扬学生，多反思自己，多与学生沟通、交流，不论是在教学一线，还是在非教学岗位上，教师都要对学生的未来发展负责。在工作上要任劳任怨，不计得失，踏踏实实，埋头苦干，从身边的小事做起，用自己的具体行动来奉献。

2. 淡泊名利

奉献既是一种高尚的情操，也是一种平凡的精神。奉献无所不在，无时不有，每个人不论职位高低，不论在什么岗位，都能够尽自己所能作出贡献。淡泊个人的利益不是痛苦，不是丧失，不是剥夺，而是爱心的流露、善意的升华和美德的弘扬。

教师要以平常心对待名利得失，淡看人生，踏实奉献，不要什么事都斤斤计较。“非淡泊无以明志，非宁静无以致远”，教师应保持一颗平常心，只有放得下，才能拿得起。

3. 知识奉献

教师的职责是“传道授业解惑”，就是通过自身的知识积累去启迪未知者打开知识的宝库，开启智慧的闸门，探索社会和自然的奥秘，传承和发展社会文明。教师在传播知识的时候应该说是最无私的，他们不像工匠一样有所保留，而是希望“青出于蓝而胜于蓝”。

然而，由于利益的驱使，有些教师对自己的学生无私，对不是自己学生的孩子“有私”；有些教师由于自身素质欠缺，也无法做到把自己的全部知识传授给学生。因此，这就要求教师不仅要有渊博的知识，还要有无私的心；不仅要献出知识，还要献得彻底；不仅要共享知识，还要共享智慧；不仅要注重积累，还要树立终身学习的理念，做到与时俱进。

4. 给予学生精神扶持

教师是人类灵魂的工程师。教师的职责除了教书，还要育人。学生无论在身体、心智、能力等方面都略显得有些幼稚或欠缺，需要教师给予悉心扶持。正如新栽一棵树，需要支撑棒支撑一样，教师的精神扶持便是学生成长过程中所需要的最重要、最不可或缺的一个“支撑棒”。

精神扶持，首先要求教师要用马克思主义理论教导学生，帮助学生树立正确的世界观、人生观和价值观，培养他们艰苦奋斗的作风、顽强拼搏的精神、坚韧不拔的意志。

其次，要求教师要爱学生，要尊重学生，关心学生，帮助学生，要通过自己和风细雨的思想工作，化解学生的困惑，以人格影响人格，以爱心培育爱心，以真诚呼唤真诚，在学生干渴的心田上不断浇灌精神的甘露。

5. 给困难学生以物质支持

对大部分教师来说，物质上的奉献可能是偶然的，但对于有爱心的老师来说，这又是必然的。由于贫富差异的存在，一部分家庭条件差的学生为了学费和生活费担忧，他们如果得不到及时的救济，随时都有辍学的可能。作为教师，不仅要关心学生的学习、思想，还要关心学生的生活。这就要求教师要富有爱心，能够伸出援助之手，献出绵薄之力，给困难学生以物质支持，使其完成学业。

教育家吕型伟先生说过："教育是事业，事业需要奉献；教育是科学，科学需要求真；教育是艺术，艺术需要创新。"教育是需要奉献的事业，也是值得奉献的事业。教师既然选择了这一职业，就要有一颗奉献之心，常怀奉献精神，常做奉献之举，以高尚的师德感动、感化学生，以良好的师生关系促使学生奋发向上。

注重仪容仪表，打造教师的外在形象

国外的一位心理学家曾做过这样一个实验：他分别让一位身着笔挺漂亮军服的海军军官，一位戴金丝眼镜、手持文件夹的青年学者，一位打扮入时的漂亮女郎，一位手挎菜篮、脸色疲惫的中年妇女，一位留着怪异头发、穿着邋遢的男青年在公路边搭车。

结果，漂亮女郎、海军军官、青年学者的搭车成功率都很高，中年妇女则稍微低一些，而那个男青年基本上搭不到车。

这说明了一个人仪容仪表的重要性，因为人们常常根据一个人的外表判断他是一个什么样的人，所以这个人也会因此有不同的际遇。

质于内而形于外，文化修养高、气质好的人，往往更懂得如何修饰自己的形象。仪表端正体现了一个人的素养、气质和品位格调，同时也是对他人和周围环境的尊重。教师站在讲台上，则更要注意仪容仪表。

教师的仪容仪表常会引起学生的注意，并能够潜移默化地影响学生。它是一种无声的语言，可直接影响学生的学习情绪和课堂教学效果。

中小学生因年龄原因，对美与丑、好与坏有着强烈的好恶。对美的，他们会表示喜欢和羡慕，同时产生模仿和学习的欲望，而对丑的则产生反感的情绪，不愿意接近它，采取回避态度。如果教师衣着典雅、形象大方，就会给学生以美的熏陶、美的启迪，同时学生也会对教师产生喜欢、羡慕、敬重的情感，进而积极地投入学习。

某语文教师是个 30 来岁的小伙子，但年纪轻轻的他平时总喜欢穿深色的衣服，不是灰西装，就是蓝黑西服，一年四季就是那几件。学生上他的课总是感到很拘谨，放不开。

有一天，这位教师因为时间匆忙，没有换衣服，穿着一条蓝色牛仔裤和一件格子衬衫就来到了学校。他刚进教室，学生们一阵欢呼，这让教师感到莫名其妙，他问：“怎么了？你们这么兴奋。”

学生笑着指了指他的衣服，“老师今天的穿着很帅气哦！”“对啊，这才和您的年龄搭配嘛！”“老师，您以后要多穿这样的衣服，不要总穿西装，太老气了！”在接下来的教学中，学生的积极性很高，而学生的积极性又感染了教师，师生在课堂上积极互动，教学效果非常理想。

随着社会的发展，人们的审美意识正经历着变革，而学生对美的变化更为敏感，更容易受到影响，因此，教师的外在形象无疑对学生的审美观起着强烈的暗示作用。很难想象，一位衣着款式陈旧、颜色暗淡的教师能让他的学生朝气蓬勃。因为教师的外在形象陈旧单调，会缺少时代感而让学生感到有隔膜；而教师健康明朗、雅而不俗的形象，对学生的审美情趣则是一种无声的引导。

曾经有一位学生问某位教师："老师，您怎么不教我们呢?"老师问："为什么要我教呢?"学生回答："您长得漂亮，穿得也漂亮。"通过这简单的问答，可以看出教师外在形象的重要性。所以，作为教师在不断提升自己业务水平的同时，也要考虑到自己的形象对学生的影响。

1. 仪表美

作为教师，除了注重内在的形象外，其外在形象的塑造也不可不重视。因为教师的仪表直接参与教师的劳动过程，作用于学生的心灵，影响着教学效果。教育心理学表明，教师的仪表风度、服饰打扮和发型，不但会给学生某种暗示，而且有利于建立良好的师生关系。

教师仪表规范的原则是：整洁、文雅、端庄、大方。一般来说，男教师不留长发，不佩戴项链、手链、戒指；女教师不染彩发，发型典雅不夸张，可着淡妆，不可浓妆艳抹，尽可能不佩戴首饰，特别是粗项链、手镯、手链、耳环等，上班时间不宜穿细带裙、超短裙及露背装，也不要穿过透的衣服、高细跟鞋，不留、不涂长指甲。体育教师在上班时间应穿运动鞋，不能穿皮鞋。

一言以蔽之，教师的仪表始终是一种"无形"的教学力量，而教育又是以人格塑造人格的事业，因此，教师应该以美的仪表风度作为一种教育力量来教育、影响学生。

2. 举止美

举止在心理学上称为"形体语言"，是指人的肢体动作，是一种动态中的美。在某种意义上，举止的作用并不亚于口头语言所发挥的作用。

教师举止文明礼貌是心灵美的重要表现，总的要求是教师要做到站态稳定、坐态庄重、行走自然、情态谦和。具体来说，应注意以下几点：第一，上课时切忌偏头耸肩，身体乱动；第二，坐态要端正大方，切勿弓腰驼背，更不要跷起"二郎腿"和抖动腿脚，旁若无人；第三，在行走姿态上，男教师要稳定、矫健，女教师要轻盈优雅。行走时要保持稳健、平衡、和谐的美感；第四，在课堂上教师应举止大方，手势要自然舒展，既不拘谨呆板，也不轻浮做作。教师形态的节奏要与教学内容、教学气氛和谐一致，防止形态频繁变化而影响学生的情绪和教学效果。

3. 语言美

苏霍姆林斯基指出："教育的艺术首先包括谈话的艺术。"教师的教学效果在很大程度上取决于他的语言能力，这就给教师的语言修养提出了很高的要求。作为一名教师，要随时注意自己的语言修养。第一，教师的语言要文明、健康。教师的语言对学生道德品质的培养和审美修养将产生极大影响。苏霍姆林斯基指出："对语言美的敏感性，是促使孩子精神世界高尚的一股巨大力量。这种敏感性，是人的文明的一个源泉所在。"所以，教师应该用醇美的语言去触动学生的心弦，使学生形成纯洁、文明、健康的心灵世界。第二，教师的语言应具有准确性。第三，教师的语言应具有激励性。教师一定要努力把活生生的灵感和思想贯彻到自己的话语中，力求"情动于中而言溢于表"，从而"打动学生的心，使学生产生强烈的共鸣，受到强烈的感染"。第四，教师的语言应具有启发性。教师如果言语丰富，措辞优美，含蓄幽默，让学生置身于语言美的环境和氛围中，学生就会心情愉快，思维敏捷，从而收到良好的教育教学效果。

总之，教师形象的外在美是教师为人师表的外在体现，是达到以身立教境界的重要手段。教师要注重外在美，更要强化内在美。只有具有美的情操，才会有照人的风采，才能完成以人格感化人的事业。

6

减负效应：

摒弃题海战术，让学生轻松高效地学习

作业原本是反馈、调控教学过程的一种实践活动，但在现实中作业却成了学生的“包袱”。过多的作业不仅不能激发学生的学习积极性，相反还会造成学生学习效率低下。所以，教师努力减轻学生课业负担，提高学生的作业质量，是最为重要的。

吃透教材，布置少而精的作业

“我晚上6点15分下班回到家，孩子已经在写作业，一直写到晚上11点30分才完成，中间只用了45分钟吃晚饭和洗澡，写作业足足用了5个小时！不知道是我儿子做作业慢还是作业真的多……”这是一位家长对孩子作业太多发出的不满声音。

现在中小学生作业负担非常重，一个小学生不到9点一般完成不了教师布置的作业，一个中学生不到晚上10点也难以入睡，至于初三、高三毕业班的学生更是让作业压得喘不过气来。

作业原本是反馈、调控教学过程的一种实践活动，是在教师的指导下由学生独立运用和亲自体验知识、技能的教育过程。它不仅可以加深学生对基础知识的理解，而且有助于他们思维能力的发展和技能的形成。

然而在现实的教学中，作业却成了学生的“包袱”，成了沉重的负担。有些教师总认为作业留得越多越好，于是成堆地给学生留作业，甚至有的作业还是机械性的重复，最后导致学生对作业产生厌烦心理，对学习失去兴趣。

新课程改革要求教师的作业设计要以学生发展为本，兼顾学生基础知识的巩固与能力的发展，要正确处理全面发展与因材施教的关系，让学生在练习与评价中获得满足、愉悦和成功的体验，从而对后续学习更有信心和兴趣。因此，教师要吃透教材，在布置作业时，不应要求多而应力求精。

江山实验小学毛芝娟老师为了减轻学生的学习负担，每次她在给学生留作业时都会精心设计，以激发学生的学习热情。如在学习了两位数加减一位数、加减两位数的退位加减法后，为了巩固学生对知识的掌握，毛老师把计算变成了有趣的猜数游戏，如：14＋9＝23，可以这样猜：我比“14”大“9”，我是谁？或是换成：我比“23”小“9”，我是谁？我再加上“14”就是“23”，我是什么数？我还差“9”就是“23”，我是谁？将一种算式用好多种方法来变换。每天毛老师都以这种形式给学生留一两道题，让学生在做题时自己提问，自己回答。这种灵活、精练的猜数游戏受到了学生的欢迎，学生每天的作业都能按时按质完成。

除了猜数外，毛老师还让学生猜年龄，猜吃的、玩的、用的东西，这种作业看起来虽然很简单，但却包含了很多数学知识。

另外，毛老师还经常设计一些与生活紧密联系的作业。如在学习“元、角、分”之前，毛老师告诉学生明天班里要办一个“联华超市”，超市柜台有“开心玩具”“蓝猫文具”“小饰品展销”等，大家可以充当营业员或顾客，如果要当营业员的，就要准备好物品（自己喜欢的玩具、学习用品、礼物、小饰品等），了解“商品”的价格，制作价格标签，如果当顾客，就要准备好钱。

学生听了很兴奋，都积极去准备。第二天，有好几个学生拿着很多物品（标上了价格标签）交给毛老师。毛老师问拿来最多物品的学生：“昨天你准备这些物品花了多少时间？”这名学生说：“大概花了20多分钟。”“那你累不累？”学生回答：“不累，要不是妈妈催我，我还想再多挑几件呢！”

接下来，学生积极投入到“联华超市”活动中，有的学生当起了“营业员”，给“顾客”介绍产品，有的作为“顾客”问这问那，课堂气氛热烈，大家很快就掌握了元、角、分的用法。课堂结束后，有个调皮的男生对毛老师说：“老师，您要是天天留这样的作业就好了，太有意思了！”

通过案例可以看出，毛老师很重视学生的作业问题，她从不随便给学生留作业，而是精心设计每堂课的作业，尽量做到少而精。

比如猜数游戏作业，毛老师每次只留一两道题，这种充满趣味性的作业，不但提高了学生的学习兴趣，而且让学生的计算能力得到了提高。再如“联华超市”的“商品”准备作业，这样的作业富有生活气息，所以学生们乐意做，即便找物品要花一些时间，他们也不觉得是负担。毛老师这种精心设计的作业不但从内容上满足了学生的学习兴趣，而且还给了学生自由选择课外作业的权利。

课外作业是学科教学过程的一个重要环节，是学生学习活动的一种重要形式，因而也是促使学生认知能力、情绪情感全面协调发展的重要途径。但是，一个教师一天该给学生布置多少作业，一个学生每天该花多长时间来完成作业，却是值得教师深入思考的问题。那么，教师如何布置少而精的作业，以有效减轻学生的作业负担呢？

1. 吃透教材，准确把握教学内容

想要切实地给学生减负，教师就要在课前做足工夫。首先，教师要吃透教材，先行备出本章节的教案，一个章节有多少个知识点，每个知识点对应几种常见题型，每种题型又会有多少种不同的解题方法，这些都是教师在备课时所要解决的问题；然后将自己的所感所悟在集体备课时与其他教师一同分享；最后按照各自分工，汇总各位教师的意见，整理出最为精简有效的学案。这样一系列学案设计，会让题目数量大为减少，而通过分类整理，每一道例题都对应相应的知识点，既能提供给学生一个宏观的知识体系，弥补课本知识不系统的缺憾，也为学生提供了实际的具体目标。

在学案的最后，教师还要设计课堂检测的内容，即每节课几分钟的小测验，当堂检测学生的学习情况，以便掌握课堂落实情况的第一手资料。

2. 统筹安排，控制数量

各学科的任课教师应放弃“哪科作业越多，学生就越重视哪科”的想法，在布置作业时相互协调，不要只考虑增加本学科的作业量而不考虑其他学科的作业量。如果教师争先恐后地增加作业量，学生要完成的作业总量就很难控制了。每位任课教师都应该把作业量控制在半小时左右，这样学生每天的作业量就能控制在三个小时以内了，还能让学生留出一点儿自行预习、复习的时间。

各学科的教师如果难以把握作业总量，可以请班主任来沟通、协调。每位任课教师应把当天要布置的作业告诉班主任，由班主任汇总，并且在每天傍晚放学前统一布置给学生，这样就能有效地控制各任课教师所布置的作业量了。

3. 逐步提高作业质量

教师要实现从关注作业数量向重视作业质量的转变，力争通过“少而精”的作业达到“温故而知新”的效果。

（1）教师先“做作业”

在布置作业前，教师应先“做作业”——搜寻作业题，并认真考虑哪些类型的作业题有助于学生巩固课堂上所学的知识；哪些类型的作业题有助于激发学生独立思考的积极性，培养学生的创新意识，提高学生的实践能力；哪些类型的作业题有助于提高学生的人文素养……作业的布置应有一定的系统性、连贯性，要依据教学要求有计划、有目的地进行。

（2）布置作业要有弹性

不同的学生在学习同一内容时，所具备的认知基础、情感准备、学习能力等各不相同，这就决定了他们的学习速度，以及掌握学习任务所需要的时间、所需要的帮助也不同。

既然学生的差异性是毋庸置疑的，那么教师所布置的作业也应该是多层次的、有弹性的。教师应当根据本班学生的实际情况，采用灵活多样的方法，在设计、布置作业时尽可能地做到有梯度、有区分度，对优秀生、中等生和学困生提出不同的要求。

当前国家要求改革学生课外作业练习的形式和内容，其目的就是要减少课外作业练习的数量，提高课外作业练习的质量，使之不仅仅是知识、技能的巩固和训练，而且成为学生再学习、再实践的过程，成为反思知识、探究问题的学习活动。因此，教师在设计和布置作业时应适量，应吃透教材，对作业进行认真筛选，挑选那些具有代表性、典型性、趣味性和富有生活气息、充满时代感的作业，力求少而精，力争“以一当十，举一反三”，以便有效激发学生的学习兴趣。

熟悉学生，分层布置作业

有一次，孔子讲完课回到自己的书房，学生公西华给他端上一杯水。这时，子路匆匆走进来，大声向老师讨教：“先生，如果我听到一种正确的主张，可以立刻去做吗?”孔子看了子路一眼，慢条斯理地说：“总要问一下父亲和兄长吧，怎么能听到就去做呢?”子路刚出去，另一个学生冉有悄悄走到孔子面前，恭敬地问：“先生，我要是听到正确的主张应该立刻去做吗?”孔子马上回答：“对，应该立刻实行。”冉有走后，公西华不解地问：“先生，一样的问题您的回答怎么相反呢?”孔子笑了笑说：“冉有性格谦逊，办事犹豫不决，所以我鼓励他临事果断。但子路逞强好胜，办事不周全，所以我就劝他遇事多听取别人的意见，三思而行。”

这是孔子因材施教的一个例子。孔子在教学中，总是根据学生的不同个性施以不同的教育。孔子的教育原则在我们现代教育中也同样适用。老师在给学生布置作业时，应在了解学生的基础上，考虑到哪些学生能接受，哪些学生不能接受，进而分层布置作业。

分层布置作业，就是根据学生的知识基础、认知水平和探究能力将学生分为几个层次，对不同层次的学生提出不同层次的作业要求，检测也采用不同层次的题目。分层布置作业由学生选择各科作业难度层次，经家长签字同意后，班主任、任课老师确认执行。每科实施一段时间以后，允许学生和家长根据学习进展情况，随时变更作业类别。

这种分层作业有利于各层次的学生在自己的“最近发展区”得到充分发展，从而避免不分对象“一刀切”的弊端。

无锡市华庄中学的谢丹老师有一年接了某班的数学教学任务，刚接手一个月，谢老师就发现了很多问题，特别是作业问题。这个阶段学的是二元一次方程组，平时大部分学生都能够按时完成作业，但总有几本作业令谢老师头痛，要么学生拖拖拉拉晚交，要么批出来错误百出，要么交上来的作业一看就是抄袭别人的。为此谢老师对这些学生批评教育了好几次，谁知这几个学生干脆就不交作业了，问其原因，他们回答说“不会做”。在单元测试时，做得好的得满分或九十几分，做得差的都不及格，连简单的计算都没过关，更别提解答灵活应用类的题目了。谢老师一看名字，还是平常作业出问题的那几个“老面孔”。

于是，在讲评完测试卷后，谢老师找这几个学生了解情况，希望能够找出问题所在。结果这几个学生说：“每天的作业因为不会做而做不完，老师要求交作业时不是抄就是拖或欠，别人花20分钟就完成了，我们做一个小时也做不出来，希望老师能少布置些作业或者布置些简单的作业给我们。”

谢老师觉得学生说得很有道理，因此决定分层布置作业。谢老师根据学生的实际学习情况把学生分成了A、B、C三组（A组为优等生、B组为中等生、C组为学困生），要求他们完成不同层次的作业。在二元一次方程组知识的复习中，谢老师是这样尝试着分层布置作业的。

作业一：

1. 已知等式（2A－7B）x＋（3A－8B）＝8x＋10，对一切实数x都成立，求A、B的值；

2. 香蕉的售价为5元/千克，苹果的售价为3元/千克，小华共买了9千克，付款33元。香蕉和苹果各买了多少千克？

这类题属于基本题型，学生在掌握了二元一次方程组的概念及基本解法的基础上，分析实际问题中的等量关系，列出方程组并解答即可，适合C组学生独立完成。

作业二：

1. 甲乙丙共解出100道不同的数学题，每人都解出了其中的30道。将其中只有一人解出的题叫难题，两人解出的题叫中档题，三人解出的题叫容易题，请问是难题多还是容易题多？多几道？

2. 某商贩第一天销售上衣3件、裤子4条、鞋子5双和袜子6双，赢利75元；第二天销售上衣5件、裤子4条、鞋子5双和袜子7双，赢利105元。第三天销售上衣7件、裤子4条、鞋子5双和袜子8双，则可赢利多少元？

这类题属于提高型题型，需要通过设辅助未知数把一些不太明显的数量关系表示出来，从而建立数学模型，但不一定求这些未知数的值，可以应用整体思想来得到题目要求的结果，适合B组学生完成。

作业三：

在长方形ABCD中，AB＝8，BC＝6，且三角形BEC的面积比三角形DEF的面积大5，求DF的长。

这是一道数形结合题，未知数只有一个，若直接设DF的长为x，不易找等量关系，可以分步来解。可以先设三角形 BEC 的面积为 x，三角形 DEF 的面积为 y，梯形 ABED 的面积为 z，又从中求出三角形 ABF 的面积：$y+z=43$，再求 DF 就容易了。

这个题的要求比较高，学生要会灵活应用所学知识，数形结合，巧妙求解，适合 A 组学生完成。

作业布置完后，谢老师发现第二天就收到了明显效果。首先作业全交齐了，而且没有出现抄袭的情况。尽管各组都有部分学生错误比较多，但可以肯定的是他们回家都认真思考了。同时课代表还向谢老师反映了学生的心声，大家都对布置不同作业表示认可，这样不但增强了他们完成数学作业的信心，而且还提高了他们学习数学的兴趣。

谢老师见效果不错，决定继续实施分层布置作业的方式。经过一段时间的尝试，各层次的作业情况明显好转，再也没有出现无故不交作业的情况，学生的字迹变得工整了，正确率也提高了，并且课后还经常有学生来办公室和谢老师讨论问题，特别是学困生的作业质量大大提高，全班的数学成绩也提高了很多，高分人数也增加了。

在教学中，有的学生学习困难，不愿意写作业，这并不是天生的，而是遭受了无数次的打击造成的，以致让他们对学习失去了兴趣和动力，甚至谈虎色变。因此，教师应了解学生学习能力有差异的客观事实，找准每类学生思维的最近发展区，为他们确定相应的发展目标，设计难易不同的作业。

由于分层作业的分量、难度适宜，选择自主，完成时间灵活，因此不同层次的学生完成作业不再有困难，学生既能轻松愉快地完成作业，又能扎实地掌握知识技能。这种分层布置作业的方式可以充分调动学生写作业的积极性，避免作业的单调、枯燥，同时也让学生在解题过程中掌握知识的要点，积极思考，提高了学生灵活运用知识的能力。

新课程的理念认为，每个学生的学习方式，在本质上都有它特殊的一面。这就意味着教师要尊重每个学生的独特个性。同时特殊性也意味着差异性，学生间的差异客观存在。不同的学生在学习同一内容时，实际具备的认知基础和情感准备以及学习能力倾向不同，也就决定了不同的学生对同样的内容，其学习速度和掌握它所需要的时间及所需要的帮助不同。如果教师在布置作业时，要求所有的学生都必须在同样的时间内运用同样的学习条件，以同样的学习速度掌握同样的学习内容，并要求达到同样的学习水平和要求，就必然造成有的学生“吃不饱”，有的学生“吃不了”，还有的学生根本不知从何“入口”的局面。

因此，教师在布置作业时要根据本班学生的实际水平，采取灵活多样的方法，因班而异，因人而异，设计有梯度和区分度的作业，不拿同样的作业去考评所有的学生。

那么，教师怎样分层布置作业呢？

1. 学生分层

很多学生把“作业分层”简单理解为“好同学做难题，差同学做简单题”，这样一来，优秀生感到吃亏，心理不平衡；基础差的学生沾沾自喜，好像捡到便宜，更不思进取。教师必须先把作业分层的意义告诉学生：让低层学生减少无效作业时间，有更多时间来夯实基础，在低起点、快节奏中完成学习任务，从而品尝成功的喜悦；让高层学生减少低效作业时间，充分发挥自己的学习潜能，以获取更大的成就感。

然后告诉学生分层标准：A 层代表学习成绩较差，学习兴趣不浓，缺乏克服困难的毅力；B 层代表学习成绩一般，学习兴趣不稳定；C 层代表学习成绩好、学习兴趣浓、学习毅力强。最后让学生自我评价、自愿报名。这样，既把学生的学习能力划分出好、中、差三个层次，又保持了真诚友好的师生关系，还激发了学生积极进取、健康向上的学习心态。

2. 作业内容分层

（1）作业所要反映的教学目标分层

根据美国教育心理学家布鲁姆的“掌握学习理论”和大纲要求，以及学生的实际差异，教师要科学地制订数学教学的分层内容和分层目标，要求层次明确、具体，要和学生的层次相一致。

①基本目标

全体学生可以掌握的识记、理解、简单运用的教学内容，侧重基础知识的传授和基本技能的训练，A、B、C 三个层次的学生都要掌握。

②中层目标

大部分学生可以掌握的比较复杂的运用和分析的教学内容，侧重于一定的综合性和提高性，A 层次学生可以不掌握全面，B、C 层次学生必须掌握。

③发展目标

少数学生可以掌握的复杂分析和综合运用的教学内容，侧重于知识的迁移能力和创造性学习，C 层次的学生应掌握。

（2）学生练习分层

每一层次的学生唯有在专心完成本层次的教学目标后再向高层次挑战，

这样的训练目标明确，有针对性、高效，且不易有挫折感。

在当前减负增效的教育形势下，如何在有限的时间内提高学生的学习效率，是每位教师必须思考的问题。科学合理地分层布置作业正好可以照顾到日常情况中所说的“吃不饱”“吃不了”的两头难的问题，从而满足大部分学生的求知欲，使学生都能体验到成功的喜悦，从而轻松地学习。

让学生自己留作业

教师留作业时往往是“一言堂”，什么都是他自己说了算，甚至还会加上“必须”“一定”“务必”等语言，要求学生按质按量地完成。可是，收上来的作业却并非总是尽如人意，甚至有时还会把教师气得两眼冒火。因为一些学生总会因为各种各样的原因不是偷工减料，就是错误百出，不管数量还是质量都不能让教师满意。

想让学生爱上学习，成为学习的主人，教师就不能让学生把作业做成这样。不少学生作业完成的质量不高，是因为不满意教师留的作业，不是嫌难就是嫌简单，不是嫌多就是嫌少。既然学生对教师布置的作业有如此多的不满，教师不如适当地放权，让学生自己留作业。

刚当教师时，魏书生老师也给学生留作业。有一天，他和学生讨论怎样教更适合学生学习实际时，一位学生问：“老师，不写您留的作业，可以吗?”

“为什么不写?”魏老师很奇怪。

“因为您留的那些题我都会做了，再写不就是‘体力劳动’了吗？由于忙着做这些‘体力劳动’，我自己真正不会的题却没时间做了。”

魏老师一想，这位学生说得确实有道理，就让学生讨论对这一问题的看法。结果，很多学生都对该同学的做法持赞同意见。于是，魏老师就不再留非做不可的作业。有时，他认为哪些题重要，就告诉学生建议大家做，如果觉得没必要做也可以不做。

但是，魏老师的学生却不是每天无事可做，趁机尽情地玩。

经过讨论，大家一致认为，语文学习每天有适量的练习还是很有必要的，但是具体练习内容没有必要必须统一，大家认为每天的训练量以500字的篇幅为宜。

学生将这种字数确定但内容不限的作业，称之为“定量作业”。具体执行时，学生会根据自己的学习状况，选择适合自己的内容完成这500字的量。将是“课堂笔记”和“课堂练习”也包括在内，即如果课堂上已经做了200字的笔记，课后只需再写300字的作业即可。

这些作业以每分钟写40字的速度计算，500字不到13分钟就写完了，即便再加上中间的停顿、思考时间，20分钟也足够了。既然负担不重，周末、节假日也应坚持，于是全班学生又决定：每天都不中断地必须完成这些作业。

这个数字是常量，学期开始时不减少，学期期末也不增加。这使学生的大脑一直处于匀速运动的状态，便于学生驾驭自我、管理自我。

有一次，魏老师问一位学习成绩中等的学生："每天的作业，你具体写些什么呢？"

学生回答说："我最近一个星期，集中力量突破文言文实词。每天的500字，都是用来写自己解释不准确的文言实词。"

"如果文言实词都会了呢？"

"那我就把文言虚词归一归类，挑掌握不熟练的，再练习写两三天。"

这位学生原来文言文学得不好，考试丢分很多，但由于他把文言文当做学习重点，结果不到一个月的时间，他就将文言文部分的知识点掌握得很好了。

教师布置作业是以他的"教"为出发点的，他认为哪里是重点、难点，就在哪里布置练习进行巩固，可是，有些时候他们可能低估了学生的能力。学生有可能不认为教师教的那些是重点、难点，而是有自己的重点、难点，可是教师却没有在这方面布置作业，而是选择了在那些学生认为简单的地方布置作业。这样的作业，从表面上看学生是按质按量地完成了，但实际上却是像魏老师的学生所说的那样，做了"体力劳动"。

为了避免这种情况，魏老师就让学生自己留作业，并与学生共同想出了自留"定量作业"的办法。这种作业不管是内容还是数量都是由学生自己确定的，是学生想到的自己必须做的，所以学生做起来不仅感兴趣，也取得了成效。

其实，学生比教师更清楚自己做作业的兴趣以及知识点的薄弱环节。所以，要提高作业对知识的巩固作用，教师就应该将作业布置权适当地下放，让学生自己给自己留作业。那么，在这个过程中教师应该怎么做呢？

1. 讲明意义

在学生自己留作业前，教师应将这样做的目的告诉学生，让学生知道，让他们自己布置作业，是为了在作业方面给予他们更多的自主权，是为了激发他们做作业的兴趣，是为了让他们更好地提高作业质量，更好地弥补自己所学知识的薄弱环节，从而使学习在本质上得以提高。

此外，教师还要让学生明白，让学生自己布置作业是对学生的信任。学生应该珍惜教师的信任，不能靠欺骗、敷衍来对待教师的这种信任，应将这种信任转化为对学习和作业的高度重视。

2. 定量适当

如果担心学生给自己留的作业数量太少，不足以达到巩固知识的目的，教师可以给学生定一个适当的量，但不要千篇一律，而应因材施教，根据学生的兴趣和学习基础布置，以免使学生产生厌恶情绪或给学生带来沉重的负担。

最重要的是，教师要引导学生理解写作业是为了巩固所学知识，检查自己的学习程度。

操作中，教师可以把定量的基准放在每天写作业半小时或45分钟左右，可视情况变化，也可因人而异。

这样操作之后，通常用不了一年时间，自觉的学生就能将学习变成一种自发行为，甚至在无人监督的情况下都能安静地做作业。

3. 变换作业形式

学生对教师布置的一些抄写、背诵、习题型的作业，往往不感兴趣。学生自己留作业时，教师可以允许学生结合教学内容灵活地设计作业形式，如可以增加手工劳动、问卷调查、实验测绘、社会实践等形式的作业。这样的作业，不仅符合学生好动的天性，还发展了学生的智力，增强了学生探究、合作、实践的能力，最重要的是，能激发学生做作业的兴趣，增进学生的“食欲”。

4. 全盘考虑

虽然大部分学生明确了怎样给自己留作业，但一些学生仍需要教师的指导，因为学生的学习基础、理解能力是有差距的。对此，教师可以告诉学习成绩较好的学生：如果教材上的习题会做了，可以不再做，尽可能找一些课外习题，或自编一些练习题来做，甚至还可以通过自己设置的小实验来验证课堂上的结论。对于学习成绩较差的学生，教师可以指导他们从例题、课后习题等最基本的题目做起，只要将必做题做好，就算是完成作业了，如果有兴趣，还可以请家长、同学、教师为自己单列几道习题。

5. 长期坚持

让学生给自己布置作业，看上去很简单，实行起来却很难。刚开始时，学生会觉得比教师布置的作业有趣，完成得好，但时间一长，可能就坚持不下去了。然而，只有持之以恒，好的教学方法才能见效，学生的自学能力、学习成绩才能有所提高。

对此，教师可以用检查作业的方式帮助学生坚持自己留作业。这种检查，以自检为主，同桌或小组互检为辅，教师也可以抽检。这样，就算个别学生因某些原因欺骗了自己的良心，拖拉了作业，还有同桌或小组互检、教师抽检及时发现，提醒他们补齐。

当学生看到自己留作业的学习效果后，就会慢慢地坚持下来，也会在坚持作业量的同时确保质量。

也许学生在自留作业的过程中，会出现一些诸如不够全面、量小、难度不高的情况，教师可以通过引导逐步帮学生纠正。

总之，要想通过学生自留作业提高学生作业的质量，教师就要不断地鼓励学生，给学生一个积极的期待。

家校合力，让学生高效完成家庭作业

长期以来，一些教师往往把家庭作业的功能定位在知识的巩固和技能的强化训练上。由于认识上的偏狭加之“应试”的导向，这些教师很少考虑学生的身心特点和承受能力，布置家庭作业时不加选择，导致家庭作业陷入机械重复、单调封闭的误区，没有发挥其应有的作用，反而导致学生厌学，成为学生身心健康发展的障碍。

家庭作业是对课堂教学的有效延伸，是对所学知识的巩固和深化，是学生课外学习的重要手段。高效的家庭作业不仅能培养学生独立学习的能力，而且还能培养学生良好的学习习惯，发展学生的智力和创造力。同时，教师通过家庭作业还可以反馈教情、学情，以便及时调整教学方式、教学内容和教学手段，进一步提高教学效果，逐渐让学生爱上学习。

苏霍姆林斯基曾说：“生活向学校提出的任务变得如此复杂，以致如果没有整个社会，首先是家庭的高度的教育素养，那么不管教育付出多大的努力，都收不到完满的效果。”这说明家长是孩子的第一任教师，良好的家庭教育是培养高素质学生的重要条件。

同样，家庭作业光靠教师一方面的努力也是不够的，还需要家长的配合，以形成教育合力。当家校合力形成后，高效家庭作业便能真正得以体现其拥有的魅力。

山东省烟台市芝罘区新海阳小学优秀教师刘恩龙，针对学生家庭作业情况，有效地做好了家长的工作，充分发挥了家校合力，让学生逐渐爱上了作业，爱上了学习。

一天，小队长小腾向刘老师汇报说：“老师，我们小队小楠的作业没交，她说忘记带作业本了。”

“什么？又是她？非得让她改掉这个坏毛病不可！”刘老师对小腾说：“你把她叫到老师这里来。”

几分钟后小楠来了。

“把你的作业本给老师看看。”刘老师说。

“我忘在家里了。”小楠说。

“那你的作业做了吗？”

“我已经做了。”

“那我们打电话问一下你妈妈。”刘老师进一步说。

“我忘了妈妈的电话号码。”小楠说。

“老师这里有你妈妈的号码，你打吧！”刘老师故意拿出手机。

小楠见实在瞒不过去了，才支支吾吾地说：“我没写作业。”

“你为什么不写作业？”

“我忘记写了。”

“那你妈妈不检查你的作业吗？”

“我妈妈从来不管我的作业。”小楠解释道。

半小时后，刘老师请来了小楠的妈妈。

刘老师开门见山地说：“您知道您的孩子昨天没写作业吗？”

“我问她，她说没作业。”小楠的妈妈说。

“一般每天都有作业的，那您看过孩子记作业的本子吗？”刘老师问。

“没有，我每天工作太忙了，实在没时间管教孩子。”小楠的妈妈不好意思地说。

“孩子的健康成长需要家长与学校共同努力，特别是家庭作业更需要家长拿出时间来督促检查，光靠老师一方面的教育是不行的。您的孩子经常不完成作业，还说把作业本忘在家里，希望您以后能拿出点时间督促孩子完成作业。”刘老师继续说道。

小楠的妈妈一直点头说：“好，我会的。”

刘老师进一步说：“孩子的自制力差，这是他们的年龄特点决定的。但作为家长，不能因为工作忙而对孩子放任自流。小学阶段主要是帮助孩子养成良好的学习习惯，而家庭作业是在家里完成的，家长要起到督促作用，督促他们及时完成作业，家长的重视程度决定了孩子的重视程度。否则孩子的坏习惯一旦养成了，想改就难了。”

小楠的妈妈点头说：“您说得很有道理，我以后一定会好好监督她的作业的。”

从此，小楠妈妈每天都要督促并检查小楠完成家庭作业的情况，在家校合力的教育监督下，小楠改掉了不完成作业的坏毛病，学习成绩也有一定的提高。

学生能否养成按时完成家庭作业的习惯，家长起着重要的作用。如果父母对孩子的家庭作业不重视，只是口头上问一句“完成了没有”，并不拿出时间来督促检查，那么有些自制力弱的孩子就会不重视家庭作业，久而久之，就有可能养成不完成作业的坏习惯。

在上述案例中，刘老师通过与小楠妈妈的交流，改变了她对待孩子作业的态度，效果也立即呈现出来——小楠每天都能完成作业了。

家长在孩子完成作业中的作用，并不是每位家长都能认识到的，还需要教师积极与家长沟通，多对家长讲一讲这方面的知识，千方百计地调动家长的积极性，使家庭教育的作用更好地发挥出来，使学校教育与家庭教育紧密结合起来，共同促进学生的全面发展。

在加强家校合力方面，教师如何让家长支持、配合，帮助学生高效完成作业呢？

1. 培养“先做作业后享受”的习惯

有些学生放学回家，先找吃的，然后看电视或玩电子游戏，接着吃饭，然后又洗澡，快到睡觉时才想起作业还没有做。这时，学生既没有了学习的兴趣，也不能较好地完成作业，还会耽误睡觉。久而久之，他们的学习和生活就会陷入恶性循环。所以，教师应该让家长逐步培养学生“先做作业后享受”的习惯。

（1）在晚饭前做作业

吃饭后，人的大脑反应迟钝，效率低下，什么事也不想做。如果这时让孩子专注做作业，肯定难以办到。家长应尽量让孩子在吃晚饭前把作业做好。如果孩子肚子饿，可以先让孩子吃一些水果，补充大脑需要的葡萄糖。如果晚饭前实在做不完作业，要在吃饭后休息一会儿再做。

（2）在娱乐前做作业

经过一天的学习，学生肯定有些累，一回家，他们就会看动画片、玩游戏，或通过体育活动娱乐一下。这时，家长应让孩子先做作业，然后再让他做最喜欢的娱乐活动，这样，他们便愿意学习，也容易形成习惯。例如，孩子最喜欢看动画片，可以看，但必须做完作业以后看。假设动画片是在晚上6点钟开始，孩子就要在5点时开始做作业。家长可以与孩子达成协议写在纸上，让孩子签上字，并贴在门上，这样孩子就能有意识地去遵守。

当作业较多时，家长可以允许孩子做一会儿、玩一会儿，当他们玩了一会儿后，他们身体的血液循环到大脑补充了葡萄糖，便会有精神继续学习。

2. 优化做作业的环境

环境安静，学生才能高度集中注意力，让作业效率得以提高。教师应及时与家长沟通，让他们明白环境的重要性，尽量给孩子创造一个良好的学习环境，并努力使这个环境成为做作业的圣地。例如，给孩子准备一间书房，与睡房隔开；当孩子要玩时，必须到大厅去；家长即使要批评孩子，也要把他领出书房，等等。

3. 培养独立意识，适时启发

有些学生做作业遇到困难时，不是自己思考，而是马上去问家长。有的家长看到孩子做作业很辛苦，就直接帮他把答案写出来，甚至“包办作业”。

教师应让家长明白如此“帮助”等于害了孩子，孩子会越来越依赖于他人，逐渐缺乏自信，独立思考能力也得不到发展，同时也会变得没有主见。教师应告诉家长正确的做法——采用启发的方式，让孩子回想一下教师上课的时候是怎样讲的，并鼓励他：“我相信你自己会做出来的。”“你其实很聪明，你仔细看题目，你一定能做出来的。”这样，孩子就会看到自己的力量，从而形成不克服困难不罢休的意识。

4. 坚持检查作业完成情况

家庭作业是反映学生学习成绩的一面镜子。教师应让家长坚持检查学生作业完成的进度，这样既有助于父母了解孩子在学习中的优缺点，还可以使孩子养成认真负责的习惯。同时，通过看他的字迹和书面的整洁程度，可以判断他们是否爱劳动和学习是否勤奋。

所以，家长即使再忙，也要腾出一部分时间检查孩子的家庭作业，如果不能检查孩子作业完成的质量，检查孩子作业完成的实际数量也是很重要的。

5. 逐步走进课堂，了解学习情况

通过家访，家长可以从教师口中间接知道学生的学习情况。如果家长能够走进课堂，听听教师的授课，看看孩子的真实表现，无疑更有益于教育孩子。

教师可以将课堂向家长开放，家长可以随时走进课堂，与孩子、教师零距离接触，学习学习方法、管理技巧、沟通方式、作业要求等，这样，家长便可以有针对性地配合教师指导孩子完成家庭作业，并快速提升孩子做作业的效率。

6. 不另加作业，以免增加学习负担

有些家长看到孩子很快做完作业，怕他们浪费时间，就希望他们多学些知识，便又给孩子加作业。教师应让家长知道这是急功近利的表现，是不可取的。这种做法会破坏学生做作业的感觉，会让他们产生逆反情绪。正如好东西，不可以一次吃个够。学习是一生的事情，不能着急。教师应让家长时刻保持孩子做作业的欲望，如果孩子欲望强烈，则可以适当地让孩子做一些其他感兴趣的作业。

看似简单的家庭作业，作用却不能小视。有些家长天天在寻找儿女教育的最佳方法，却忽略了自己身边点滴小事的作用。很多家长一说到孩子作业的那点事儿，就会心跳加速，头痛欲裂。造成这种情况的原因，也许正是他们还没有真正了解家庭作业的作用。如果教师能及时与家长沟通，让他们了解家庭作业的作用，并告知有效的方法，通过家校合力，一定能让学生爱上家庭作业，真正体现出作业的高效性来。

提高效率，让课堂作业取代课后作业

作业是知识与能力之间的桥梁，它既是加深理解和巩固所学知识的重要手段，又是学生由知识向能力、智力转变和发展的有效途径。课堂作业，顾名思义，即在课堂中完成并得以反馈的作业，它是课堂教学的重要组成部分，是学生学习课堂知识的一项重要活动。一方面，它能促使学生将刚刚理解的知识加以应用，在应用中加深对新知识的理解，另一方面，它能暴露出学生对新知识应用上的不足。

然而，当前一些课堂作业不能当堂完成、当场反馈的现象普遍存在。一些教师认为，教师课堂讲授时间与教学效果成正比，教师课堂讲，学生课外练，既有效利用了课堂时间，又充分利用了学生的课外时间，因此，不惜挤掉学生课堂作业与反馈的时间，将课堂作业变成课后作业。他们认为这样就能提高教学效果，使学生取得好成绩。殊不知，学生构建新的认知结构、巩固知识、形成技能均离不开自身的独立活动，单靠教师讲授，充其量只能使他们“懂”，而达不到“会”。再加上过多的课后作业不仅剥夺了他们的活动时间，也增加了教师的负担，从而导致了事倍功半，这也直接影响到教师的教学效率和学生学习知识的兴趣。

在教学过程中，师生共同活动才能获得一定成效，这些成效若得到及时反馈，就能成为进一步调整教与学的新信息。对学生来说，课堂作业可以帮助他们及时了解学习结果，更快获得矫正性信息，从而调整自己的学习。教师对学生课堂作业及时、恰当的评价，是一种很重要的反馈形式，是激发学生学习兴趣、提高学习效率的有利因素。因此，教师要充分估计学生的学习情况，多设计一些课堂作业，不断从学生的练习中及时、全面地获得反馈信息，调整教学进程，提高教学效率。

某教师发现，学生完成的作业不仅字迹越来越潦草，而且错误率也越来越高，甚至她还发现了几名抄袭的学生。最近几次测验，明明是作业中已经做过的题，可是仍有不少学生出现错误。这是怎么回事呢？她很着急。

为此，该教师特意召开了一次班会，让学生畅所欲言，找出原因，共同进步。

“老师，我们不是不想好好写作业，可是这个老师留些作业，那个老师留些作业，结果我们每天都有好多作业要写，如果不快点就可能完不成，没时间多思考分析题目，所以作业就潦草了，错误也就多了。”小刚说。

“作业太多，我们都没有时间休息，也没有时间去玩了，学习真累人，真讨厌每天都得写那么多的作业。”有学生嘀咕道。

“作业中有些题我不知道怎么写，可是写不完老师又会说我，所以就只能抄别人的。”小明也挠着头说。

“而且，对于我们作业中的错误，老师在上课时只是简单说了说就讲新课了，我们还没有完全理解，就得学习新的内容，结果原来的不是很清楚，新的就更糊涂了。”小飞说。

老师边听边点头：“大家说的原因老师都知道了，看来主要原因就是课后作业太多，没有时间加深理解。这样吧，从今天开始，咱们实行零作业策略。”

“零作业策略?”

“那是什么?”

学生们紧盯着老师，兴奋地问着。

“零作业就是说，从今天开始，老师不再布置课后作业了，教材中的练习题我们放到课堂上来做，让它成为课堂作业，大家当堂做完，老师当堂讲解，有不明白的可以随时向老师提出来。”

“真的吗？太好了。”学生们高兴地叫道。

“是真的，不过，我们还要约法三章：第一，课堂作业绝对不允许抄袭，有抄袭的，被老师发现扣德行分，还会在老师的期末批语中出现。第二，因为这是头一次实行零作业策略，所以，每个星期我们都要有一个小测验，如果测验成绩不如有作业的时候好，那么，这个零作业策略就会停止实行。所以，大家有什么不明白的地方都可以向老师提出来，不能不懂装懂。第三，课堂作业不能因为是在课堂上做，不交到老师手里就不认真写。这三点能不能做到?”老师问。

“能。”学生们大声地回答。

后来上课时，老师果然将练习题作为课堂作业让学生当堂做完，有不明白的地方，老师也当堂作出详细讲解，下课时，老师也没再布置课后作业了。

一天上课时，老师在讲新课前，抽了昨天学生出错的几道典型题让大家做了一遍，结果全班没有人再犯昨天的错误。一个星期后的小测验，学生的学习成绩也有了很大提高。

作业是教学常规工作之一，每天都有，即使是在提倡新课程理念的今天，学生在学习过程中也离不开做作业。只是，如何为学生更好地安排作业、设计作业、布置作业，是教师应好好思考的。案例中的教师就以课堂作业取代繁多的课后作业，并与学生约法三章，在减轻学生负担的基础上帮助学生更深、更好地理解知识，增强他们的学习兴趣，让他们爱上学习。

随着新课程改革的不断深入，传统陈旧的教育模式已不能适应社会对人才的需求，素质教育已经深受社会各阶层的青睐。因此，减轻学生课业负担，提高学生的课堂作业质量以取代课后作业就显得更加重要。那么，教师可采用哪些方法来提高学生的课堂作业质量呢？

1. 制订学习目标，优化作业结构

学生对知识的理解能力大部分是通过作业练习来巩固的。因此，教师要制订学习目标，优化作业结构，加强课堂教学的设计。具体做法包括以下四点：

（1）作业设计要有典型性

典型性就是在设计作业时，教师应注意选择有典型特征的题目来帮助学生从不同角度、不同侧面练习，以体现教学目的和要求，达到举一反三的效果。

（2）作业设计要有针对性

针对性，即教师在设计作业时要针对教学的重点和难点，选择学生容易混淆的内容，有的放矢，通过对比辨析，达到鉴别、分化的目的。

（3）作业设计要有层次性

根据学生思维发展的特征，教师设计作业练习时应按一定的顺序，由浅入深，由易到难，依次实行教学与练习，这样有利于发展学生的思维能力，也能充分调动学生的积极性和主动性。

（4）作业设计要有系统性

教师设计作业时，要体现知识的直接与间接联系，实现新旧知识的沟通，从而形成系统知识，培养学生的理解、运用能力。

2. 优化环境，提高作业练习效果

在课堂练习中，环境非常重要。心理学家研究发现，人在不同环境、不同时间、不同的地点和条件下，往往会产生不同的情绪和情感。实践也证明：不同的作业环境，往往也会形成不同的作业情绪与态度。一些比较抽象和针对性较强的题目，在不同环境下学生做出来的效果往往不同。因此，教师要严格控制作业数量，要做到“少而精”，通过循序渐进的练习和讨论，激发学生的学习积极性，让学生乐于完成，并主动去完成。

3. 自评课堂作业

学生在完成课堂作业后，由教师批阅，然后学生再订正改进，这个过程难免会有“抄袭”行为，也缺乏学生的自我反馈。对此，教师可让学生进行自评，再加以辅导。

学生自评课堂作业有很多优点：第一，做对的，可以坚定其信心，自查有误的，可以帮助其克服粗心大意的毛病；第二，可以培养学生从小对学习、工作认真负责的态度，形成有错必改的作风；第三，通过自评，教师可以更深入了解学生的学习情况；第四，自评也可以使学生的负担减轻，促进学生的积极性和主动性，从而提高教学效率。

自评作业应留一定的时间在课堂上进行，让学生相互讨论，以培养学生团结协作的能力。

让寒暑假作业更有新意

寒暑假作业应该成为学生假期生活的补充品，而非主体，它的作用在于巩固和强化学生所学的知识。

有人曾对学生完成寒暑假作业的乐意程度，进行过一次问卷调查。调查结果显示，仅有16.67%的学生认为完成寒暑假作业是为了学一些知识，其他80%以上的学生反映，他们是出于各种无奈才去完成寒暑假作业的。

另外，调查得知，大多数学生对现行的寒暑假作业表示不满意，其主要原因在于：寒暑假作业形式单一、内容呆板、知识面狭窄、学科知识间联系松散、读写训练量过大、与实际生活联系较少，这容易使学生产生厌倦感，也不能有效、全面地发展学生的各项能力。

因此，要想使寒暑假作业真正发挥它的作用，教师就要布置一些丰富多彩、具有新意的寒暑假作业，让学生乐于做假期作业，进而爱上学习。

按照惯例，淮安外国语学校的教师每个寒暑假都要给学生留一定数量的假期作业，以达到巩固知识、防止遗忘、提高技能的目的。但教师的良苦用心，学生往往不能理解，仅把这种作业当做任务完成，更有甚者抄袭作业、敷衍搪塞。再加上新学期一开学，教师的工作日程排得比较紧，没有时间细细批改学生的假期作业，这就使得每年寒暑假开学的时候，都会有一批“有量无质”的作业。面对这种现象，淮安外国语学校的教师在反思中做了大胆探索，对假期作业进行了一次改革尝试。

他们废弃了往年传统寒假作业的布置方式，转而布置一些富有创意和趣味性的特色作业。例如，学生的寒假作业里面，有名著阅读书目及阅读方法指导，有社会实践活动的指导和参考课题，有各科教师对自主学习所提的建议……以下是这份“特殊”寒假作业的内容：

一、传统作业——已成“鸡肋”被封杀

由于每个学生的学习水平、长短项不同，所以教师以建议代替习题，给出对应学科的学习方法和具体操作流程，让学生能够有更多选择的自由，不重复劳动。

例如，初一一位语文教师给出的建议是这样的：

1. 含英咀华

(1) 阅读经典:《西游记》《汤姆索亚历险记》;

(2) 阅读报纸杂志:《演讲与口才》《中华活页文选》《语文报》《读者》《意林》;

(3) 阅读生活:观察冬季景色为作文积累素材,观察和领悟有修养的人的交际技巧,积累有特色的方言文化(歇后语、谚语、俗语等)。

2. 妙笔生花

(1) 坚持写日记,让每一天的生活成为严肃的记录;

(2) 结合经典阅读至少写两篇读书心得、一篇影视评论;

(3) 自由创作至少两篇。

3. 冬令进补

针对自己语文的薄弱环节,在阅读、积累、口语表达、书面表达、书写等方面制定一个书面的长远“进补”计划,从假期第一天开始,弥补不足,更全面地发展自己。

二、开卷有益——腹有诗书气自华

一些教师认为,学生正处在增长知识的黄金时期,只读几本薄薄的课本是远远不够的,课外读物会为他们打开一扇扇窗,开启一道道门,让学生看到一个魅力无穷的世界,寒假正是集中精力读书的大好时间。为此,淮安外国语学校的教师精心为学生准备了各种阅读书目,包括中英文的中外名著、名人传记等,并且配备了阅读方法指导,设计了趣味性强、富有人文性且极具思辨价值的问题,引导学生调动自己的一切感受深入知识的海洋。

三、社会实践——行万里路看世界

“读万卷书”好比让学生通过一个窗口看到知识和能力的金山,但要想真正得到知识和能力这座金山,还要靠走出门去“行万里路”,在丰富多彩的社会实践活动中运用知识,让知识在不断发展、深化中形成真正的生命力。

首先,教师根据实际情况,把学生分成几个合作小组,每个小组确定一个调查课题,在寒假期间小组成员集体进行调查、拍照、查询资料、实地采访等。

其次,教师要求学生撰写调查报告,包括调查结果、调查结果分析、调查后建议、地方的相关政策或法规、自己的体会和感受等。在开学后,学校进行实践活动大评比,展出优秀的调查报告。

淮安外国语学校的教师灵活布置了具有特色的寒假作业,减少了以往乏味的书写作业,增加了更多娱乐性、参与性、互动型的作业,让学生在完成作业的过程中获得了丰富的知识与快乐，在学与玩之间体验到一个既充实而又有意义的假期。

布置丰富多彩的寒暑假作业，可以让学生在完成作业的过程中体会到学习的乐趣。那么，教师应如何布置丰富多彩的寒暑假作业呢?

1. 布置趣味性的作业

趣味性作业要求教师将传统意义上的作业加以改造，使其有一定的主题性和情境性，使学生在愉悦的情景中运用丰富多彩的形式开展学习和思考，多角度、全方位地感知、获取知识。同时，改变文本作业的单一形式，将听说读写与游戏、绘画、调查、参观、访问、制作、表演等学生喜闻乐见的形式巧妙融合，使学生兴趣盎然地完成生动活泼、精彩纷呈的作业。

2. 布置实践性的作业

一些教师在设计和布置寒暑假作业时，往往只布置枯燥的、理论性的书面作业，忽略了实践性、体验性的作业。事实上，学生最不愿意进行机械性的抄写和记忆。因此，教师在设计和布置作业时，应让作业贴近生活、融入大自然，让学生既乐于接受，又能巩固掌握所学的课本知识，以达到学以致用的目的。

（1）寒暑假作业与实践活动相结合

通过实践才能将理论长时间地储存在脑海里。例如，针对语文课本里出现《西游记》章节，教师可以布置学生开展“读四大名著”的实践活动，并写读书笔记。

（2）寒暑假作业与学生差异性相结合

假期里，学生自由支配的时间较多。根据学生的差异性，教师可以让学生根据自己的喜好完成自己感兴趣的事情。

例如，有些学生想在假期里看几部动画片、看几场电影、去旅游等，教师可以让学生先制订计划，并作好充分准备，把自己的所见、所感、所想、所悟，用相机、笔等工具记录下来；有些学生喜欢在家里进行科学研究，例如，搞小发明、小制作等，教师可以让学生结合平时的观察，利用所学知识查阅相关资料进行研究、探索。

3. 布置综合性的作业

在作业形式的选择上，教师要改变过去单一的以书面为主的形式，结合作业的内容适当放开。在作业内容的选择上，教师应当加强课程间的横向联系，培养学生综合运用知识的能力，要引导学生将作业内容与形式和其他各科的学习活动结合起来，构成一个和谐的学习整体，以此培养学生构建多元知识结构的能力。

教师布置丰富多彩、富有新意的寒暑假作业，既减轻了不合理、不必要的作业给学生带来的负担，又有利于促进学生德、智、体、美、劳全面发展。因此，对于每年都要经历的寒暑假作业，教师要进行一些有必要的改革，要精心设计一些符合寒暑假特征和学生特点的作业，既要巩固学生的知识，又要让学生觉得生动有趣，使学生爱做这样的作业。

7

激励效应：

积极评价，让学生更爱学习

在教学中，教师对学生的评价非常重要，特别是教师的积极评价对学生的学习态度能产生直接影响。当教师对学生作出积极评价时，学生的学习动力就会被调动起来，从而更好地投入学习。

注重表扬，让学生更有动力

卡耐基小时候是一个被大家公认的坏男孩。在他 9 岁的时候，他的父亲把继母娶进家门。

在他的父亲向继母介绍卡耐基时说："亲爱的，希望你注意这个全郡最坏的男孩，他已经让我无可奈何。说不定明天早晨以前，他就会拿石头扔向你，或者做出你完全想不到的坏事。"出乎卡耐基意料的是，继母微笑着走到他面前，托起他的头认真地看着他，然后对丈夫说："你错了，他不是全郡最坏的男孩，而是全郡最聪明、最有创造力的男孩。只不过，他还没有找到散发热情的地方。"

继母的话说得卡耐基心里热乎乎的，眼泪几乎滚落下来。就是凭着这一句话，他和继母建立了友谊。也就是这一句话，成为激励他一生的动力，使他日后创造了"成功的 28 项黄金法则"，帮助千千万万的普通人走上了成功和致富的道路。

心理学家威廉·杰姆士说过："人性最深层的需要，就是渴望得到别人的欣赏和赞美。"每个人都喜欢受到表扬而不愿意接受批评，都喜欢听好话。学生也是如此。

心理学研究表明，当人们在被指出错误时，通常都会产生烦躁情绪，甚至产生逆反心理，而在被指出错误前如果能先听到一些肯定或表扬的话，哪怕这与批评的事没有直接联系，也会使被批评者的情绪稳定一点，也就是说可以使批评更容易被犯错误的人接受，而不至于产生抵触情绪。

教育不是人为地给学生制造失败，而是帮助学生创造成功。学习的过程应该是学生体验成长的过程，因此教师应多给学生一些表扬，少给一些批评，特别是在班级多进行大众表扬，让学生感受到被关注的愉悦，以此自我激励。

广东省汕尾市红草镇南汾小学的黄绍添老师，有一年在接手一个新班级时，前班主任告诉他："小林是这个班里最差的学生，只知道贪玩，对学习根本没有兴趣，成绩糟透了；还喜欢搞恶作剧，经常和别人闹矛盾，老师怎么说他也不听。"

不久，黄老师就感受到了小林的调皮捣蛋，于是就找他谈话，黄老师还没说话，小林就说："我早就知道你得找我。""你怎么知道?""我能不知道吗，我们班今年换了四个班主任，没有一个不找我的，没有一个说我好的，要批评就讲嘛!"尽管黄老师再三解释这不是批评，是谈心，但小林执意不肯与黄老师交谈，不管黄老师说什么，他都一副毫不在意的样子。

之后，黄老师又对小林进行了家访，小林的父母告诉黄老师："这孩子既不好好学习，还淘气，真拿他没办法，老师您也不要在他身上费心了。"班里的其他学生也反映：老师一不在，他就拿起扫地笤帚当机枪，学日本兵进攻的样子，迈着大步，喊着口令，往同学身上捅。有他在，谁也别想学习。

怎么办呢？根据以往的执教经历，黄老师认为再调皮的学生也有自己的优点和特长，也有很强的自尊心，希望在众人面前得到赞扬。关键在于教师要去寻找他们身上的闪光点，对他们每一点微小进步都给予积极的鼓励。因此，黄老师决定开始细心观察小林的一言一行。

一次，学校作召开运动会的准备，安排黄老师的班抬土垫操场，黄老师把任务分派到四个学习小组。结果，小林所在的小组最先完成任务。任务完成后，他们组有的学生去喝水了，有的去玩了，只有小林一个人继续帮助其他小组干活。于是，在劳动总结会上，黄老师突出表扬了小林，号召全班学生向小林学习，学习他热爱劳动、乐于助人的精神。虽然小林听了这些话并没有什么反应，但是黄老师感受到了他的变化。从那以后，凡遇劳动小林就抢着干脏活、累活。为了将他的优点放大，黄老师开始有意识地安排他做诸如下课擦黑板、打扫班级卫生、为大家打开水等服务性劳动，并多次在班级号召学生学习他的劳动态度。有时，黄老师感觉小林干活干得不入门，还给他做个样子，有时他干得不顺手，也会腼腆地来请教黄老师。慢慢地，师生关系开始发生了变化，小林不再对黄老师一副冷漠的样子，而是变得愿意亲近黄老师了。黄老师趁机鼓励他要像热爱劳动一样爱学习，小林认真听取了老师的意见。

一天，在自习课上，黄老师把批改完的数学作业发给大家，让大家看看作业有哪些错误，并找找原因。不一会儿，黄老师发现小林面对自己的作业本在满脸怒气地自言自语。又过了一会儿，小林把两页作业撕了下来，而且还狠狠地撕成碎片。他周围的同学都不解地看着他，只有黄老师知道是什么原因，他认为这是促使小林爱上学习的一次好机会。于是，黄老师对大家说："同学们，小林同学今天作业没做好，他自己很不满意，决心撕了重做。我们都要学习他这种认真对待学习的态度!"

在接下来的个别辅导中，黄老师帮小林查找作业做错的原因，小林很快就理解了做错的几道题。黄老师还借机和小林谈心，小林终于说出了埋在心底的话："谁不想好哇！可是，以前在学校、在家里谁也不说我一句好。"接着他说："老师，今天撕作业时，我是对您给我打那么多的'×'不满意，也对自己学习不好不满意，现在我只对自己不满意了。"

小林已完全向黄老师敞开心扉，黄老师立刻安排了一个各方面都表现好的学生和他同桌，以便互相帮助，同时在学习上、纪律上、生活上向他提出较高的要求。后来，小林成为班上学习进步最快、各方面表现都不错的学生，并经常受到老师的表扬。

美国心理学家特尔福德认为，驱使学生学习的基本动机有两种：一种是社会交往动机，另一种是荣誉动机。前者表现为学生愿意为他所喜欢的老师而努力学习，从而获得教师的称赞，增进师生友谊；后者则是一种更高级的动机，它是人们要求在社会上取得一定的地位、待遇的愿望体现，这两种动机是学生学习自觉性和积极性的心理基础。因此，教师应及时发现学生的具体优点，在班级公开表扬，让他们得到更多人的关注。这种表扬会对他们产生巨大的激励作用，激励他们刻苦学习。

美国教育学家威廉·詹姆斯说，一个没有受过激励的人仅能发挥其能力的20%～30%，而当他受过激励后，其能力是激励前的3～4倍。班级表扬便是帮助学生飞向成功彼岸的翅膀。那么，教师应如何进行班级表扬，促使学生进步呢？

1. 通过办宣传栏表扬学生

教师可以发动各学习小组，让学生利用教室后面的黑板、教室内外的墙壁等合适位置创办丰富多彩的宣传栏，以实现对学生的表扬。具体表扬谁可由小组内的学生讨论决定。

这种表扬方式可以一月一次，也可以一月两次，但是面要广。只要是积极向上的、能为本班或学校作出一定贡献的学生都可以受到表扬。比如，可以是成绩优秀的、学习进步的学生；也可以是好人好事、守纪标兵、体育尖子、优秀干部等先进人物；还可以是优秀小组、示范宿舍等先进集体，只要是能够被学生认可就行。

对被表彰的学生，最好要把他们的得意彩照贴到墙上，并配以本人的座右铭，以及事迹简介，让他们有种自豪感。受到表扬的学生会更加努力，而没有受到表扬的学生则会积极表现以争取早日受到表扬。

2. 通过班会进行表扬

每周的班会形式要多样。可以是教师在班会上直接点名表扬，也可以发挥学生的主体作用，特别是班干部的领导作用，让班干部发言，让他们在一周工作总结中多寻找学生的闪光点进行表扬和鼓励。

3. 组织“轰炸优点”的游戏进行表扬

教师可以利用每天的课外活动时间，选两三个学生先后站在讲台上，然后由其他学生在下面大声地对该生进行表扬，最后再指出其需要提高的地方。但不论采取哪种方式，教师都要积极参与，作出评价，以让班级表扬的效用更加明显。

班级表扬是一种投入少、收益大的激励方式，是一种驱使人奋发向上、锐意进取的动力源泉。教师应用真诚、爱心对学生进行表扬，用表扬去照亮每个学生的心灵。

适当的奖励，让学生能跳起来“摘桃子”

当前，薪酬管理已经成为企业管理的重要组成部分。之所以重要，是因为薪酬是激励员工的动力之一。

在对员工的激励研究中，美国哈佛大学的心理学家威廉·詹姆斯发现，在缺乏激励的一般岗位上，员工仅仅能发挥其实际工作能力的20％～30％，因为做到这一点就可以保住饭碗。但是受到充分激励的员工，其能力却可以发挥出80％～90％。这说明，一个人的正常工作能力水平与通过激励能达到的工作能力水平之间，存在着大约60％的差距。

其中，薪酬所起的激励作用是不言而喻的。因为薪酬不仅是员工的一种谋生手段，更重要的是薪酬还能满足他们的自身价值感。因而，薪酬对激励员工、提升企业的竞争力，有着不可估量的作用。

学生学习和员工工作虽然从表面上看有很多不同，但也有相通之处。比如，都是为自己工作或学习的，但却因各种各样的原因需要外力推动，需要外力激励。固然，精神激励可以激发学生的学习动力，让学生爱上学习，但物质激励却代表着另一种评价方式，能让学生在获得实实在在的物质时，还能获得与精神奖励等同的喜悦与成功感。

河南省郑州市纬一路小学数学教师葛美尔，就是一位善于用物质奖励激发学生学习兴趣的教师。尽管一些人认为葛老师的“物质刺激”太功利，会“腐蚀学生心灵”，但她的学生却很“买账”：我们看重的是这份荣誉。

葛老师对表现好的学生每半月给予一次物质奖励，而购买的奖品都是她自掏腰包，自执教以来，这种奖励方式已经进行了十几年。

铅笔、橡皮、毽子、零食……葛老师的学生如果想得到这些，用不着向父母伸手，他们只要努力学习、表现好，每半个月就有可能从葛老师那里拿到一样。

“我曾经得过跳绳、橡皮泥、文具袋、作业本……”葛老师班上一位叫一一的学生，扳着手指，自豪地数着自己的额外“收入”。

一一说：“作业全做对或课堂上发言积极的同学，就能得到一朵小红花，10朵小红花能换1面小红旗，5面小红旗可以换一样奖品，而且红旗最多的学生还可以优先选择。”

在学校给学生发小红花、小红旗早已不是新鲜事了，但把红花、红旗变成实实在在的奖品却很少见。

葛老师这一招，自称是被调皮学生“逼”出来的。“班额越来越大，光拿嗓子喊那些调皮孩子不管用。”葛老师说。小红花、小红旗的办法在幼儿园就用了，小学如果还一成不变地沿用，学生会认为教师是在“哄他们”，所以，教师应变点新花样。

一个人去河边钓鱼，把鱼钩甩到河里，就静静地坐在旁边等着鱼上钩。可是，直到太阳下山都没有一条鱼上钩。

这个人心想：看来今天是一无所获。正当他准备收拾渔具回家时，一条鱼从水里跳出来对他大吼：“你到底是不是在钓鱼呀？要真想钓鱼，就在钩子上装上鱼饵，你不装上鱼饵，我们凭什么要咬钩呀？”原来这个钓鱼的人忘记在钩上放鱼饵了，想空手套白狼。

钓鱼人要用饵才能钓到鱼，驯兽员要用食物才能敦促海狮和海豹训练，那么我们的学生呢？

当学生不喜欢学习、不愿意努力学习、不主动养成好的学习习惯、不肯纠正坏的学习习惯时，教师是不是应该给他们准备一些“饵”呢？

有位教育家说：“与其推着孩子走，拉着孩子走，不如给孩子的内心注入动力，让他自己走。”这种注入孩子内心的“动力”，不仅包括精神方面的，还应包括物质层面的。

尽管苏霍姆林斯基说：“如果你指望靠表面看得见的刺激来激发学生的兴趣，那就永远也培养不出学生对脑力劳动的真正热爱。”在实践中，一些教师也认为精神奖励大于物质奖励，应该靠精神奖励来激励学生，但是我们却不能忽视学生同样有物质需求的心理。

当葛老师将小红花、小红旗这种物质奖励提升到橡皮、铅笔、毽子、零食等实实在在的学生确实需要的物质奖励时，的确激发了学生的学习热情，学生在课堂上积极发言，课下积极做作业。可见，适当的物质奖励是必要的。

当然，物质奖励，尤其是频繁的过度奖励，会让奖励变味，让学生变得急功近利、情绪浮躁，使得学生过于专注奖品而忘记学习。那么这就需要教师在用物质奖励引导学生学习时，要注意一些方式方法。

1. 物质奖励要适合学生需要

对学生进行物质奖励时，应奖励学生需要的、实用的、有价值的、有纪念意义的物品，比如，适合学生阅读的课外书、实用的学习用具、一场有教育意义的电影的票、适合学生玩的玩具，等等。

某教师因学生学习积极、进步大，就奖励了他一本10块钱的汉语小词典。当时，该学生正需要一本汉语小词典但没时间买。老师“投其所好”的奖励，让他体会到来自老师的关爱，因而在以后的学习中就更加努力。这样的奖励，不仅有实际意义，而且还起到了精神奖励的作用。

2. 奖品的金钱额度不能太大

学生毕竟是孩子，和成人不一样，所以给学生的奖品金钱额度不能太大，点到为止就好。比如，像葛老师那样花几块钱给学生买毽子、铅笔、文具盒等东西做奖品，而没必要花上百元买时尚、名牌的奖品，价位合适的奖品也可以避免助长学生的高消费心理和功利心理。

3. 一视同仁，公平公正

给予学生物质奖励，教师要注意一视同仁，公平公正，既要奖励学习成绩名列前茅的优等生，也要奖励学习有进步的后进生。这样学生就不会对奖励有意见，而且物质奖励的精神激励作用也会大大加强。

4. 奖励发放形式要正式

对获奖学生而言，教师的物质奖励是一种光荣，同时也会刺激其他没有得奖的学生，更是教师对学生进行教育，尤其是精神激励的宝贵时机。可是，一些教师没有把握好这个教育契机，只是在课前或课后很随便地把奖品给了学生，这样就大大降低了激励效果，学生也体会不到奖励的价值。如此一来，学生即便获得了自己喜欢的物质奖励，也不一定将此放在心上，更不会以此为动力认真学习。

如果教师能把对学生的奖励和班级活动或者班会结合起来，很正式地把奖品颁发给学生，效果就会好许多。

5. 借助代币，分步实现

“代币”是指真正奖励物的暂时替代物，比如，红花、红旗、红五星、棋子或计划表的分数等。代币必须积累到一定数目才能兑换实物，葛老师就是这样做的。

这样做的最大好处是：当学生学习积极努力时，不是立刻就满足他的要求，而是延迟满足，要学生持续努力才能达到目标，这样可以培养学生的进取心和忍耐力，让学生从中体会到要想获得成功就必须不断努力的道理，同时也降低了物质奖励对学生的刺激。另一方面，这样做也可以强化学生的自我成就感，因为每次通过努力获得分数、红花和红五星时，学生都能体验到成功的快乐。

6. 物质奖励过程中的引导

教师给予学生物质奖励，是为了让学生对学习产生兴趣，激励学生主动学习。这就需要教师不能图省事，一奖百了，而应在实施奖励的过程中注意引导学生对学习本身产生兴趣，强化学生对学习兴趣的动机，否则学生的学习目的就会在不知不觉中发生变化，甚至错误地认为自己学习的目的是为了得到奖励，是为了满足自己的物质需求。如果是这样，那么学生一旦失去物质奖励的刺激，他们的学习积极性很快就会下降。所以，在对学生进行物质奖励时，教师不能发完奖品就完事，而应先用奖励吸引学生把注意力转移到学习上来，然后在执行的过程中积极挖掘学习中有趣的事，慢慢让学生对学习产生兴趣。

美国著名成功学大师卡耐基说得好："天底下只有一个方法可以影响他人，就是提出他们的需要，并且让他们知道怎样去获得。"

马斯洛的需求层次理论也告诉我们：一个人活在世上既有物质方面的需求，也有精神方面的需求，一个人一生都是在不断地满足需求，只不过每个人每一段时期的主要需求总在变化而已。

与幼儿园的小朋友相比，中小学生已经不仅仅满足于教师的一个微笑、一句夸奖、一朵小红花了。因此，面对不同阶段的学生，教师应采取不同的激励方法。既然学生一点点地对物质有了需求，教师不妨适当地对学生进行物质奖励，给予学生意外的惊喜。

善用精神鼓励，让学生更加奋进

第斯多惠说过："教学的艺术不在于传授本领，而在于激励、唤醒、鼓舞。"新课程改革要求教师要面向全体学生，突出学生的主体地位，倡导教师对学生进行精神激励。

教师在教学过程中，通过语言激励、情感激励等方法不失时机地从不同角度给予学生充分的肯定、鼓励和赞扬，可以使学生获得自信和成功的体验，从而激发他们的学习动机，诱发其学习兴趣，使其更加积极主动地学习。

江苏省特级教师于永正在教学《翠鸟》一课时，就充分体现了激励评价在教学中的重要性。以下是于老师的教学实例——

师：同学们，今天我们要上的是哪一课呢？

生：《翠鸟》。

师：这篇课文大家预习的时候读了几遍？

生：两遍、三遍、五遍……

师：看来大家都很自觉地预习了，既然已经预习了，老师就要问大家一个问题，"翠鸟"的"翠"是什么颜色？请同学们默读第一自然段，看看从哪些句子中可以发现"翠"的颜色。

生：是绿色的。

师：大家从哪里看出来"翠"是绿色的？

生："头上的羽毛像橄榄色的头巾……"橄榄是绿色的，所以"翠"就是绿色的。

师：非常准确，那还能从哪些地方看出来呢？

生："背上的羽毛像浅绿色的外衣……"

师：很好，同学们预习的效果不错，不知道课文读得怎么样，现在老师要来检查一下，谁来读第一自然段？小莉你可以读一下吗？（于老师叫了一个不敢举手的学生）

小莉：老师，我怕读不好。

师：怕读不好？那你怕不怕我？

小莉：怕。

师：来，看我一眼，睁大眼睛看。（全班学生大笑，小莉抬头看了一眼于老师）还怕吗？

小莉：怕。

师：还怕？我明白了，你不是怕我，也不是怕其他同学，而是真的怕读不好。真读不好也没关系，老师和大家都会帮助你的，想不想试一试？

小莉：想。

师（鼓掌）：好！

小莉由于紧张读得确实不太好。

师：小莉看来你真有些紧张，坐下读，好吗？你坐下来读，应该能读得更好一些！

小莉坐下读了一句。

师：坐下读，果然好多了，大家再给小莉一些掌声，好，请继续读。

小莉读毕。

师：真不错！刚才读错的句子也改正了。（学生再次鼓掌）谁还想再读这一段？

小刚举手。

师：小刚读得太好了，表情比声音更好，他把对翠鸟的喜爱都放在脸上了，很好！同学们只要把这一段读好了、记住了，以后大家在写小动物的作文时就有参照了。现在，老师要求大家把第一段读得滚瓜烂熟，一会儿老师要请学生为大家简单地介绍翠鸟。

师：大家刚才把第一段进行了熟读，那么，谁来介绍一下翠鸟呢？（指名）小阳你来介绍吧，其他同学都是来参观"翠鸟"的。

小阳：这只翠鸟……

师：同学们都这么专注地在听你的介绍，你要不要先说一些话呢？（于老师鼓励小阳继续）

小阳（想了想）：同学们好，你们看，这只翠鸟……（小阳介绍得较简略）

师：你觉得介绍得怎么样？

小阳：还不错。

师：这么自信？

小阳：是的。

师：小阳，你有自信是值得鼓励的，不过有时候需要实事求是地看问题。老师觉得你对翠鸟的介绍有些简单而且不全面，你知道为什么会这样吗？

小阳：不知道……

师：因为你没有把第一自然段读熟读透，一些描写翠鸟细节的句子还需要你下工夫去读。谁还愿意来介绍一下可爱的翠鸟呢？

小敏的手举得高高的……

师：小敏介绍得非常好，瞧，同学们都被你的介绍吸引了，你能不能告诉大家，你为什么能把翠鸟介绍得这么好吗？

小敏：因为我把课文读熟了，而且记住了。

师：同学们，这就是好的经验，把课文读熟了，并且把描写翠鸟的关键部分记住了，就能叙述得详细、生动。大家以后在写小动物的作文时，就可以借鉴《翠鸟》一文，就能知道从哪些方面下笔描写。

《翠鸟》是一篇说明性的文章，内容简单，如何在这样的一篇文章上挖掘出亮点，把课文上出情趣，于老师显然做到了。教学激励性评价充分调动了学生的学习积极性，创造出了活跃的课堂气氛，有助于学生创新思维和想象力的培养。于永正老师这节课的教学语言主要有以下几个特点：

第一，及时进行激励性评价。于永正老师及时运用激励性语言，在最短的时间里对学生的观点或回答或进行概括、归纳，激起学生的智慧火花，从而使课堂氛围得到升华。

例如，在小莉朗读第一段时，于老师及时对小莉进行评价："小莉，看来你真有些紧张。坐下读，好吗？你坐下来读，应该能读得更好一些！""真不错！刚才读错的句子也改正了。""小刚读得太好了，表情比声音更好，他把对翠鸟的喜爱都放在脸上了，很好！"于老师适时的激励激发了学生学习的积极性和主动性，课堂教学也进入了高潮。

第二，激励性语言要恰到好处。教师要善于挖掘和发现学生的闪光点，适当给予学生鼓励和肯定，而不是滥用鼓励性语言。例如，在教师让学生"介绍翠鸟"的环节中，学生自我评价过高时，于老师便及时指出"小阳，你有自信是值得鼓励的，不过有时候需要实事求是地看问题。老师觉得你对翠鸟的介绍有些简单而且不全面，你知道为什么会这样吗？""因为你没有把第一自然段读熟读透……"恰到好处的激励性语言，不仅不会挫伤学生的积极性，而且还能够帮助学生树立自信心，但也不能言过其实、过分夸张，让学生盲目自大。

课堂上，学生在积极情绪的支配下，会产生一种愉悦的情感体验，也更容易发挥自身的水平，提高学习效率；而在消极的情绪状态下，学生的判断能力和分析能力就会下降，容易失去理智和自制力，难以发挥正常水平。所以，教师在教学过程中应适当采取精神激励评价，充分调动学生的积极情绪，让学生乐于学习。那么，教师应采取哪些途径对学生进行精神激励呢？

1. 榜样激励

榜样的力量是无穷的，它可以使学生产生强大的精神动力，帮助学生树立正确的目标。当学生有了正确的目标，就会努力克服困难、战胜挫折，矢志不渝地朝着既定目标奋进。

例如，教师在班级管理过程中开展“每周一星”评选活动，把那些在学习、劳动、纪律、卫生、爱护公物等方面有突出表现或者是进步特别快的学生评选出来，将他们的事迹材料和照片张贴在教室里供学生参观、学习。由于榜样就在身边，能极大地调动学生的积极性，懒惰的变勤快，读书声代替吵闹声，往日随处可见的垃圾也会消失得无影无踪……

通过榜样激励，也容易形成一种比、学、赶、帮、超的竞争氛围，学生的思想容易得到转变，学习成绩也会得到相应的提高。

2. 赏识激励

教师的赏识激励，是以挖掘、激发、调动学生的内驱力为主旨，使具有不同能力、不同个性的学生都可以在愉悦的学习状态中茁壮成长。

（1）调动学生的积极性

教师在与学生进行沟通时，要理解学生的所作所为、所思所想，要善于捕捉、分析、把握学生的内心需求，从而激发、调动学生的积极性。

例如，当学生有了进步时，需要教师对其认可；当学生获得成功时，需要得到教师的赞赏；当学生有某一兴趣时，需要教师给予支持。教师只有真正了解了学生的内心需求和愿望，才能最大限度地调动学生学习的积极性。

（2）促使学生内部正因素战胜负因素

每个学生身上都有优点和缺点，比如，学生在这方面具有优势，而在其他方面可能暂时处于劣势。但有的学生会因为自己的劣势一蹶不振，这就要求教师要调动学生身上的积极因素，利用学生身上的优点对他们进行赏识激励，让学生克服自身的消极因素，变得积极起来。

3. 表扬激励

表扬是对过去和现在所取得的成绩的肯定。教师恰如其分的表扬会调动学生的积极性，增强学生的自尊心和自信心。表扬是教师真情实感的流露，但表扬也要讲究方法，要恰到好处。

（1）要把握表扬艺术

教师要善于捕捉学生的闪光点，把常态因素转化为积极因素。在学生取得进步时，教师要评价赏析学生的成功因素，赞扬学生的优势，以促进他们形成个性特色；在学生失误或遇到挫折时，教师要寻找学生积极的因素，以增强他们学习的自信心。

（2）根据学生的差异性采取不同的表扬方式

①语言式

教师用热情的具有鼓舞性的话对学生进行激励，这对于性格外向的学生作用很大。有的学生关心集体，乐于助人，很喜欢在同学面前表现自己，可就是上课管不住自己，说话，走神，搞小动作……这时，教师可抓住时机，在课堂上等公共场合表扬其优点，引导他们慢慢改掉坏习惯，成为品学兼优的学生。

②表情、动作式

有时候，教师可通过一个微笑、与学生一次短暂的目光交流、轻拍学生的肩膀、抚摸一下学生的头等细微的表情与动作达到良好的激励效果。这种方式比较适合性格内向的学生。

③文字式

对于一些心思细腻、多愁善感的学生，采用语言式和表情动作式表扬都不一定能触及他们的内心深处。教师可采用文字式表扬，把对学生的理解、赞扬用简单的语言写在作业本上，或利用教师节、元旦师生联欢的机会写成赠言送给学生。学生通过一张张小小的纸条、几句简短的话语，就能感受到教师对自己的重视，他们的自信心、自尊心、学习的主动性就会增强。

积极暗示，让学生感受“我能行”

有一年夏天，曹操率领部队去讨伐张绣。当时天气热得出奇，骄阳似火，部队在弯弯曲曲的山道上行走，两边密密的树木和被阳光晒得滚烫的山石，让人口干舌燥，透不过气来。到了中午时分，士兵的衣服都湿透了，行军的速度也慢下来了，有几个体弱的士兵竟晕倒在路边。

曹操见此情景，心生一计，他指着前方大声喊道：“我知道前面有一大片梅林，梅子很多，又甜又酸，可以解渴。大家快点跟上!”

将士们一听到酸梅，不由口舌生津，于是鼓足力气努力向前赶去。

曹操巧妙地运用心理暗示，鼓舞了将士们的士气，重新激发起将士们行军的意志，使大队人马没有在中途倒下。

一位教育家曾说：“教师的一句话可以成就一个天才，也可以摧毁一个天才。”

丁泳是东莞市大朗三星小学的一名英语教师，学生都喜欢上他的课，他总是暗示学生只要按照老师的方法做，绝对能够取得优秀的成绩。在丁老师的积极暗示下，学生越学越有劲，成绩突飞猛进。他利用积极的心理暗示，让学生感受到“我能行”“我绝对行”“我肯定行”，使学生更爱学习。丁老师具体的做法如下：

1. 用成功暗示，提高学生的学习动机

积极的暗示是激起学生学习动机的重要因素。教师如果能够准确地把握每个学生的认知特点和性格特征，采用恰如其分的暗示激励策略，将能产生良好的教学效果。

有一个叫小雄的学生，刚上五年级的时候，英语成绩中等，丁老师对他说：“小雄，老师从你上课的发言发现你很有潜力，只要你不断努力，你的学习成绩绝对会在90分以上。”此后，丁老师经常给小雄“成功暗示”，小雄经过一学期的努力，也由中等生走到了优秀生的行列。

课上，丁老师总是对学生们说：“10个单词，两分钟你绝对能够记住的”，“你静下心来，大胆读出声，肯定能够把课文背出来的”，“只要按照老师的方法做，我们班的成绩绝对能够全年级第一”。刚开始，学生们将信将疑，很快他们都信服了，期中、期末成绩班级果然都是第一名。于是，学生们记单词、背书的热情更高了。

2. 用鼓励暗示，激励学生学习

班上有几个学生的基础比较差，性格内向，平时与教师、同学交谈很少，上课也很少举手回答问题，即使老师叫他们回答问题，他们的声音也像蚊子一样小。

对此，丁老师经常用鼓励的目光看着他们，暗示他们。每次在他们回答问题或读书的时候，总是走到他们的身边，先轻轻拍拍他们的肩膀，然后笑眯眯地看着他们，向他们暗示：你们能行，大胆说吧！说错了老师不会怪你们，老师支持你们！

当学生看到丁老师和蔼可亲的脸庞以及鼓励的目光时，都受到了很大的鼓舞，他们终于敢朗读课文和回答问题了。之后，他们得到了丁老师的肯定和同学们热烈的掌声。久而久之，他们在课堂上的表现也不像以前那样沉默，而是积极思考问题，大胆举手回答问题。

3. 暗示学生自我反省

教师用于暗示的语言，应当是一种高度艺术化的具有特定含义的语言，或含蓄幽默，或一语双关，或“顾左右而言他”。

学生小森平时写作业时龙飞凤舞，难以辨认，科任老师多次批评也不见效。

一次，英语课代表把他的作业在全班面前“展示”，小森十分生气，立即把作业撕了下来，课代表把情况向丁老师作了汇报。丁老师走进教室的时候，小森的情绪有些紧张，但非常烦躁。

丁老师摸摸小森的头，和蔼地说：“你们知道小森为什么把自己的作业撕掉吗？”

学生们摇摇头。

“他是在为自己作业写得潦草而生气（暗示小森应该自责），撕下来正是为了把作业抄写工整（暗示小森应摆正心态、端正态度）。小森是能够写好作业的（暗示小森要努力写好），我们应当相信他，他一定行的。”

小森听后惭愧地低下了头，第二天，小森把一份抄得工工整整的作业交给了丁老师，并在作业本上写道：“老师，我能够把单词写好的！”

丁老师又用红笔写上：“你绝对行！”

从此，小森的作业再也没有马虎过。

安东尼·罗宾说过：“人的潜能犹如一座待开发的金矿，蕴藏价值无比，而我们每个人都有一座潜能金矿。”丁老师通过给予学生积极的暗示，提高他们的学习兴趣，开发他们的“金矿”，才使得学生的学习成绩像芝麻开花——节节高起来。

阿尔卑斯山的盘山公路有一处非常陡峭，并且是一个急转弯，许多驾车者由于车速太快而丧命于此。

交通部门便在路旁树立了一块警示牌，上面写道：事故多发地段请缓行！但事故并未因此而减少。后来当地的交通部门将警示牌换上了另外一句话，事故一下子减少许多，以至于后来很少再有交通事故发生。

人们不禁要问：是什么话有如此的魔力？

原来警示牌上写着这样一句话：慢慢走，请欣赏啊！这便是对生命个体积极心理暗示的魅力。

暗示的美，是一种含蓄的力量。积极的暗示能督促做错事的学生细细反思，能鼓励优秀的学生再接再厉，不断进取。

苏霍姆林斯基说："任何一种教育现象，孩子在其中越少感觉到教育者的意图，它的教育效果就越大。"教师在引导学生学习时，应尽量采用暗示的方法，以达到"随风潜入夜，润物细无声"的效果。那么，教师如何润物细无声，巧妙地应用暗示激励让学生感受到"我能行"呢？

1. 利用体态暗示

体态暗示是指教师运用眼神、动作、表情、姿势等体态语言对学生加以暗示，从而达到传递、感染、调控和激励的目的。这是心理暗示最常用的方法之一。每个学生都非常希望自己得到教师的关注，教师的一个信任的眼神、鼓励的微笑都会给他们极大的鼓舞。当学生正确回答了问题之后，教师对他竖起大拇指，或报以赞许的一笑，是对学生最好的激励。在随后的课堂上，他也总是能热情饱满地参与教学活动。

2. 利用语言暗示

教师的语言暗示，是针对不同性格、不同境遇、不同表现的学生，运用合适的语言传递信息，鼓励学生敢说、爱说，让他们得到强大的鼓舞力量，从而获得继续前进的推动力。如"你可以的""你来试一试""刚才你总结得很好，还有什么要补充吗"，等等，都是很好的暗示语。

3. 利用身教暗示

"其身正，不令而从；其身不正，虽令不从。"教师的行为对学生是最有力的暗示。比如，教室地面上有杂物，教师弯腰将其捡起，其教育效果要比要求学生去捡更好；班级物品摆放不整齐，教师将其摆好，也能起到榜样的作用。

4. 利用认同暗示

“认同感”对学生来说是一个很重要的东西，因心智不成熟，学生还不能独立思考一些问题，所以他们迫切需要得到别人的支持与认可。在教学中，教师运用认同暗示法将会促进学生积极地学习。

5. 利用自我暗示

教师想让学生学会积极的自我暗示，首先就要让学生学会微笑。微笑是人快乐和充满信心的表现，建议学生每天早晨对着镜子给自己一个灿烂的笑容，相信这一天就会信心百倍，充满活力。让学生学会积极的自我暗示，还要告诉学生走路要抬头挺胸。人的姿势和人的内心体验有着密不可分的关系，走路抬头挺胸、充满活力的人，全身散发出来的是自信的魅力。

心理学家指出，心理暗示是指人或环境以不明显的方式向人体发出某种信息，个体无意中受到影响，并作出相应行为的心理现象。积极的心理暗示能让学生正确地认识自己，从而形成正确的自我观念和恰当的自我认知，有利于学生更有效地学习。

一位运动员在获得金牌后说：“奥林匹克竞赛对运动员来说，20%是身体的竞争，80%是心理的挑战。”

潜意识就像一块肥沃的土地，只有在上面播下成功意识的种子，才会生机盎然，硕果累累；否则就会野草丛生，一片荒芜。因此，教师要有意识地、灵活地对学生进行积极的暗示，让学生放松心态、挑战自我、开发潜能，不断去获得学习上的成功。

竖起大拇指，对学生说“你真棒”

作家达尔科夫在孩提时代是一个极为胆怯、害羞的男孩，他几乎没有什么朋友，对什么事都缺乏信心。

一天，他的老师露丝·布拉奇让学生给一篇小说写续文。今天他已无法回忆当初他写的续文有什么独到之处，或者老师给的评分是多少，但他清楚地记得，而且永生不忘的是布拉奇老师在他作文的页边空白处写下了四个字：“写得不错。”

这四个字改变了达尔科夫的一生。他说：“在读到这些字以前，我不知道我是谁，也不知道将来干什么。但读了老师的批注后，我就回家写了一篇短篇小说，这是我一直梦寐以求，但从来不相信自己能做的事。”

在中学剩余的日子里，达尔科夫写了许多短篇小说，他经常拿给布拉奇老师评阅。在老师的不断鼓励下，达尔科夫成为中学报纸的编辑，他的信心增加了，视野扩大了，他开始了一种充实的生活，并最终成为一名作家。

“写得不错”这四个字犹如一缕阳光温暖了达尔科夫孤独的心灵，给了他成为一名作家的信心，并改变了他的一生。这就是赞美的力量。

赞美有着巨大的教育魅力。它能让眼盲、耳聋、自暴自弃的海伦·凯勒成为“世界天使”，美国20世纪十大英雄偶像之一；它能把智商很低的舟舟推上保利剧院的指挥台。

教师的赞美就像阳光，照耀着每个学生的心灵，让他们倍感温暖。每一位教师都应该竖起拇指，对学生说“你真棒”，把充满期待的微笑和发自肺腑的鼓励化做滋润学生心田的阳光与雨露，变成激励学生爱学习的动力源泉。

特级教师吴永珍说过这样一句发人深省的话：“赞美性语言与动作带给学生的是一种快乐的动力、一种向上的自信，其奥妙就在于卸掉了压在他们心上的自卑的巨石，于是学生的潜能就像火山一样爆发了。”

吴老师的学生，特别是学困生，哪怕只有一点点进步，她都会竖起大拇指，对他们说：“你真棒！”在吴老师的鼓励下，很多学生在快乐中改变着，也在改变中品尝到了快乐。

新学期开始，吴老师的班里来了一名留级生——小军。作为留级生，小军脸上没有一丝笑容，总是深深地低着头，似乎害怕见到任何人。头几天上课，他的头不是深埋进双臂间，就是双目无光地盯着别处。

吴老师知道，学习不好的复读生，他们的心理比其他学生“成熟”，可是又非常脆弱、敏感。他们害怕听到同学们称他们为“留级生”“降级包”，更害怕老师揭他们“不光彩”的过去。

为了重新唤起小军的学习欲望，吴老师想了很多办法。

一天，吴老师提出让学生抢答问题，她故意出了一道大家都没有学过的题。10 秒钟过去了，教室里鸦雀无声。

小军看到这种情况很奇怪，他抬头看了看吴老师，便小声地说出了答案。

但是班上一个学生却说：“老师，他学过，我们都没有学过。”

这一句话，让刚刚抬起头的小军立刻像泄了气的皮球一样，小军的脸红红的。

“嗯，这个同学说得有道理。小军是学过，可这说明他的记忆力非常好，回答时反应也很快，就是声音太小。小军能站起来大声告诉大家吗?”

小军稍微顿了一下，终于鼓足勇气从座位上站了起来又说了一遍答案。

吴老师竖起大拇指，说：“小军多像男子汉呀，站得直，大家说他回答得对不对?”

“对!”学生们异口同声地回答。

“请坐，你要是声音再大一点，坐得再直一点，就更好了。”

小军怯怯地望了吴老师一眼，坐下了。这一次，坐下的他明显比以前“高”了一些。

从那以后，每次上课吴老师都特意寻找一些小军会的题让他回答，慢慢地他变得有信心了。他的头抬了起来，腰板也直了，上课时也能做到认真听讲了。同时，小军的新伙伴也多了起来，他也更加爱学习了。

还有一名学生叫小马，他是班上有名的调皮鬼，经常惹是生非，上课爱捣乱，作业也经常不做，很多同学都不愿意与他交往。

有一次，班级举行扳手比赛，个子最小的他却拿到了全班第一名。吴老师马上抓住这一时机，及时肯定了小马积极参加活动且敢于拼搏的精神，并委婉地说道：“小马同学，如果在遵守纪律、学习上也有这股劲儿，那他肯定会了不起。我们相信他，大家为他鼓掌!”

从未受过表扬的小马第一次得到了老师的赞美，他的心里美得像喝了蜜一样。此后，小马的表现竟有些出人意料：作业端正且能及时完成，成绩不断进步，月底还被其他同学评为“最具进步力之星”，并且在吴老师的提议下，他还当选了体育委员。

全国十佳班主任田丽霞说：“对待差生我们不要吝于表扬，其实表扬真的很简单，简单到只有‘你很棒’三个字。要做一位称职的班主任，首先就要养成表扬学生的习惯。在教育过程中，我们要多用大拇指，少用食指，不用小拇指。”

吴老师用敏锐的目光及时捕捉到学生身上的闪光点，用赞美性的话语给予他们鼓励、肯定，从而使后进生也能体会到不断进步的乐趣。

一些“问题”学生长期遭受冷落、歧视，心理很脆弱，他们对外界极敏感，对他人心存戒备，实际上在他们的内心深处非常渴望得到教师的理解、信任与赞美。这时，教师赞美的话语，能使学生看到自身的价值，激发他们积极向上的勇气。

所以，教师表扬学生既要善于用放大镜来寻找学生的优点，又要像摄影师那样善于抓住最佳视角，这样，表扬才会起到应有的作用。

1. 把握时机，在关键时刻要表扬

教师表扬学生要及时，只有及时的表扬才能强化学生的积极性和创造性，尤其是对待低年级学生和自卑感很强的学生，一旦发现他们有值得表扬的事情就要及时给予肯定、鼓励，以激发其自信心。如果表扬晚了，他们就有可能感到失落。但对比较容易骄傲的学生，就不要轻易地进行表扬。

2. 要注意选择合适的表扬场所

俗话说，在什么山上唱什么歌。对学生进行表扬也应当选择恰当的场合。对于成绩突出、进步较大的学生，应在全班学生面前进行表扬。因为他们取得的成绩大家有目共睹，很有说服力，通过表扬这些学生可激励其他学生，从而全面调动学生的学习积极性。

3. 通过设专栏进行表扬

教师可以在班级后墙的黑板上设一个专门表扬学生的专栏，让每一个学生都有可能“一举成名”——也许是因为学习认真了，作业按时完成了，成绩进步了，也许是劳动时特别认真，也许是因为帮助有困难的同学，也许是拾金不昧……这种形式的表扬不但对被表扬学生是一种激励，对增进同学之间的了解和友谊、建设一个积极向上的班集体也很有益处。

4. 通过拟批语进行表扬

在批改作业时，教师除了打上分数或评定等级外，还可以根据学生的作业情况写上“工整”“字写得太漂亮了”“有创造性”等批语。这样的批语会使学生获得一种成就感，能有效地调动学生的积极性和创造性，从而使学生更爱学习。

除此以外，教师还可以通过每个月给学生写两封信的形式，对学生进行表扬。

5. 送喜报，形成教育合力

教师可印制精美的喜报，当学生在某一方面表现突出或取得进步时，他的家长就可得到教师亲自填写的喜报。这种喜报不仅能强化学生的优点，还能沟通学生、老师、家长之间的感情，有助于强大教育合力的形成。

值得一提的是，表扬学生要恰到好处。一是不能滥用，教师要了解学生的身心发展、心理状态，根据真实需要进行表扬、鼓励，不能为达到某种目的而牵强地表扬，否则，不仅对学生本人起不到鼓励作用，而且会影响其他学生对教师的信任。二是表扬不能过度，过度会导致学生对自己认识不足，从而让学生产生骄傲自满的心理，学生稍遇不顺就会一蹶不振。

一位教育家曾经说过："既然到目前为止，我还没有发现有一个学生因为表扬过多而变坏的例子，就说明我们的表扬还不够。"所以，教师不能吝于表扬，要学会慷慨地表扬学生。当学生乐于助人时，别忘记对学生竖起大拇指称赞："你真有爱心！"当学生参加义务劳动时，别忘记对学生竖起大拇指称赞："你真能干！"当学生取得了点滴进步时，别忘记对学生竖起大拇指称赞："你是好样的！"当学生克服困难或解决了难题时，别忘记对学生竖起大拇指称赞："你是最棒的！"

画龙点睛，让作业评语切入人心

1976年，教育家奥斯汀做了这样一个实验：

他把高中教学班的学生随机分成两组，对其中一组学生的作业不加说明地判出分数，而对另一组学生的作业不仅给出分数，而且还加写评语，用以赞扬或鼓励学生。后来经过检测，后一组学生的平均成绩明显高于前一组学生的学习成绩。

可见，作业评语不仅是师生间教学信息的相互反馈，而且还是师生间进行心灵“对话”的沟通平台。它能无声地给予学生恰当的鼓励、正确的引导和善意的鞭策，使优等生更加优秀，中等生更上一层楼，后进生从头跃进。

因此，教师应针对每个学生作业的不同情况，字斟句酌地写出恰当的评语，使作业评语取得传递——反馈——再传递——再反馈的最佳沟通效果，促使学生积极上进。

有一年，肥城市边院镇回族小学吕俊强老师接手了一个新班级。班里有一个非常调皮的男生叫小旭，他的数学作业字迹潦草，吕老师第一次看到他的作业时就吓了一跳，数学图形都是随手一画，字迹很乱而且涂抹得十分厉害，吕老师看后就想把他的作业本撕掉让他重写。

后来经过了解，吕老师知道小旭是一个很聪明的学生，但是学习不认真，作业经常写得乱七八糟，老师多次批评也没有效果。吕老师想小旭可能是经常受到批评，有些自暴自弃了，这时候不应该再给他批评，而是应多给予他鼓励。

于是，吕老师开始认真看小旭的作业，并写下了这样的评语：“你很聪明，解题的思路很好，美中不足的是字迹有些潦草，如果能把字写得好一点就太棒了。”第二天，作业交上来后，吕老师发现小旭的作业虽然还是比较潦草，但已经好了很多，吕老师又写下鼓励的评语：“真不错，有进步，期待你有更好的表现。”第三天，小旭的作业有了很大进步，作业做得非常认真，吕老师高兴之余马上给了他一个大大的“好”字。第四天，让吕老师意想不到的是，小旭不但将这次的作业写得既认真又正确，还将第一次和第二次的作业又重新做了一遍，附带着夹了一张纸条：“谢谢老师对我的激励和帮助，我以后会认真写每一次作业的。”

从那以后，小旭的学习态度有了很大改变，作业本变得干净整洁了，学习成绩也有了大幅度提升，在课堂上也能认真听讲了，成了一位名副其实的好学生。

小旭的转变让吕老师感受到作业评语的激励作用，后来他经常以此鼓励学生上进。

另一个叫小威的学生学习成绩比较差，也不爱写作业，即使写了也是马马虎虎。有一次，吕老师看到小威作业本上的字写得大大小小、歪歪斜斜，作业本又黑又脏，而且有很多错误。但与他之前的作业相比已经整洁了很多，字迹也相对比较端正，于是吕老师写道："很好，有进步，希望你能再接再厉。"并在小威的作业后面画了一个笑脸。

第二天，吕老师夹着作业本，迈着轻快的步子走进教室。吕老师让课代表把作业本发下去。小威很随意地翻开作业，突然他睁大眼睛仔细地看了起来，随即露出了笑容。吕老师注视着小威的表情，然后像往常一样把教室扫视一圈后，笑了笑，说："同学们，这次作业大家写得特别好，我非常高兴。"接着，吕老师稍作停顿地说道："今天老师还发现了一份最满意的作业，他是谁的呢?"不等吕老师说完，学生一下子把目光投向了班里写字最好的学生小海。吕老师再一次停顿下来，激动地大声宣布："他就是小威，虽然有些失误，但老师相信这份作业是他最努力，也是他最优秀的作业。"教室里响起了热烈的掌声。这时，小威腰杆挺得笔直，眼神中流露出兴奋与喜悦。

之后，小威的作业做得越来越好，吕老师也不吝于表扬，每次在批改作业时都会在小威的作业本上写出鼓励的话语，小威的学习态度有了很大转变，逐步开始把心思放在学习上。

教师批改作业一般都是随意地写一个等次，像"A、B、C、D""优、良、中、差"等，有时为了省事干脆连等次都不写，只写上批改日期。可能很多教师认为能及时批改作业，再及时给学生订正就可以了，其实不然，评语有很大的作用，对于大多数学生来说，一句教师用心写出的评语不亚于一次教师对学生的情感教育。

作业是了解教学质量和学生学习情况的重要途径，有效的作业评价可以增进师生之间的情感交流，可以调动学生学习的积极性，可以促使学生养成良好的学习习惯。因此，教师在批改作业时应加入适度的人文性评语，如对作业拖拉的学生可以写："老师相信你今后能按时完成作业的"；对书写糊涂的学生可以写："能干的你会把字写得工工整整""你准行！因为你付出了劳动""你很聪明，如果能把字写得再好一点，那就更好了"；对抄袭作业的学生可以写："诚实是一种美德，用你聪明的脑子、灵活的双手去完成作业，肯定会得到'优'的"；对思维活跃、书写马虎的学生可以写："你很聪明，只争朝夕，若再稳重一些，定会前程万里"；等等。这些评语不再是干巴巴的文字符号，而是一句句感人的心语、一幅幅美丽的画卷，使学生能享受到语言情趣和人情味的陶冶。

德国教育家第斯多惠说："教学的艺术不在于传授的本领，而在于激励、唤醒和鼓舞。"教师应根据学生的心理特点，在作业批改方面运用语言激励，激发起学生学习的"内驱力"，为学生的终身学习奠定基础。

1. 表扬性评语

称赞和表扬，是学生兴趣的源泉，是引导学生前进的动力。当学生通过努力获得进步时，如能得到老师及时的赞赏和表扬，这无疑是莫大的快乐。而这又何尝不是巨大的教育资源呢？因此，对于完成作业好的学生，教师要善于用表扬性的评语来激发学生的学习热情。

2. 鼓励性评语

在作业批改中采用鼓励性评语，提出富有层次性、指导性、针对性的改进与提高目标，能让学生树立起再前进一步的信心。

心理学认为，每个人都有被赏识的欲望。通过赏识、鼓励，人潜在的积极向上的心理动机被激发出来，他们具有的潜能也如火山喷发一样，他们将淋漓尽致地发挥出自己的本领。学生更是如此，他们更需要不断地鼓励和赏识，以展开奋飞的翅膀，增加前进的信心。尤其是后进生，对他们进行有效的鼓励性评价，及时发现他们的进步，以关怀的态度指出其存在的缺点和不足，并根据他们的个性差异提出今后改进的具体建议，能激发他们潜在的上进心和求胜欲。

3. 期待式评语

著名教育家陶行知先生说过："你的教鞭下有瓦特，你的冷眼里有牛顿，你的讥笑中有爱迪生。"每个学生都希望自己是成功者，教师在批改作业时应尽可能地发现学生的闪光点，以饱含深情的期待式评语调动他们学习的积极性。教师要帮助后进生树立学习的信心，让后进生感受到成功的喜悦，从而使他们能自觉地去获取新知，产生学习的欲望。

4. 情感式评语

爱是所有人的一种心理需要，而每一个学生如果能经常感受到教师对他的爱，就会产生健康的情感，也就更容易产生学习的动力，对自己学习的能力也会更有信心。因此，每位教师要在尊重学生的前提下，以充满情感的语气对学生的作业给予评价，使学生在和谐的情感中得到发展。

5. 警钟式评语

有些学习成绩优秀的学生思维能力较强，但由于不重视作业，以敷衍、应付的态度完成，因此常会出现一些不该发生的错误。对于这些学生的作业，教师可以写这样的评语："马虎不改，难有作为""学习是老老实实的学问，来不得半点虚伪和骄傲"，等等。以这种警钟式的评语提醒学生学习是严肃认真的事，容不得半点马虎和草率，从而培养学生科学严谨的学习态度。

6. 批评性评语

在教学实践中，有些学生由于对知识掌握得不好，于是做作业时就会出现这样或那样的错误，而绝大多数学生又比较敏感，自尊心强，教师如果不注意批评的方式方法，往往事倍功半。因此，教师在写作业评语时，不仅要细心地指出作业中的每一个错误，而且还要特别注意语气的委婉。

作业是教师了解学生学习情况的一种途径，而批改作业则是教师与学生进行信息和情感交流的有效方式。作业批改中一句简短的话语，一句精彩的对白，一声温馨的问候或一个委婉的暗示都能直接影响学生的学习情绪，甚至会使学生在学习上有质的飞跃。所以，老师们，别再吝惜自己的笔墨，适时地给学生的作业写句鼓励性的评语吧！

动态评价，让学生感受自己的进步

起初，吴王孙权对大将吕蒙说道："你现在身当要职，掌握重权，不可以不去学习呀!"吕蒙以军营中事务繁多为理由加以推托。孙权说："我难道是想要你成为精通儒家学问、传授经学的学官吗？你只需要粗略地阅读，了解一下历史就可以了。你说你军务繁忙，哪能比得上我繁多的事务呢？但我却常常读书，并感到自己获得了很大的收益。"吕蒙于是开始学习。

一天，当东吴军师鲁肃路过浔阳，与吕蒙讨论事情时，鲁肃听到吕蒙的见解后很惊讶地对吕蒙说："你如今的才干谋略，已不再是过去的吕蒙了。"吕蒙听后说："对于有志气的人，分别了数日后，就应当擦亮眼睛重新看待他的才能，老兄你为什么这么晚才看到事物的变化呢?"鲁肃于是拜见吕蒙的母亲，与吕蒙结为好友，然后告别而去。

这是《资治通鉴》里孙权劝学的一个故事，也因此留下了"士别三日，当刮目相待"的佳话。它告诉人们事情的发生不会静止在某一时刻，它是永恒发展的，当然人也是永恒发展的。

教师看待学生也是如此，教师要用发展的眼光去看待学生，并对学生进行动态性的评价。动态评价是建立在学生动态性学习的基础上的一种科学而全面的评价体系。它的目的是确立"以人为本"的教育思想，"关注个体的进步和多方面的发展。它强调多元主体共同参与，重视评价的激励与改进功能，着眼于人的可持续发展、全面发展；它促进学生主动进取，注重包括积极的学习态度、创新意识和实践能力以及健康的身心品质等多方面的综合发展。"

新课程改革指出，学习的评价既要关注学生的学习结果，更要关注学生的学习过程。这就要求教师在教学中必须建立一种公平合理的评价机制，以促进学生全面、自由、和谐的发展。教师在教学中应通过动态性的评价让学生体验到成功的快乐，从而激发他们的学习兴趣。

广东省珠海市香洲区第十六小学的吴颜英老师，在教学中经常采用动态性评价方式来调动学生的学习积极性。在教学《分类—整理书包》一课时，吴老师是这样做的：

1. 分人物头像

师：今天小朋友上课特别棒，小机灵狗知道后，又来到课堂上，而且还带来了很多客人，看！（电脑显示客人）小机灵狗想请同学们给这些客人分分类，好吗？

生：好。

师：请同学们以小组为单位进行讨论，相互说说这么多的客人该怎样分类，按什么分，分成几组，老师想看看哪一组分得又快又好，方法最多。

学生开始讨论。

（1）学生边说教师边归纳，并根据分的情况动手移动黑板上的人物头像。

师：请×××来说说，你们组是怎么分的？

生：男孩子分一类，女孩子分一类。

生：大人分一类，小孩子分一类。

生：戴眼镜的分一类，没戴眼镜的分一类。

生：扎辫子的分一类，没扎辫子的分一类。

生：戴帽子的分一类，没戴帽子的分一类。

生：睁开眼睛的分一类，没睁开眼睛的分一类。

接下来，其他小组分别陈述。吴老师根据各小组的情况作出评价："第一小组的每个同学都很积极，都把自己的想法说了出来，他们想到的分法也最多，这个活动他们小组合作表现最棒。"

最后吴老师小结：同学们真聪明！你们说我们找到的方法多不多？

生：多。

师：看来分类可以按照很多不同的标准来分，咱们继续学习。

2. 几何图形分类

师：小机灵狗给同学们带来了些小礼物，里面有些漂亮的图形，（电脑显示）你能给它们分分类吗？自己先分好，然后在小组里面介绍自己的分法。

（1）学生个人操作，然后小组交流。

师：请同学们在小组里介绍一下自己是怎么分的。

小组交流。

师：请每一组派一位代表说说你们是按什么标准来分的。

生：我是按图形分的，三角形分一类，正方形分一类，圆形分一类。

生：按颜色来分，黄色的分一类，紫色的分一类，橙色的分一类。

生：按大小来分，大的分一类，小的分一类。

(2) 请学生自我评价

师：请几位代表说说为什么你能做代表？评评自己的表现。

生：我是小组中最快完成的，而且我把图形整理得很整齐。

生：我也是最快完成的，完成后还帮其他同学一起做。

生：我的分法最好，而且我还想到了很多分法。

生：我在组里说得最好的，还会说别人的分法。

3. 生活中的分类

师：我们在生活中经常会看到、用到分类，机灵狗想带我们一起去看看，我们出发吧！

(电脑显示) 商场内，学校办公室，男女厕所。

师：你还在哪里看过或用过分类？

生：整理衣服时。

生：字母表。

生：一年级课室在一楼，二年级课室在二楼……

吴老师小结：原来我们平时能找到这么多的分类，只要同学们用心观察就会发现在我们的生活中处处有数学。

4. 动物进行分类着色

师：小组比赛涂颜色，涂完的小组马上出来，看哪一组最快。

每组学生拿出学具袋里的可爱动物分类整理。

师：请组长说说你们组的分法。

生：在水里的一类，在地上的一类，在天空飞的一类。

生：有角的一类，没有角的一类。

生：长鼻子的分一类，没有长鼻子的分一类。

吴老师根据学生的陈述贴出每一种分类。

吴老师给小组评价：第四小组完成得最快，你们能告诉老师为什么这么快吗？第六小组的最慢，说说你们遇到的困难。

生：因为我们每个同学都动手做，大家一起做很快就完成了。

生：因为我们事先没有商量好，有些同学涂错了颜色，我们只能又拿了一张重新涂，所以就很慢。

吴老师总结：小组合作一定要观察、商量好了再动手做，每个人都动脑筋，动手合作，就能很快完成。

5. 给全班或全课室的人分类

师：现在我们来做一个比赛，我们把全班同学或全课室的人分类，看哪一组的分法最多，先在小组里面讨论，然后再找同学来说。

学生小组讨论。

生：男孩子分一类，女孩子分一类。

生：高的分一类，矮的分一类。

生：穿校服的分一类，没穿校服的分一类。

生：扎辫子的分一类，没扎辫子的分一类。

生：老师分一类，学生分一类。

生：戴眼镜的分一类，没有戴眼镜的分一类。

吴老师小结：你们认为哪一组最棒？表现在哪里？也评评自己组。

生：第四组最棒，因为他们想的方法最多，每位同学都举手发言，坐得也很好。

生：我认为第一组最棒，他们小组合作得最好，每位同学都积极举手发言，想到的分法也很特别。

生：我认为我们组也很不错。我们很积极地回答问题，但×××没有做好，他刚才在玩文具。

……

吴老师在这节课中对学生的学习过程插入了多种评价，有师评、自评、他评和小组评，学生参与评价的积极性很高。这种动态性的评价，可以充分发挥学生的主体作用，使学生懂得好与坏是自己表现出来的，从而产生追求成功和进步的渴望，积极参与学习活动。

动态评价用多种评价手段和方法来衡量不同的学生，注重评价学生在学习过程中的表现，如学习习惯、学习态度、学习体验等。只有这样才可能真正发挥其评价功能，促进学生学习。那么，具体来说，教师该如何动态评价学生呢？

1. 注重对学习过程的评价

教师对学生学习过程的评价应包括参与学习活动的程度、自信心、合作交流的意识，以及独立思考的习惯、思考的发展水平等方面。教师可采用观察、访谈和建立评价调查卷等方式来进行。

教师观察是评价学生学习行为的基本方式。教师可以观察学生日常学习的诸多方面，比如，观察学生在课堂上的反应情况、使用教材情况、在小组活动中与其他同学相互交流合作的情况，以及如何有效地展示自己对所学内容的理解。通过观察，教师可以了解学生学会了什么，哪些学习策略对学生有帮助，学生喜欢哪些活动和材料等，并及时做好记录。

2. 对学习基础与基本技能的评价

教师对学生基础知识和基本技能的评价应结合实施背景和解决问题的过程，更多地关注学生对知识本身的理解以及在理解基础上的应用。

教师可以将小组协作式的部分评价交给学生互相评价，鼓励学生积极参与，表达自我，合作互助。

3. 对发现问题、解决问题能力的评价

教师对学生发现问题、解决问题能力的评价主要包括：能否结合具体情境发现并提出问题；能否尝试从不同角度分析和解决问题；能否体会到与他人合作解决问题的重要性；能否用文字、字母、图表等清楚地表达解决问题的过程，并尝试运用不同的方式进行表达；能否解释结果的合理性；能否对解决问题的过程进行反思，并获得解决问题的经验。

在评价过程中，教师应充分发挥评价的激励功能，以促进学生个性化的发展。发展个性，就是要在人的共同性的基础上，把人的差异性表现出来，从而使每个人都具有高度的自主性、独立性和创造性。学生的兴趣、爱好、志向、智力、能力是有差别的，教育的目的不是消除差别，而是正视这种差别，挖掘学生的专长与潜力，鼓励学生在某一方面冒尖，使他们有更多的自主性和选择性，给学生更大的发展空间，因为“没有个性，就没有创造性”。

在评价时，对学生提出的问题及解决问题的方法，教师要给予鼓励与引导，并随时做好记录。

4. 对情感态度的评价

学生认真的态度、科学的精神、好学的品质等是无法用考试分数来衡量的，这些都要靠教师在对学生有充分了解的基础上，作出恰如其分的动态评价。所以，教师要经常对学生的学习动机和努力情况加以评价。例如，“张三同学，最近在学习上比较刻苦，好好加油，一分汗水，一分收获，老师期待着你的成功”等激励性评语，或通过学生座谈、个别交谈等形式，及时对学生的学习加以评价，激励他们学习的热情和兴趣。对学生情感态度的评价可以让他们对自己在学习中取得的进步、学习的现状有一个更为清醒的认识，以帮助他们明确下一阶段应努力的方向，并改进学习的方法。

“一切都是为了每一个学生的发展”，是新课程改革的最高宗旨和核心理念，新课程改革倡导的学生观指出：学生的发展是一个过程，判断学生的发展同样要经历一个过程。

传统的学生评价由于其目的重在甄别、选拔，所以，评价过分关注活动结果，而忽视学生在活动的各个时期的进步状况和努力程度，忽视了对学生学习和发展变化过程的动态评价。而新课程理念下的发展性学生评价则认为，发展是一个动态的过程，以促进发展为目标的评价同样也是一个动态的过程，它不仅发生在教育教学活动之后，而且也应伴随和贯穿于教育教学活动的每一个环节。因此，教师必须采用动态评价的形式来评价学生，让学生时刻感受到自己的进步，进而产生学习热情。

8

化解负面效应：

放下包袱，让学生轻松学习

不自信、迟到、作弊、爱说谎、迷恋网络游戏、早恋、厌学、畏学……这些都是学生在求学阶段会遇到的问题，如何帮助学生解决这些问题，让学生放下“包袱”，需要教师在教育教学工作中不断去研究、实践。

创造成功机会，让学生自信起来

好莱坞的一位著名演员在接受片约时，导演给他出了一道表演“自信”的考试题，让他在所有的竞选者面前表演一下“自信”。

接到考题后，这位演员当即回头对身后的所有演员欢呼：“我被录取了！我被录取了！你们回去等下一次机会吧！”

如此自信，最终他赢得了导演的片约。

自信是人的立身之本，是一个人成功的基础，是推动人们不断前进的动力。李白有诗云：“天生我材必有用，千金散尽还复来。”伽利略在火刑架上面对着熊熊燃烧的大火，依然对自己的观点笃信不疑：“这个世界最终会了解我的。”在革命处于低潮时，毛泽东没有低头，他说：“星星之火，可以燎原。”经过十几年的斗争，伟大的中华人民共和国终于宣告成立了。

成功人士之所以成功，他们有一个共同的特点，那就是自信。邓亚萍说：“我自信，我成功。”凭着这种精神，她在世界大赛中屡克强敌，即使在比分落后时也能镇定自若，信心百倍，最终反败为胜。

有一句教育名言是：要让每个孩子都抬起头来走路。“抬起头来”意味着对自己、对自己所要做的事情、对未来都充满信心。

对学生来说，自信更为重要，它是学生学习进步的一个秘诀。很多学生都是先因为自信心不足，才学习成绩不好，进而不爱学习的。提高自信的方法有很多，而给学生创造一个成功的机会，是提高学生自信心和让学生爱上学习的一种最为有效的方法。

常州市兰陵小学的谈红芝老师总是用各种方法来调整学生的自卑心理，帮助学生树立起自信心。

有一个学期，小莉刚转入谈老师的班级。第一天上课，小莉的表现就让谈老师感到这个学生性格有些内向。上课时，小莉从不主动举手发言，老师提问时也总是低头回答，声音很小，脸涨得通红。下课后，除了上洗手间外，小莉总是静静地坐在自己的座位上发呆，老师让她和同学出去一块儿玩，结果她冲老师勉强笑一下，但仍坐着不动，总是把自己隔离在班集体之外。

小莉的异常表现引起了谈老师的注意，一开始谈老师认为小莉可能有点认生和内向，但经过仔细观察，她发现小莉有着严重的自卑心理。是什么让小莉如此自卑呢？谈老师决定去寻找根源，帮助小莉重塑自信，让她尽快融入班集体。

由于小莉是新转来的学生，所以要想找到她自卑的根源，最直接的方法就是做家访。通过和小莉父母的交谈，谈老师了解到小莉以前只是稍微有些内向，后来就变得非常不爱说话了，也不和同学一起玩，总是一个人关在家里。父母问她原因，她也不说，开始父母还想方设法哄着她去和其他小伙伴玩，但多次没有效果后，父母也就随她去了。

看来一定是发生了什么事，让小莉受到了打击，而父母又没有及时进行疏导，才导致小莉变得极度自卑。谈老师想到这些，她认为现在的关键就是让小莉说出所发生的事情，但让小莉说出事情的原委，并不是一件容易的事，首先要做的就是打开她的心扉。

接下来，就是去除小莉的畏惧心理，做到师生互信。谈老师开始利用课余时间有意无意地找小莉闲谈。同时，在学习与生活中给予小莉细心的关注，当她衣服不整的时候，帮她整理一下衣服；让她帮忙拿作业、发作业本；上课时从不公开点名批评她；发现她有进步时及时表扬。谈老师经常对其他同学说："看，我们的小莉今天坐得真端正！""我们的小莉回答问题真响亮""我们的……"谈老师在有意无意的语气中把小莉拉入集体。渐渐地，小莉开始喜欢和谈老师交流了，有一次，她还天真地问谈老师："老师，您是老师吗？"

"我不像老师吗？"谈老师笑着反问。

"不太像，您上课老爱笑，老师上课是不笑的！"

谈老师拉着她的手说："这是因为你不知道，其实上课爱笑的老师多得很！"

通过与小莉的交谈，谈老师终于知道了小莉自卑的原因。原来有一次她参加讲演时出了差错，结果被一些同学嘲笑，而且这些同学在平时一起玩的时候还常拿这件事作为笑料，于是小莉变得越来越不自信，认为自己什么都不行，也不再和同学接触。

找到了根源，谈老师开始有针对性地调整小莉的自卑心理。正好有一次班级举行小组间的演讲比赛，谈老师特意选小莉去参加。开始，小莉不愿意去，谈老师就让她的小组成员一起给她鼓劲，再加上老师和家长的鼓励，小莉最终去了，而且表现得很不错。谈老师和其他老师都在自己所任课上以她为典型进行了表扬，小莉初次品尝到成功的喜悦，第一次在同学们面前露出了开心的笑容。

从此小莉变了很多，对很多课都有了一定的兴趣。经过谈老师的不断鼓励，小莉在学习上进步很大。有一天，她问谈老师："老师，我能行吗?"

谈老师笑着说："你这么棒，当然行。演讲都说得那么好，还有什么不行呢?"小莉激动地点着头。

为了提高小莉的自信心，谈老师还开展了形式多样的评比活动。如让她自主设立自己的成长档案，每月评一次，让她通过自评、小组评，把自己所取得的进步记录下来。在评价中，小莉从他人的肯定中得到了满足，获得了自信；在自评中，小莉学会了反省，学会了逐步完善自己。为了调动她的自我激励意识，谈老师每月都给她以恰当的评价，把小莉突出的个人事迹在班集体、家长会上予以宣传，并对她进行表扬，这样做充分调动了小莉的积极性，使她不断自律、自信和自强。

此外，谈老师还积极鼓励小莉参加班干部、小组长竞选活动。当小莉当选小组长后，她对自己、同学，对事情的看法有了明显的变化，她不再沉浸在自卑中。在工作中，小莉还发现了一些管理上的问题，通过与老师交流、与同学协作，她所在的小组不但各项评价合格，而且评价成绩在班级中也名列前茅。看到自己取得的成绩，小莉脸上露出了笑容，她也变得越来越自信了。

"没有什么比成功更能增加满足的感觉，也没有什么比成功更能鼓励起进一步成功的动力。"一次演讲失败受到同学的嘲笑，使小莉变得越来越不自信，让她不能正确评价自己的能力，也一直怀疑自己的优点，即使在成绩面前，她也难以体验成功的喜悦，从而陷入失败的恶性循环之中，最后形成严重的自卑心理。

谈老师通过组织各种活动让小莉逐渐融入班集体，让她变得不再排斥同学，课堂上也敢于回答问题——特别是让小莉参加演讲比赛，因为这曾经是造成她自卑的最重要原因——通过老师、同学和家长的鼓励，小莉再次站到了演讲台上，并且表现得非常好。之后，她又受到了老师和同学的表扬，这让她找到了自信的感觉。通过参与班级管理，小莉的自信心更加高涨，学习也越来越积极，最终彻底消除了自卑心理。

自信是一种正确、积极的自我观念和自我评价。作为教师，应该如何消除学生的自卑心理，让学生自信起来呢?

1. 教师要起表率作用，用自信心感染学生

教师不仅是学生知识的传授者，而且还应该做学生的楷模。教师的世界观、价值观和人生观影响着全体学生，一个自信十足的教师教出的学生也是充满自信的。因此，教师每一天都要充满自信与激情地站在讲台上，每一天都要用阳光般的语言与学生交流，这样，学生在潜移默化中受到自信心的鼓舞和感染，他们也会变得信心百倍。

2. 以爱为原则，保护学生的自尊心

随着年龄的增长，学生的自尊心也与日俱增，尤其是有自卑感的学生更怕人格受到伤害。因此，教师要坚持以爱为原则，特别是对有自卑心理的学生更要多关心、爱护，使他们感受到来自教师实实在在的温暖，感受到自己存在的价值，从而鼓起战胜自卑的勇气。

教师的爱有助于学生个性和人格的健康发展，也有助于清除乃至填平自卑学生与教师之间的鸿沟，还能有效矫正自卑学生戒备性的心理障碍，让他们自信起来。

3. 通过常识教育，鼓励学生进步

教师应该赏识自己的学生，这赏识不是一般的对学生的鼓励或赞扬，而是要真正认识到学生的才能和学生所做事情的价值，并予以充分的重视和支持，由此鼓励学生按他所喜爱、所擅长的方向去发展，而不是按照父母的或老师的愿望去发展。不论学生眼下处于什么状态，教师永远不要对学生失望。

因为学生需要赏识，当他们得到赏识时，就觉得自己有进步，能学好，就能感受到自己在教师心目中是好学生，因而就会产生自身增值感，也能增强学习的内部动力。

另外，教师对学生的评价也是学生情绪的晴雨表。如果学生的做法能得到教师及时而肯定的评价，学生就会感到自己被赏识，就会愉快、积极，从而增强自信心。反之，就会情绪低落、被动、缺乏自信心。

4. 把握时机，挖掘学生的潜能

谬·詹姆斯说："每个人都具有在生活中取得成功的能力，每个人天生都具有独特的视、听、触以及思维的方式，每个人都能成为富于思想与创造的人。"教师要把握一切教育时机，有意识地帮助学生挖掘自己的潜能，开发内在的动力，在丰富多彩的班级活动中帮助每一个学生找到适合自己发展的空间，从而最大限度地挖掘学生的内在潜能，培养学生的自信心。

高尔基说："只有充满自信的人，才能在任何地方都把自信沉浸在生活中，并实现自己的意识。"未来世界充满竞争，需要充满自信心又有能力的人才，而心理自卑、性格怯懦的人将无法适应，更难以立足。教师要加强对自卑学生的心理健康教育，处处保护他们的自尊心，不熄灭任何一点自尊的火花，要努力让学生自信起来，让学生全力以赴地投入学习。

正确引导，让学生谨慎交友

1844 年，马克思在巴黎认识了恩格斯，共同的信仰让彼此把对方看得比自己都重要。马克思生活艰难，恩格斯为了维持马克思的生活，他宁愿经营自己十分厌恶的商业，挣钱资助马克思。他不但在生活上帮助马克思，在事业上他们更是互相关怀，互相帮助，亲密合作。

一次，马克思答应给一家英文报纸写通讯稿，但他还没有精通英文，恩格斯就帮他翻译，有时甚至代他写。恩格斯从事著述的时候，马克思也放下自己的工作，帮恩格斯编写其中的某些部分。两人合作了 40 年，共同创造了伟大的马克思主义。他们的友谊被列宁称赞为“超过了古人关于友谊的一切最动人的传说”。

爱因斯坦说：“世间最美好的东西莫过于头脑和心地都很正直的朋友。”

的确，正确的交友会给人带来无比的幸福与快乐，错误的交友则会给人带来巨大的痛苦和伤害。所以，即使学生非常渴望交友，也要谨慎对待。因为交友的正确与否，往往能影响学生一生的发展。怎样提高学生在交友上的理智与免疫力，不让不良的朋友影响学生的学习与成长，是每一个教师都应该重视的问题。

贺明媚是北京长辛店一小四年级的一名优秀教师。有一段时间，贺老师发现班上有一些学生经常因为一点小事就吵起来，很多学生不会处理朋友、同学之间的矛盾。四年级学生正处于小学阶段的转型期，他们不再像低年级那样跟谁都可以玩，他们的玩伴开始趋于专一化，也就是平时只爱跟某一两个或几个特定的对象玩耍、交谈。但是他们在选择朋友方面往往还存在着片面性、盲目性，缺乏辨别好坏的能力，错误地把某些人的坏习惯当成“帅、酷”来崇拜。为了引导学生正确择友，贺老师在班上进行了“善交朋友”系列心理辅导活动：

1. 自我认识，让学生感知交友的重要性

贺老师先让学生把平时最爱跟谁玩及其理由写在纸上，并且叠成纸飞机扔出去。然后，让学生每人捡一张，并念出自己所捡到的纸飞机上所写的内容。

学生们对这个活动非常感兴趣，纷纷按照老师的要求去做。一些学生这样写："我喜欢和425、518玩，因为她俩可爱。""我喜欢和胡萝卜丝玩，因为我在他身上可以学到跑步快的秘诀。""我喜欢和小甲玩，因为他聪明，很有主意。"还有学生这样写："我喜欢和MAM玩，因为他棋多。""我喜欢和姜丝玩，因为我每周五去他家玩电脑。"对于这两种喜欢的原因，贺老师让学生讨论，说说自己的看法、观点。同学们认为这两个写纸条的人都是有所图的，如果MAM没有棋，姜丝不让他去玩电脑，他们是不是不做朋友了，他们是不是就去找别的能给他们带来好处的同学玩了？

还有两三个学生写道："我没有朋友。""我不喜欢跟别人玩。"甚至有学生这样写："我喜欢和9号玩，因为我生气的时候可以打他。"从这些可以看出，这些学生性格比较孤僻，存在着一定的人际交往障碍。对于这些学生，课后贺老师逐个进行了追踪调查，并进行了个别辅导。

2. 进行反思，促进学生感悟交友准则

通过以上活动，贺老师大概了解了学生的交友情况，接着，她让学生把择友的标准写在纸上，然后请几个学生到台前任意抽取一张纸条念给大家听，让大家对此进行评价。

一些学生写得很好，归纳起来有：正直、善良，爱学习、乐于助人，有共同兴趣，善解人意，活泼开朗；品质好、不打人骂人；诚实守信、有责任心；勤劳，爱集体；等等。可以看出这些学生的择友标准非常正确、到位。

还有学生写道："助人为乐，不图回报，学习好，有钱""爱吃东西""我只有一个要求，就是一个经得起打的朋友，我们班的XX就很合格"。可以看出这些学生在择友方面还存在着认识上的偏差，对于他们的观点，贺老师没有组织学生作评价，而是通过讲一些典故或案例，让学生从反面理解交友不慎会给自己带来哪些不好的影响。同时还让学生讨论自己对现在最流行的网上交友的看法，并让他们举一些自己听说的，或者从电视上看到的一些因在网上交友受骗上当或被害的例子。由此，让学生认识到自己在结交朋友时一定要谨慎。

3. 行为监控，教给学生朋友相处的方法

了解了交友的重要性和交友的准则后，接下来就是怎样引导学生与朋友快乐相处。

贺老师给学生讲了一则寓言故事：两个朋友同行时撞见一头熊，其中一个人不顾朋友安危，立刻爬到树上躲起来。另一个无法逃脱，只好趴在地上装死。熊嗅遍他全身，以为他是一具死尸，就走开了。危险过后，躲在树上的朋友下来了，问："熊把大嘴凑到你耳边，跟你说什么了?"他的朋友说："它告诉我，以后再也不要和一遇到危险就抛弃你的朋友同行。"

贺老师让学生对这则故事作出评价。学生这样写道："不对朋友发脾气，不找朋友出气，和朋友友好相处。""朋友有错，及时提醒他，帮他纠正。""不欺骗朋友。""有困难时互相帮助。""要对朋友诚实，有好东西一起分享。"……

还有一些学生写的是"有福同享，有难同当"，就这个问题贺老师又展开讨论，引导学生正确地认识什么是真正意义上的有福同享，有难同当；给学生介绍社会上的一些青少年热衷于哥们义气，却走上犯罪道路的案例，让他们明白这些人所谓的"为朋友两肋插刀"都是骗人的。

最后，贺老师为学生交友总结出以下几点注意事项：

(1) 平等对待朋友，不能盛气凌人、好为人师。

(2) 对朋友要以诚相待，不瞒不骗，不轻易许诺，一旦许诺就要遵守诺言，言而无信不会有真正的友谊。

(3) 虚心听取朋友的建议，多看朋友的长处，对朋友不足的地方要善意地提出，帮助他改正。

(4) 看到朋友进步时，应真正地为朋友祝贺，不能有嫉妒心理，更不能在背后说三道四。

(5) 不仅要和同性同学交朋友，而且还要学会和异性同学交朋友，积极参加男女生共同的活动。不要把性别看得太重，大家都是朋友，要共同活动，互相帮助。

通过此次活动，大多数学生对人为什么要有朋友、交什么样的朋友以及怎样对待朋友都有了深刻的认识。

人的一生总会有几个朋友，真挚的友情谁都渴望。然而，同什么人交朋友、如何谨慎交友，是必须慎重对待的一个问题。古人说过："一生之成败，皆关乎朋友之贤否，不可不慎也。"

学生正处于心理发展的"闭锁期"，是非观念评价和判断能力有限，往往误交朋友或者为友情所困，从而影响学习和生活。作为教师，要深入研究学生的交友现状，探究学生的交友心理，寻求指导学生交友的科学方法和对策，这是无法回避的课题。本案例中，贺老师能及时发现学生交友的倾向，并及时对学生给予合理的帮助，最终防患于未然。

交朋友要交真诚、正直、有理想、有抱负的朋友，交这样的朋友才能相处融洽，在学习和做人上才能彼此促进、相得益彰。那么，教师应该怎样引导学生择友和交友呢？

1. 引导学生正确认识交友的意义

朋友是沟通的对象，是除亲人和老师外能敞开心胸说话的人，交友是学生的正常需要。因此，教师应该认真对待学生的交友问题，帮助他们树立正确的交友观和价值观，让他们明白友情是重于金钱的，友情和爱情是有区别的。同时也要让学生分清哪些是真正的友谊，以避免被人利用，成为犯法的工具。

2. 为学生搭建交友的平台

集体活动是培养学生交友能力和综合素质的有效途径，也是对学生进行思想教育的重要阵地。教师组织的班级活动要面向学生、面向社会，内容要有针对性，要有鲜明的时代特点，形式要新颖，这样才能受到学生的欢迎。

教师可以组织学生走出校门参观、访问、调查、劳动，通过多种途径，采取动态与静态相结合的方法，让学生在课外、校内外参加各种实践活动。通过这些活动为学生搭好交友的平台，营造良好的交友氛围，促进学生健康快乐地成长。

3. 广泛交友

“三人行，必有我师焉!”每个人都有自己的长处和短处，学生要广交朋友，多从朋友身上发掘优点，多结交对自己有益的朋友。在交友过程中，教师应该让学生扩大交友的范围，然后通过筛选，从中找出知己或理想中的朋友，避免缩小自己的交友面，更要避免拉帮结派形成小圈子。

4. 规定交友原则

结交朋友时，应该要理智，不要盲目信任，为了“讲义气”而做非法的事，最终害人害己。毕竟，“哥儿们义气”不是真正的友情，但有的学生缺乏这种意识，因而引起了灾祸。

教师要提前为学生规定交友的原则，让他们在选择朋友时选择与自己志趣相投的，能使自己进步的益友，不要因一时利益而误交损友。

俞伯牙与钟子期因一曲《高山流水》而成为终身之交，钟子期死后，伯牙破琴绝弦，终身不再鼓琴。这段佳话既道出了友谊的忠贞，也赞扬了知音的可贵。知音难寻，古人早有此感叹。但一些学生却因交友不慎，误入歧途，酿成大错，终身遗憾。

良友犹如一盏明灯，它能在黑夜照亮前进的方向。学生时代的交友是训练社会合作、人际交往能力的最好方式之一。对此，教师更应该正确地引导学生洁身自好，谨慎交友。

“对症下药”，让学生不再迟到

迟到在学生中间似乎是一种很常见的现象，但它却是一个很不好的习惯。

“没有探究，便没有教育。”有些教师没有弄清学生迟到的原因便批评或处罚学生，这是犯了教育的大忌。教师应该正视学生迟到的现象，在仔细查清原因的基础上施以妥善的教育，切忌不分青红皂白，一看到学生迟到就批评，这样做会使迟到的学生不敢进教室，以致造成学生逃学，甚至引发学生的逆反心理，让学生从此不爱学习。

面对学生迟到问题，有个别教师习惯用口头批评或罚站的方式来惩罚学生。江苏省江都市实验小学的特级教师苏必华从来不这样做，她总是对学生很宽容，在调查了解学生迟到的原因后，苏老师用情感渗透法来教育学生。

在苏老师的班里，曾经有两个经常迟到的学生。一个是小飞，他从上学以来，就很少有不迟到的时候，有段时间甚至天天迟到。而即使是在学校里，他一天也至少要迟到两次——总是上课几分钟后才急匆匆地进教室。偶尔有一两次不迟到，也是踩着第二遍铃声飞一般地冲进教室。教过他的老师虽然多次找他谈话，但都毫无用处。不过，小飞虽然经常迟到，但学习成绩很好。

另一位“迟到生”是小雯。开学的第一天，也是苏老师第一次给这个班上课。上课10分钟后，小雯才一摇三晃地来到教室门口，看不出一丝着急的样子。苏老师皱了皱眉头，什么话也没说，只是示意小雯赶紧回到座位上，然后继续上课。

课下，苏老师仔细分析，她认为小飞有可能是因为某些原因，比如起床晚，或者洗脸刷牙磨磨蹭蹭等导致迟到，而小雯则可能是故意的。

为什么这么说呢？因为来到教室门口的时候，小雯仍是不紧不慢的，看不到她丝毫着急的样子；而小飞虽然迟到了，但显然他不希望拉下课程，所以会飞一般地跑进教室。这说明两个人对学习的态度是不一样的。

对小飞的迟到，苏老师决定从他爱学习、上进心强这个特点来进行突破。苏老师把小飞叫到办公室，亲切地和他交谈：“小飞，我知道你迟到可能有某些原因，但作为学生，我们应该遵守学校的规定，你说对吧？”

小飞眨着大眼睛，轻轻地点了点头。

苏老师接着说道："你迟到的次数按学校的规定要被停学了，但老师考虑到停学对你学习上的影响比较大，所以这次就不上报你，但你若还是这样违规，对班上的影响很不好，学校那边我也没法交代了。你看这样好不好，以后每天早上和中午我打电话叫你起床。"

小飞听到老师的这个建议，感到很惊讶，他以怀疑的语气问道："老师，您真会打电话叫我吗？"

苏老师很认真地说："当然，为了不让你迟到，我一定会坚持这样做的。你不相信？"

小飞有些不好意思地说："不是不相信，只是从来没有老师对我这样说过，每次他们只会批评我。老师，您放心，我一定不会再迟到了，您也不用打电话了，看我的表现吧！"

第二天早上，苏老师犹豫着要不要给小飞打电话，最后她还是决定相信小飞。结果，小飞按时到了学校。

这时，苏老师趁热打铁，对小飞说："老师相信你，以后我也不给你打电话，但是你要用自己的行动证明给我看哟！"

"是，老师。我保证不会再迟到！"小飞调皮地做了个鬼脸。

从那以后，小飞真的没有再迟到过。

对于小雯，苏老师也是在课下把她叫到了办公室。当她来到办公室时，苏老师看到的是一张无所谓的脸——显然小雯已作好了挨批评的准备，但对老师的批评她似乎已经麻木了。

"来了，小雯，快坐。"苏老师起身为她搬来一把椅子。

"谢谢老师！"老师的举动让小雯有些吃惊。

"小雯，昨晚是不是又睡晚了？"苏老师微笑着问道。

"嗯……是的。"小雯嗫嚅着答道。

"以后要早点睡，不要学习太晚了，这样对身体不好。"苏老师继续表示自己的关心，"你知道吗？我曾经在你扔掉的纸里发现过这么一句话：自己大了，应该懂点事，别让大人再操心了。你能这么想，老师很欣慰，说明你是一个很懂事的孩子。"听到老师的夸奖，小雯低着头，脸涨得通红。

第二天，小雯提前来到了学校。苏老师又试着在小雯身上寻找她的闪光点。虽然她总是小错不断，也爱迟到，但是在一次劳动中，苏老师却发现她很积极，又是拖地，又是搬凳子，又是倒垃圾，不怕脏不怕累。最让苏老师吃惊的是，这一切居然是在她那天身体不太舒服的情况下进行的——这是后来她妈妈打电话替她请假时，苏老师才知道的。

苏老师很感动，于是在第二天总结大扫除的劳动情况时点名表扬了小雯。从那以后，小雯不仅没有故意迟到过，而且还开始认真学习。

同样是迟到，小飞是由于各种原因而迟到，主观上不是故意。小雯却不同，来到教室门口的时候，迟到了仍不紧不慢，属于故意迟到。苏老师针对他们不同的迟到原因，采取不同的解决方式，最终让他们认识到自己的问题，并不再迟到，从而积极投入学习。

对于爱迟到的学生，教师一定要具体问题具体分析，要先问清原因再作处理。苏老师在尊重学生人格的前提下，给予他们一定的关爱，以情感渗透学生的心，“情”通“理”达，从而建立起和谐、民主、平等的师生关系。

有一对孪生兄弟，家离学校比较远，家长给他们配了一辆汽车作为交通工具。兄弟俩由于晚上贪玩，好睡懒觉，经常迟到，虽经教师、家长多次批评，但他们依然改不掉迟到的毛病。有一天上午考试，他们因在路上玩耍，又迟到了30分钟。教师查问原因，他们谎称汽车在路上爆胎，到维修店耽误了时间。教师半信半疑，等他们进教室后教师就悄悄到车库检查他们的车，结果发现四个轮胎都蒙着厚厚的灰尘，没有被拆卸的痕迹。很明显，补胎是他们编出来的谎话。

对于这件事，不同国家的教师有不同的处理方式。其中以色列教师的处理方法最受学生的欢迎，他们是提出三个问题，让兄弟俩分别在两个地方同时作答。三个问题是：(1) 你们的汽车爆的是哪个胎？(2) 你们在哪个维修店补胎？(3) 你们付了多少补胎费？

为什么以色列教师的方式最受欢迎呢？因为它的批评教育带有游戏性质，学生不难堪。也就是说，学生得到了尊重。

在教学实践中，有些教师非常反感学生迟到，不管是什么原因，只要学生迟到就让学生在教室门口站着，不让学生回到座位，以示纪律的严格。但教师应该明白，一般情况下学生是不愿意迟到的。如果一个学生偶尔迟到了，一定是有原因的。这时，教师让学生轻轻地走进教室，是对学生的谅解、宽容和尊重。

学生迟到主要是由以下几个原因造成的：

1. 认为这节课听不听都一样，所以晚点去。
2. 这位教师讲课太差了，与其在教室里睡觉还不如在家里多睡一会儿。
3. 晚上睡觉太晚，早上起来晚了。
4. 路上堵车，耽误时间了。
5. 身体不舒服。
6. 因为家庭原因而迟到。

造成学生迟到的原因各不相同，教师在处理学生迟到问题时，应做到因生施教，因“情况”施教。那么，教师怎样转化经常迟到的学生，让他们消除负面影响而轻松学习呢？

1. 了解原因，对症下药

学生有独立的人格和较强的自尊心，每个教师都应该走进他们的心里，去了解他们，帮助他们，给予他们尊重。因此，在处理学生的迟到问题时，教师要多关注他们的生理、心理，了解他们的家庭、朋友等，以便走入他们的生活世界，尽量减少误会。只有在了解学生的前提下教育学生，才能取得预期的教育效果。否则，很可能让学生产生逆反心理，甚至“破罐子破摔”。

2. 讲究方式，批评教育双管齐下

学生迟到，教师去启发引导、批评教育都是正常的，而且是必要的。但如何批评，通过批评要达到什么目的，教师心中要有数，不可凭感情用事。特别是对经常迟到的学生更要保持冷静的态度，教育时要就事论事，切勿由他迟到而说到他其他的缺点。

教师要善于等待教育时机，并不是学生一迟到，就要找他们谈心或是批评教育，可以等他们的错误有一定的积累时，再抓住一个有利的时机进行突破，这样就可收到事半功倍的教育效果。

在批评教育时，教师不应该大声训斥或者挖苦迟到的学生，也不能太过情绪化，更不能因为迟到的学生是优等生而采取包庇的处理方式。批评不是目的，而是教育的一种手段，教师要讲究批评的艺术，注意批评的方法。

3. 重在引导，勤于疏导

面对经常迟到的学生，教师要善于发现学生的闪光点，在学生不迟到时给予及时的表扬和鼓励，这样能增强学生的信心，促使他们进步。在解决问题的时候，教师也要给予学生更多的关爱，让学生产生巨大的内驱力，引导学生自觉、主动地沿着教师指出的方向迈进。

有一位教师为了不让学生迟到，制定了一个别出心裁的“惩罚”措施——谁迟到了就给大家唱一首歌。这样做不但达到了教育的目的，而且对学生的人格也做到了尊重。

没有尊重就没有教育。面对学生的迟到问题，教师从学生的主观意识出发，加之客观冷静的分析，了解迟到原因，再“对症下药”，将会收到事半功倍的效果。

学做真人，让学生自觉抵制作弊行为

在德国，一位中国留学生以优异的成绩毕业了。毕业后，他去德国的大公司应聘。结果，第一家公司拒绝了他，第二家公司也拒绝了他，第三家公司还是拒绝了他。他一连找了20多家大公司，却没有一家公司肯录用他。

这位留学生心想：大公司不要我，但凭我的博士文凭和优异成绩，找一家小公司应该没有什么问题吧？让他没有想到的是，就连小公司也拒绝他。

这位中国留学生终于愤怒了，他质问小公司的老板："你们为什么要拒绝我？"

那位老板说："很遗憾，我们从网上找到一份关于您的记录。记录显示，您在德国留学期间乘坐公共汽车时，曾经逃过三次票。"

中国留学生吃惊地说："逃三次票算得了什么，难道我的博士文凭还抵不过三次逃票？"

德国老板郑重地说："是的，先生。我们知道您文凭、知识、能力一个都不缺，但是我们认为您缺了一样东西，正是您缺的这样东西让我们不敢聘用您。"

这位留学生缺的正是"诚信"，他不是一个"真人"。

作弊，向来被称为考试中的"高压线"，一旦触摸，作弊者的该门课成绩就算作废。情节严重的，还有可能给予停考、开除学籍、勒令退学的处分。然而，"高压线"却没能"电"住作弊之风，敢于"触电"的学生还是存在，以致防止学生作弊已经成为各大考试主管部门、学校教育教学工作的一大难题。

对此，教师要加强对学生的诚信教育，让学生学做"真人"，自觉抵制作弊。

有一个叫小宁的男生，他的学习成绩一向名列前茅，经常被教师当做典型在家长会上夸奖，也经常被同学们评选为"学习标兵"。

可是，最近几次的评选，老师却发现"学习标兵"不再是小宁，而是成绩从三十名慢慢进步到十几名的小菲。

对此，老师非常不解："小菲近来学习努力，进步很快，学习标兵给她没有问题，但是小宁不仅学习努力，各门功课都很优秀，更有资格当选才对呀？而且一直以来，大家都认可小宁，这几次怎么都反对他呢？”

后来，一次无意中听到的对话让老师明白了原因。那是在课间，有两个学生在聊天：

“小宁现在越来越让我讨厌了。”

“是啊！虽然学习很努力，但是考试成绩是注水的。前几天还问我，为什么不选他当‘学习标兵’。考试总是作弊，我凭什么选他啊？”

“是啊！他这样作弊，弄得小菲怎么努力都得不了第一。我觉得他如果不作弊，肯定得不了第一。”

“肯定是！我就讨厌这种人。”

看到围在小宁身边的学生越来越少，老师知道他已经引起公愤了。这样下去，他的个人信用将会越来越差，不仅会影响到他的人际关系，也会影响到他整个人生。

于是，老师找到小宁，与他进行了一次深入的谈话：“小宁，你跟老师说实话，最近几次的考试成绩是你的真实水平吗？”

“是！”

“你看着我的眼睛大声说。”听到小宁的肯定回答，老师生气了。

“差不多吧！虽然我也打了小抄，但是没抄什么，只是确认一下而已。”小宁不再嘴硬。

“也就是说，你事实上是作弊了，对不对？”

“我就看了几个比较容易混淆的公式和方程式而已。”

“课本上的公式和方程式，你平时不是都记得很熟吗？而且，你每节课都认真听课，作业完成得也很好。老师一直相信，就算你不作弊，也能考出好成绩。可是，你为什么还要作弊呢？”

“因为我想考得更好，或者说我想让我的成绩一直都是最好的。”

“就算是这样，但是小宁你想过没有，如果你作弊被发现了，后果会怎样？”

“那科成绩会作废。”

“只是这样吗？”

小宁沉默了。

“如果作弊名单一公布，老师和同学谁还会再相信你？他们会认为你的成绩全都是抄来的，会认为你表里不一、不诚实。如果事情发展到那一步，你想想你还有勇气面对他们吗？”

“老师，我说实话……我以前也作弊过几次，是把公式提前抄在手上或者课桌上。”

“结果被同学发现了？所以，他告诉了其他同学，大家就不再选你当‘学习标兵’了？”

“应该是这样。”

“看看，就因为看了几眼根本就不用抄的知识，你付出了多大代价啊？”

“对不起，老师，我错了，以后绝不会这样了。”

“老师相信你会记住这个教训的。通过你那几次没必要的作弊行为，大家看到的不仅是自己被欺骗了，还看到了你的素质和你做人的本质。这让他们认为，你是不可信任的，是不可交的朋友。可以说，作弊让你失去的绝对不仅仅是一科成绩，还有你的人格和大家对你的信任。与那名列前茅的成绩所带来的荣耀相比，大家对你的认可与信任，以及你清白、干净、真实的人格，才是你最宝贵的财富。”

“老师，我懂了。”

从这以后，小宁每次考试都会第一个在“考试诚信承诺书”上签字，并且还主动跟同学们讲作弊给自己带来的负面影响。

作弊可能会让作弊者在一次又一次的考场上称心如意，甚至还有可能让他们凭借获得的高分取得各项荣誉，让他们的求学之路“一帆风顺”甚至“平步青云”……但是，他们却没有想过，这样得到的不真实的成绩真能带给他们一生的风光吗？需要凭真本事做事时不会露馅吗？一旦被抓住，还有人会相信他们吗？

老师通过分析小宁作弊带来的负面影响，让小宁亲身体验到作弊失去的不仅仅是分数，而是同学对自己的信任，通过教师的教育，小宁明白了诚信的重要。

诚信是中华民族的传统美德，青少年时期是人生道德品质形成的关键时期，也是学生诚信品质形成的最佳发展区。

教师应从诚信教育入手，引导学生做真诚的人，让学生发自内心地厌恶、抵制作弊行为。当学生丢掉靠作弊获取高分的侥幸心理时，就会一心扑在学习上。

教师可以从以下几个方面着手，对学生进行诚信教育。

1. 在学科教学中渗透诚信教育

教师可以将诚信教育有机地渗透到教学活动中，将诚信人物、诚信故事融合进课堂教学中，以此培养学生的诚信品质，丰富诚信教育的内容。事实上，一些学科教材本身就蕴涵着丰富的诚信教育材料。比如，《陶校长的演讲》要求学生做事要实事求是，要从小学做真人；《诚实的孩子列宁》告诉学生知错就改，从小要做一个诚实的人。又如，思想品德教材中有“商鞅立木”以诚信取信于民，“曾子杀猪教子”以诚信取信于孩子等故事。

当学生从课堂上接受了诚信教育后，就会在学习中有所注意，就会尽量克制自己，不会为了眼前的一点利益而放弃自己的诚信品质。

2. 举办诚信教育活动

班级活动、少先队以及中队活动是教师实施诚信教育的一个重要环节，也是诚信教育的主阵地。教师可以“人人知诚信，人人讲诚信”为中心，通过开展一系列丰富多彩的活动，让学生学做真人，抵制作弊等不诚信的行为。

比如，组织学生评选“诚信之星”，组织学生设计内容为诚信教育名人名言、诚信教育小故事、诚信教育小漫画的黑板报，组织学生开展诚信诗文诵读活动，还可以制定《班级诚信公约》，考前与学生签定“诚信考试承诺”……

参与的诚信教育活动越多，学做真人的价值观就越能深入学生的内心，学生也会更加严格要求自己，更加自觉抵制作弊行为。

3. 建立学生信用档案，加大失信成本

“狼来了”的故事说明，狼来了并不可怕，失去诚信才可怕。信用是一个人立足社会的根基，谁都不愿也不敢和不讲信用的人一起做事。

教师可以通过建立学生“信用档案”来记录和监督学生的信用状况，并利用信息网络和“信用档案”，将“失信者”曾经的“失信”行为记录在案，对有不良信用记录的学生进行各种惩罚。

建立学生信用档案，加大失信成本，能够让学生意识到信用危机的严重性，这样会促使学生自觉减少失信行为的发生。

没有诚信的民族是失败的民族，没有诚信的人，注定也是失败的人。

荀子有云：“养心莫善于诚。”诚信，千百年来为人们所推崇，甚至早已成为中华民族的血液，作为新时代的学生更要讲诚信。

教师应让诚信之花开遍每位学生心灵的田野，让诚信品质成长为一种教育生态文化。这样，学生才能真正消除作弊的侥幸心理，才能发自内心地学做真人，以一种良性竞争的心态学习和做人。

加强诚信教育，让学生不再说谎

学生是祖国的未来，是民族的希望。但是现在一些学生为逃课谎称书包被偷，急得老师发动全班学生帮忙找；抄袭别人作品后理直气壮地称是自己的原创，令老师哭笑不得……学生频频出现的说谎行为，令人忧心。

一位心理学家曾说过："说谎是人的本能。"确实，说谎在现实生活中是相当普遍的，谁没有说过谎呢？

学生一时的说谎行为并不可怕，可怕的是，一时的"说谎行为"逐渐发展演变为"说谎倾向"，即说谎过于频繁而成为一种习惯，或为了"趋利"，或为了"避害"，或是出于一种自我保护，而使这种行为逐渐加剧，成为学生个性品质中的稳定组成部分。这就会影响学生良好道德品质的形成，影响学生心理健康的发展，也影响了学生的学习。

对于学生的说谎行为，教师既不能把它看得过于可怕，也不能掉以轻心，而应查明原因，适当进行诚信教育，让学生自觉杜绝说谎行为。

诚实守信是中华民族的传统美德，自古就有"一言既出，驷马难追""一诺千金"等佳话传诵。天津市塘沽区新港一小的李飒老师一直加强诚信教育，让学生改掉爱撒谎、不爱学习的坏习惯。李老师认为，诚信教育必须要从大处着眼，小处入手，从日常生活抓起，让学生从小树立"做诚信人、说诚信话、做诚信事"的意识。

李老师班上有一个叫小强的学生，通过短暂接触，李老师发现小强身上有很多问题。如他好几次作业没有完成，都找理由为自己辩解；同学的钱不见了，明明是他偷的，他却谎称是捡来的；一次单元测试考到了75分，为了免受家长批评，他将得分故意用水抹掉……这些问题说明小强是一位不诚信、爱说谎的学生。

治病必须找出致病的原因，经过调查，李老师找到了造成小强说谎的原因：

(1) 为了免受批评而说谎

小强是二年级的学生，具有一定的辨别是非的能力和自我评价的能力。他知道自己没有及时完成作业是不对的，为了逃避老师、家长的批评和惩罚，他就想出"忘带了"等办法来掩饰事实真相。因此，一旦他犯了错，就通过说谎来逃避处罚。以至后来他说谎的胆子越来越大，最后养成了爱说谎的习惯。

（2）为了维护自尊而说谎

人人都有自尊心，都有被人尊敬的需要。“小偷”这个字眼儿，即使是在低年级学生的眼里，也是极不光彩的，是会被别人鄙视和嘲笑的，是会失去在同学和老师心中的尊严的。小强不愿意成为同学们心目中的“小偷”，不希望同学今后用异样的目光来看待他，他也想得到别人的尊重，所以当他拿了别人的钱时就自然不愿意承认。

（3）受家长的不诚实行为影响

诚实品质是靠重于言教的身教影响出来的。在与小强家长的多次接触中，李老师发现小强的父亲也有不诚实的行为，经常为了一点小利就说谎欺骗，为了自己的面子不懂装懂……这无形中影响到了小强。

了解原因后，李老师采取以下方法对小强进行了教育和引导：

（1）树立正气，营造诚实守信的氛围

孔子说：“见贤思齐，见不贤而内自省也。”乌申斯基说：“以性格培养性格。”

李老师充分发挥环境资源的教育功能，在板报宣传区有意识地布置宣传诚实的内容；在班里召开“争做诚实好学生”的主题班会，向全班学生提出了“和谎话说再见”的口号；在以“诚实守信”为主题的周会课上，让学生分正反两方展开辩论，使学生从中感受到“诚实”的意义。

（2）榜样激励，和谐师生关系

让小强改掉说谎的毛病，光靠小学生守则上的条条框框是不行的，光靠教师苦口婆心的说教也是很无力的。但“榜样的力量是无穷的”，李老师的做法是先让班上最诚实的一个学生对小强进行一对一帮助，因为低年级的学生模仿性较强，该学生的诚实行为肯定会对小强带来积极的影响；随后作为班主任，李老师也身体力行，以身作则，积极帮助小强。对于课堂上讲错的知识李老师在学生面前勇于承认，答应学生的事一定办到……这些做法为小强树立了榜样，也和谐了师生关系。

（3）心理疏导，消除障碍

小强的身心正处于一个迅速发展的时期，在心理上表现出半幼稚、半成熟状态，再加上家庭教育有问题，稍有不慎就可能使他走上歧路。李老师顺从小强的心理需要和心理发展规律，对他采取个别谈心的方式，平时多关心他的生活，当他有困难时，还发挥集体的力量帮助他。小强感受到了来自老师和同学的关怀，自然就会放下戒备心理，心悦诚服地接受老师的教育。

(4) 培养自信心

由于爱说谎，成绩不好，小强受到一些老师和同学的排斥，慢慢地失去了自信心。针对这一点，李老师特别关注他身上的闪光点，经常用表扬和鼓励来培养他的自信心。

因为学习基础差，课堂上小强从不举手回答问题。一次，李老师突然点名让他读课文。小强很激动，但因为有一些不认识的生字，所以读得并不是很流畅，但李老师仍然表扬他："小强的积极性很高，声音洪亮，希望同学们在这方面向他学习。"听到老师的表扬，小强露出了开心的笑容，后来也变得越来越自信。

一段时间后，爱说谎的小强有了很大的改变：他敢于向老师和家长承认自己的错误，并接受老师及家长的教育；在学习上，他的积极性较以往有了明显的提高；班里也再没发生过失窃现象。有几次小强拾到了钱或学习用品还主动交还给失主，同学们也都向他投去赞赏的目光。

海涅说："生命不可能从谎言中开出灿烂的鲜花。"纵观李老师的矫正措施可以看出，其重点就是用爱来感化爱说谎的小强，并不遗余力地对其实施诚信教育，使小强改正了说谎的不良行为。

国无信不兴，人无信不立。日本的学校有一门伦理课，教育学生要诚实、善良、向上、奉献和谦让；中小学生每人都有一本道德手册，名为"心的笔记"，用通俗的语言记载着各种道德规范，"诚实"是重要内容之一。我想，这是我们需要借鉴的。

那么，面对爱说谎的学生，教师应该怎样去纠正学生的这种不良行为呢？

1. 发挥课堂主阵地作用，加强诚信教育

教书育人，诚信为先。学校应该充分发挥教育主课堂、主阵地、主渠道的作用，着眼于学生的全面发展，加强对学生的诚信教育。如通过各种制度建设以及对家长、学生承诺等方式，树立新时期学校教育工作者的新形象，把诚信教育落实到全体教师的教育行为上，使广大教师明白师德不仅要表现在教授学生知识上，而且还要表现在对学生的品德教育上，更表现在对岗位、对社会、对国家的责任上；要避免陷入传统应试教育的怪圈，避免以片面提高升学率为现实目标而导致重智育轻德育的现象；加强诚信管理，强化规范约束机制，把诚信教育渗透到学校工作、学生生活的方方面面，在校园内形成人人讲诚信，事事有诚信的氛围，以学校的诚信来影响、教育学生。

2. 关心爱护学生

首先要调整师生之间、同学之间的关系，突出一个"爱"字，真正做到关心、爱护撒谎的学生；其次，要落实一个“尊”字，不伤害学生的自尊心；要注意发现说谎学生的优点，让学生感受到教师的善意，感受到集体的温暖，这样才能使学生消除恐惧心理和对抗情绪，从而乐于接受老师的教育、同学的帮助。

3. 以理服人，正确引导

列宁 8 岁时在姑妈家因打碎花瓶而说谎，母亲在问清了原因之后既没有打他，也没有骂他，而是心平气和地和他谈心，让他自己反思。经过一番思想斗争，列宁认识到自己的错误，并且给姑妈写了一封信，承认了自己的错误。这件事影响了列宁的一生。

由此可见，正面引导能从根本上让学生克服说谎的陋习。在遇到学生说谎时，教师要帮助学生分析说谎的原因及其产生的后果，并提出改正的方法。在这一过程中，教师要循循善诱、以理服人。

4. 家校联合，共同教育

现在很多学生都是独生子女，家长都过分溺爱，使学生从小就养成了任性、蛮横的习气，因此，教师要经常与家长沟通，对学生进行协调一致的教育。假如教师和家长互不通气，各搞一套，效果将会相互抵消，事倍功半。只有家校联合，共同教育，才能让学生认同诚信，达到行为矫正的效果。

陶行知说：“千教万教，教人求真；千学万学，学做真人。”

学生说谎的心理是复杂多样的，但不管是什么原因，教师都要正确对待。在教育过程中，教师不应该加以训斥、处罚，而应多给学生一份谅解、一份耐心和恒心，多开展一些“诚信工程”之类的活动，用爱去创设宽松、和谐的氛围，促使学生从小培养诚信的品质，努力做一个品学兼优的学生。

教学生做“变色龙”，尽快适应新环境

一、升入重点中学后，某学生常在课堂上感觉胸闷、头痛，注意力难以集中。期中考试成绩也不理想，与班主任交谈后，痛哭不止。

二、某新生升入高中后，发现同学们都不愿意和自己交往。他感觉很孤单，不敢跟同学们说话，甚至不想进教室，还多次要求家长换学校。

三、按照学校的要求，某生住校生活。起初还觉得有点新鲜，后来发现有几个室友晚上熄灯后，喜欢用台灯在床头学习。而习惯早睡的她碍于面子没有直说，后来听说许多宿舍都有这种情况。一段时间内，她情绪低落，睡眠质量极差，并开始厌烦宿舍的集体生活。

因环境的改变、学习要求的提高以及心理准备的不足等原因，一些学生面对新环境时会出现以上这些不良症状。

第一位学生属于学习适应不良问题。他原先是班里的佼佼者，但进入重点中学后，发现这里高手云集，自己很可能在这个环境里成绩平平。这些变化使他惶惶不安，并引发身体上的不适，进而影响到学习成绩。

第二位学生属于人际交往问题。他不知如何去接纳新同学，也不知如何形成新的人际关系。特别是某些性格偏内向的学生，他们在缺乏主动性的基础上，更容易产生人际交往问题。

第三位学生属于生活环境适应不良问题。对于初次体验集体生活的学生来讲，离开家，离开父母，会让他们产生无助感，不知道自己该如何处理问题，不知道遇到问题该求助于谁。

新学年，新起点。一些学生进入了新的环境，遇到新的老师和同学，常常不知所措，无所适从。对新学习环境适应能力的强弱，关系到学生的心理能否健康，能否爱上学习。这就需要教师作好充分的准备，教会学生做“变色龙”，让学生尽快适应新的学习环境。

由于处于特殊的地理位置，加上近年来城市向东发展，伍家岗小学每年都要接纳一批进城务工人员的子女就读。这些学生来自全国各地、各个层面，素质参差不齐，如何正确引导他们尽快适应新的环境，培养其适应能力，是每个班主任的工作重点和难点。张雪萍是任家岗小学的一名优秀班主任，她主要是从以下几个方面来培养学生适应环境的能力的：

（1）研读学生资料，把好第一关

每个转学生转来时，都有学籍或素质报告书、假期作业等，张老师给这些学生报名时，就从学生评语入手，大致了解学生的个性特征，再结合学生的学科成绩评定等级及假期作业完成情况，了解学生过去的学习概况。这样，在第一次接触学生时，张老师就有计划、有目的地与其谈话，对其提出希望和要求，让转学生有一种被关心的感觉，从而对新老师产生亲近感，这便于班主任今后开展工作。与此同时，通过第一次接触，张老师也可初步了解、判断学生的语言表达能力和人际交往能力。

（2）仔细观察，深入了解学生个性

转学生在班上正式就读后，张老师都会有意识地通过多种途径、各种方法去观察、了解学生各方面的具体表现，如家访、面谈、面批作业等。张老师把了解的重点放在转学生对学习、劳动、社会、他人及自己的态度上，并弄清产生这种态度的原因，以便为以后的“对症下药”作好准备。

（3）制订计划，培养学生的适应能力

在对转学生有了深入了解后，本着因人而异的原则制订培养计划，张老师一般分为三大类来制订计划。

第一类是针对适应能力差、性格内向、学习不够理想、不善于自我表现的学生。这类转学生易受外界环境的影响。张老师制订计划的重点放在如何建立学生的自信心上，经常给予这类学生一些自我展示的机会，让其尝到成功的喜悦。与这类学生谈话时，张老师总是多予以鼓励、表扬，少批评或不批评。同时与家长取得联系，请家长密切配合班主任的工作，以期取得同步信任。

第二类是针对适应能力一般的学生。这类学生往往因为老师和家长认为还可以而被忽视，任其自然，导致他们各方面退步，慢慢地不爱学习。对这类学生，张老师的做法是经常找他们谈心，了解他们的学习、生活情况，让他们找找自己与优秀学生之间的差距，了解自己的学习方法，同时还在他们周围安排学习成绩好的学生，让他们受到好的学习氛围的影响。

第三类是针对适应能力较强、学习成绩也较理想的转学生。这类学生由于在原来学校受到重视，到新学校可能会产生失落感。为了预防这种现象发生，张老师给他们提供了很多展示才华的机会，让他们赢得了全班同学的赞赏，从而建立群众威信。

张老师的三大措施，不仅帮助她了解了转学生的基本情况，而且还使转学生很快适应了新的学习环境，使他们在新的老师、同学面前，逐渐消除陌生感，并建立良好的人际关系，为他们的学习生活铺平了道路。

由于人类的大量捕杀，以及环境遭受污染，加利福尼亚半岛上的美洲鹰绝迹了。

很多年以后，科学家在南美安第斯山脉的一个岩洞里发现了美洲鹰。令人奇怪的是，体型庞大的它竟然能生活在狭小而拥挤的岩洞里。美洲鹰究竟是怎样穿越这些小洞的呢？

科学家做了一个实验：用许多树枝将鹰围在中间，然后用铁蒺藜做成一个直径为0.5英尺的小洞让美洲鹰飞出来。结果，它的速度很快，在钻出小洞时，双翅紧紧地贴在肚皮上，双脚直直地伸到尾部，与同样伸直的头部成一条直线，看上去就像一截细小而柔软的面条。

原来，在长期的岩洞生活中，美洲鹰练就了能够缩小自己身体的本领。它们的身上都结满了大小不等的痂，这些痂跟岩石一样硬，这是美洲鹰在穿越岩洞时所受过的伤。为了生存，美洲鹰只能将身体缩小来适应狭窄而恶劣的环境，不然就很难生存下去。

没有环境来适应人，只有人来适应环境。一个人如果不想被社会淘汰，就要不断改变自己的生存方式来适应不断变化的新环境。尽管“缩小”自己的过程会千难万险，甚至会流血流泪，但只有勇于“缩小”自己，才能扩大生存空间。

学习是连续性的活动，学生若不能尽快适应新的学习环境，学习势必会产生断层，影响今后的学习。在学习环境无法改变的情况下，教师应该指导学生掌握好应对新环境的方法和策略，以让学生尽快适应新环境。具体的做法如下：

1. 更新观念，调整学习方法

“刻舟求剑”的故事告诉人们，如果船向前航行，仍按船上的记号捞剑将一无所获。学习环境改变了，学习方法也需要作出相应的调整和改变。教师可以指导学生针对具体情况，让学生选择最适合自己、最科学有效的学习方法，从而把握学习的主动权。

2. 培养学生的自主能力

学习知识不是简单重复、机械记忆，而是要理解、分析、概括、归纳和运用。这就要求学生不能再依恋教师，而要逐步走向独立，自主学习。

首先，教师应该让学生自己确定学习目标，制定学习计划，安排学习时间，检查学习效果，做到不唯上、不唯师、不唯书，敢于质疑，批判学习。

其次，教师应让学生积极参加演讲比赛、知识竞赛、读书会、校运会等活动，引导他们独立思考，随机应变，不断开阔视野。

最后，教师应让学生自己整理床铺、洗衣服、购买学习用具等，教育他们要自理、自立，锻炼他们自我管理的能力。

学生自主学习和管理能力的提高，将能帮助他们轻松适应各种各样的新环境。

3. 制订合理的新学习计划

有计划的学习是获得成功的重要条件。为了适应新的学习环境，完成新的学习任务，教师要让学生制定一个新的学习计划。

首先，计划应该有目的性。刚到新环境，出于新奇，有些学生什么都想学，结果竹篮打水一场空，白白浪费了时间和精力。这是他们学习没有计划或计划目的不明确造成的。因此，教师应让学生制定一个详细的、有目的的计划，做到时时有所学，时时有所获。

其次，制订计划应从实际出发，目标不能过高或过低。过高，学生不能坚持下去会半途而废；过低，学生会因计划完成太顺利而骄傲自大，学习的时候就会拖拖拉拉。

4. 开展各种活动，与同学良好交往

学习环境好坏的关键在于师生间、同学间关系是否融洽。要适应新环境，必须搞好人际关系。这既可以使学生迅速地融入新的学习环境，也可以让学生体会到与他人交往的快乐。教师可以通过开展各种活动，让班干部带动班级每一个成员积极热情地投入集体活动，通过这些活动，学生感受到集体生活的乐趣，进而产生强烈的归属感，从而消除对新环境的陌生感。

5. 主动与学生谈心

为了让学生尽快适应新环境，使师生关系快速由陌生变为亲切，教师要主动与学生进行沟通和感情交流。表面上一些学生不愿把自己的心里话说给父母、老师听，但实际上他们非常需要别人的理解和尊重。这时，教师要主动与学生沟通、交流感情，而不是到了学生成绩不理想时才把他们叫到办公室来。

学生在新环境适应上出现的问题并不可怕，只要学校、教师、家长、学生共同努力，是能够改善学生的不适应症的。适应环境需要一个过程，也需要教师为学生提供良好的氛围。对于在适应过程中出现的一些心理问题，教师要能够及时发现和疏导，从而使学生尽快融入新的学习环境，轻松地学习。

转移学生的注意力，帮助学生戒除网瘾

孟子小时候很贪玩，模仿能力很强。他家原来住在坟墓附近，因此他常常玩筑坟墓或学别人哭拜的游戏。孟母认为这对儿子的成长不利，于是便把家搬到集市附近。搬到集市后，孟子又开始模仿别人做生意，和小伙伴玩杀猪的游戏，孟母知道后只好再次搬家。这回孟母把家搬到了学堂旁边，在这里，孟子跟着读书人学习礼节和知识。孟母认为这才是儿子应该学习的，所以不再搬家了。这是历史上著名的“孟母三迁”的故事。

孟母利用环境来转移孟子的模仿对象和注意力，最终把家安在学堂边，让孟子从此爱上学习。如今，上网成瘾是学生越来越突出的一个问题，更是影响学生学习的一大障碍。一些学生终日沉迷于网络聊天、网络游戏，耽误学业，考试挂红灯、留级甚至退学，最终荒废了学业。

网络作为人类智慧的产物，虽不是洪水猛兽，但却是一把“双刃剑”。学生在充分享受网络时代的快捷与方便的同时，其身心也正遭受着网络负面效应的煎熬。网瘾影响了学生正常的学习、生活，也影响了家庭和社会的稳定。

为了戒除学生的网瘾，教师可以向孟母学习，通过转移学生的注意力，将陷入“网络淤泥”中的学生拉出来。

邹国钊是佛山市三水区三水中学附属初中的一名班主任。一天，语文老师对他说：“你们班的小罗怎么了？这两三个星期以来，周末作业总是完不成。上课时也是心不在焉，经常打瞌睡！”

仔细回想起小罗最近的表现，邹老师也发现这段时间他有点不对劲：上课没精神、注意力不集中，经常不交作业，各科成绩也开始下降。

课上邹老师注意观察，发现小罗整节课没有一点精神，一副没睡醒的样子。

课后，邹老师拍拍他的头，问：“怎么了，身体不舒服？”

“没有啊！”小罗看上去有点紧张。

看样子肯定有事。邹老师本想继续问，但转念一想，他现在不愿意说，如果逼着问，也问不出什么来，不如先做个侧面了解。

中午，邹老师对小罗做了个电话家访，向罗母询问小罗的情况。原来，他家刚买了一台电脑，周末一有时间他便上网玩游戏，经常玩到半夜。了解情况后，邹老师决定帮小罗戒除网瘾。

经过分析，邹老师认为小罗沉迷网络的原因主要来自家庭。他的父母长期忙于店铺生意，没有时间管教他。小罗平时也没有什么兴趣爱好，自制力也不强，再加上学习枯燥，他感受不到学习的乐趣，就想找一种方式排遣，网络游戏自然就成了他的首要选择。邹老师认为，如果能让小罗觉得生活中有比网络游戏更好玩的东西，有比网络游戏更有趣的东西，他便不会沉迷于游戏。

为了有针对性地做工作，邹老师决定先让小罗认识网络游戏的危害。邹老师拿出一面镜子让小罗照："你看你，最近都瘦成什么样子了，双眼也无神，是生病了吗？"

小罗不好意思地说："不是。"

"那是为什么呢？"

"老师，我……我是因为经常通宵玩游戏才这样的。"小罗吞吞吐吐地说。

"哦！你很诚实，能主动说出来。"邹老师表扬了他，接着邹老师给小罗列举了大量的事例说明沉迷网络的危害。

讲完危害后，邹老师问："你想改正错误吗？想做一个受人欢迎的学生吗？

"想！"

"那你认为你要怎样做才好呢？"

小罗红着脸，说："老师，我知道错了，今后一定控制自己不再玩网络游戏，把心思放在学习上，认真完成作业。"

"那你可要说到做到哟！"

"好！"小罗自信地说。

为了帮助小罗戒掉网瘾，邹老师还采取了以下措施：

第一，与家长沟通，让家人多关心小罗。平时家里的事情多让他分担，譬如扫地、洗碗，甚至可以带他到父母做生意的地方让他帮忙。另外，强制性很重要，小罗没有自制力，父母要起到监督的作用，但是不能用暴力阻止。

第二，在学校让他多参加课间活动。比如，篮球比赛、乒乓球比赛，各种第二课堂活动……让他多和同学接触，在集体中感受和同学交往的乐趣，从而培养他的兴趣爱好。

第三，让同学主动接近他，多和他说话，与他一起读书做作业，多邀他参加课外活动。

第四，邹老师时常找他聊天，让他感觉到老师对他的关心和爱。

邹老师知道除了以上这些，小罗最难熬的是双休日。于是，邹老师给了他一本书，并提出要求："这两天除了完成作业，还得看10页书，星期一来了就讲给老师和同学们听。"

小罗难为情地说："老师，做作业或干其他事情的时候，我脑子里总是挥不走网络游戏的影子。"

"刚开始都这样，你要加油！不要让自己闲下来，当你想玩网络游戏的时候，就去店铺帮妈妈打扫卫生，搬搬东西。"

小罗照着老师的方法做了，果然很长一段时间小罗没有再玩网络游戏。

另外，每周一邹老师都会询问他双休日的情况，并及时和他父母联系，了解其真实性。每次了解到他没有玩网络游戏时，邹老师都会竖起大拇指夸赞他，有时还奖励他一支笔或者一个精美的笔记本，并在全班同学面前表扬他，要求同学们向他学习，学习他戒掉网瘾的勇气和决心。渐渐地，小罗脸上的笑容也多了起来，眼睛也有了神采。

小罗是因为课下没有兴趣爱好、生活色彩太过单调、家长疏于监管而迷上了网络游戏。了解原因后，邹老师首先让他认识到游戏的危害，紧接着又帮助他培养了一个健康的兴趣爱好，转移其注意力，从而使小罗逐步脱离网瘾，回到学习生活中。

十年树木，百年树人。提高全民信息素养，使学生健康上网不可能是一蹴而就的事情，除了有足够的耐心和爱心，还要求教师本身具有较强的信息能力，以适应信息社会教育的要求。邹老师坚信，通过教师和家长的共同努力，一定能将学生的网络活动引导到正确的轨道上来。教师具体应该怎样做呢？

1. 引导学生正确认识网络

网络不是老虎，更不是毒品。要戒除学生的网瘾，并不是让学生完全杜绝上网，与网络绝缘。教师应该引导学生正确认识网络的利与弊，让学生知道上网不仅仅是聊天和游戏，只要加以合理利用，网络还可以成为学习的好帮手。

2. 帮助学生认清网瘾的危害，用爱心感化学生

有网瘾的学生，在现实生活中他们一般比较孤独，缺少成就感，也缺少爱和关怀。这种孤独、被忽视的感觉使他们一走进虚拟世界后就不能自拔。对于这些学生，教师应该多一些尊重，多一些理解，多一些关爱，用爱心去感化他们，帮助他们逐渐认清网瘾的危害。

3. 通过兴趣小组转移学生的注意力

教师应设法引导学生的求知方向。从学生积极向上的心理特征出发，帮

助学生树立远大的目标，通过各种实践活动培养学生高尚的情操，从而培养其自控能力。如经常开展各种文化娱乐、体育竞赛活动，长期举办各种兴趣小组，针对学生的特长与兴趣，举办各种特色培训班，积极鼓励有网瘾的学生参加社会实践活动和各种有益的夏令营、冬令营，有意识地把他们的视线和精力转移到更多有意义的活动上来，从而避免他们被网络“锁定”。或者让学习好的学生利用课余时间帮助有网瘾的学生，特别是采取“一对一，一对红”的形式，让班干部携手有网瘾的学生一起来校离校，一起学习，让他们没有时间出入网吧。

4. 建立绿色校园网

学校要开设信息技术课，加强学生对信息技术和知识的学习，增强他们在网络中的是非辨别能力，使他们能够更好地利用网络为自身的学习和生活服务。

学校的机房要定时向学生开放，给学生上网的机会，让他们能了解网络，利用网络资源。同时，还要对学校网络系统进行有效的监控，让他们建立“自我保护意识”这道天然的屏障。教师要在学生刚接触网络或在对网络尚未成瘾的时候就进行网络防范教育。

对沉迷于网络的学生，他们的个性、价值观、情商都受到了不同程度的影响。教师应该转变传统的教育观念，给学生“网民”提供“影响”，多做“服务”和“引导”，而不是一味地“说服”“教育”，要以学生发展为本，以其心理健康为中心，引导学生正确认识网络世界和现实的区别，提高学生自我管理的能力，从而让学生能够充分利用网络，不再沉迷于网络。

5. 家校联合，共同转化

戒除学生的网瘾，不能只是教师单枪匹马地开展工作，必须借助于家庭和学校的整合教育。教师可以通过家访详细地了解学生的家庭情况及其成长经历，这样做才能有针对性地开展工作。在多次教育后，学生仍然不能戒除网瘾，教师必须及时通知家长，与家长相互交流教育方法。家长也应正确认识网络的利弊，采取正确的教育方法，疏通孩子的思想。

另外，还可以由学校德育处和心理辅导室对他们进行德育教育或心理疏导。尽管网络对学生存在一定的危害，但教师完全没有必要“谈网色变”。在科学技术日新月异的今天，网络的作用正以令人难以置信的速度深入生活的各个角落。学生远离网络，望网生畏，被新技术甩在身后，那才是国家、社会、学校和家庭最大的危险。因此，教师要尽最大努力引导学生正确对待网络，合理利用网络，使网络成为他们学习的有利“武器”。

分析利弊得失，让学生远离“早恋”

“早恋”一直被视为学生的禁区。在这方面，很多学生都不敢越雷池半步。然而，随着一些媒体不负责任的宣传，传统思想受到了严重挑战，学生“早恋”现象也越来越突出，并且呈现低龄化趋势。

“早恋”衍生的副作用众所周知，最直接的就是影响学生的学习，进而影响学生的前途和幸福。所以，正确处理学生的早恋问题是教师当前教育工作中的大问题。

10～18岁的学生，生理逐步发育成熟。第二性征的出现打破了少年期的心理平衡，让学生产生了青春期特有的困惑、恐惧、疑虑和痛苦，同时因对异性存有神秘感、新鲜感而引发的探究心理，又驱使他们频繁地与异性接触，于是许多学生就在不自觉中涉入了爱河。

由于“早恋”是青春期学生生理和心理变化的外在反映，是一种正常现象，因此，教师不能一开始就采取打压政策，而是要引起足够的注意，提早认识“早恋”成因，及早采取预防措施。一旦出现早恋，教师应及时给予学生正确的心理引导，帮助学生化解早恋带来的负面影响，让学生放下包袱，轻松学习。

正在读初一的菁菁，其学习成绩在班里总是前几名。可最近班主任却发现她的情绪有点不稳定，忽而精神恍惚，不爱说话，忽而又神采奕奕，满脸幸福。虽然整天都能看到她在本子上写东西，但学习成绩却不断下滑。

班主任很着急，就多观察了菁菁几天，结果发现她最近和班上性格开朗、长得很帅气、很会打篮球的男生浩然走得很近，不仅课下经常看到他们脑袋挤在一起窃窃私语，课堂上也经常看到菁菁的视线不时地瞄向浩然。

难道他们在谈恋爱？如果是，得想办法引导一下，否则菁菁的学习成绩下滑得更快了。

这天，浩然没有来上课，菁菁一上午都心不在焉。班主任看在眼里，放学后把菁菁叫到了办公室。

“菁菁，班里在传你跟浩然谈恋爱，有这回事吗？”班主任开门见山地问。

“没有，我们只是好朋友而已。”

“那为什么今天浩然没来，你一直都心不在焉呢？老师看到你往浩然的空位上看了好几次。其实，谈恋爱也没有什么好遮掩的，这是人的一种正常情感。”

“我……我们俩是好上了。”菁菁不好意思地说。

“老师也喜欢浩然，他篮球打得好，长得又帅气。菁菁，你喜欢他什么呢？”

“他长得帅，性格好，还有篮球打得好。”

“看来我们喜欢他的地方一致。可是，菁菁你有没有觉得你最近发生了很大变化？”

菁菁起初不说话，好半天才说：“嗯，我知道！上课不认真听讲了，总是想他，想看他在做什么。一看不到他心里就发慌，不知道做什么才好。”

“是啊！你最近的成绩下降了好多，这样是不好的吧？这样下去你怎么可能考入你向往的北京大学呢？”看着菁菁沉默的样子，班主任又说：“浩然喜欢你，应该也是因为你学习好，性格乖巧，有理想吧？”

“是这样！”

“可是如果你继续跟他谈恋爱的话，你肯定会一直这样精神恍惚，注意力不集中，不能专心学习。学习上不去，你就离自己的理想越来越远。那时，你肯定会更加萎靡不振。你说老师说得对不对？”

“对！”

“那时，你就不是当初浩然喜欢的那个菁菁了，你觉得浩然还会喜欢你吗？”

“我想应该不会了吧。”

“所以，你现在最要紧的不是和浩然谈恋爱，而是控制好这段感情，把精力多放在学习上。只要你一直学习好，一直有理想，相信不管到什么时候浩然都会喜欢你的。你说对不对？”

“是这样的。”

“那你回去跟浩然商量一下，先把这段感情放一放，把当前最重要的任务——学习搞好，等你们大一点时再说。相信如果你们的学习好了，上了好大学，有了好工作时，一定会更加珍惜这段感情，一定不会为今天的暂时放下而遗憾的。”

自此以后，菁菁和浩然的学习态度果然端正了很多。两个人互相鼓励，互相学习。期末考试时，菁菁竟然考了全班第一、全校第二。

对于学生早恋，预防工作做得再好也不可能完全杜绝。因为早恋是每个人成长过程中的一个必经阶段，是一种必然的、正常的现象。学生早恋错就错在时间早，与学生的心理年龄不合，容易对学生造成心理伤害，影响学生身心的健康。

一旦遇到学生早恋现象，教师不要惊慌失措，也不要采取高压政策一棒子打死，而应及时对学生进行正确的引导。

菁菁与浩然的早恋把菁菁的注意力都锁在了浩然身上，影响了菁菁的学习。对此，她的班主任没有予以指责、批评，而是从菁菁喜欢浩然哪些地方入手，通过一番利弊分析，让菁菁明白如果现在不好好学习就会失去浩然，与其一心扑在浩然身上，不如把心思多放在学习上，这样浩然还会继续喜欢她。明白了这些道理后，菁菁果然不再一心恋爱，而是将精力又转回到学习上去了。

实践证明：处理学生早恋问题时，教师采取“专制”手段进行压制只会适得其反，让早恋愈演愈烈。教师只需摸透学生心理，从学生最在意的地方入手，帮助他们认真、具体地分析早恋的利弊，学生多半会回心转意，暂时搁置恋爱，将心思重新放到学习上。那么，教师在面对学生的早恋问题时，应该怎样对学生进行引导呢？

1. 尊重学生

对于早恋或有早恋倾向的学生，教师首先应做到尊重他们，尊重他们的感情，尊重他们的隐私，尊重他们的选择。

（1）尊重学生的感情

学生恋爱既不违法，也不违反道德，只是青春期的一种正常反映，是正常现象。而且，此时他们对异性同学的爱恋也是人世间最珍贵、最纯真、最美好的情感之一。教师不能以“小孩子家家的，哪里懂什么是爱情”为由来否定这种情感的存在，甚至戴着“有色眼镜”看他们，将早恋视为洪水猛兽，当成不健康的行为。教师只有尊重学生的感情，才能赢得学生的信任，才能为接下来的疏导工作创造条件。

（2）尊重学生的隐私

恋爱是私人的事情，学生一般不愿意让其他人知道。发现学生有恋爱倾向或行为时，教师要为其保密，尊重学生隐私，不要以教育其他学生为借口，在其他学生、教师面前公开谈论此事。即便做思想工作也最好在私底下秘密进行，以免激起学生的逆反、抵触情绪，进而将恋爱由“地下”变为公开。这样后果就更加严重，更不容易引导学生远离早恋了。

（3）尊重学生的选择

给早恋的学生做思想工作时，教师应提一些指导性建议，让学生明白当前恋爱的种种危害，从而自愿作出中止恋爱的选择，而不是强迫学生放弃当前的恋爱，走教师给他们安排的道路。只有这样，学生才能真正摆脱早恋带来的负面影响，真正将心思收回来放到学习上。

此外，即便有些学生一意孤行继续恋爱，教师也不应采取高压政策，强行拆散他们，而是要在尊重学生选择的前提下，见机行事，继续引导，直到学生能正确处理自己的感情问题为止。

2. 对比引导，让学生认知后果

引导学生认识早恋的负面影响时，教师可以私底下与学生交谈，结合他们的实际情况谈早恋的利与弊，比如早恋前后的人际关系对比、学习成绩对比、自身精神状态对比，等等。

当教师站到学生的角度去分析早恋的利与弊，引导学生认识到早恋弊大于利，甚至将坏处一一罗列出来时，学生自己就能正确地作出选择了。

3. 开展班级活动，宣传早恋弊端

一些教师为了防止学生早恋，采取愚民政策，应该让学生了解的不让学生了解，应该让学生知道的不让学生知道。比如，生物课上讲到与性有关的章节时，教师就跳过去不讲，这种神秘感会让学生更加好奇。既然无法从正当渠道获取，他们就只好从淫秽网站、黄色书籍中获得，甚至还会模仿、实践。

这不仅对预防学生早恋起不到教育作用，甚至还会适得其反。所以，教师应直面早恋，不失时机地开展各种班级活动，如在生物课上对学生进行性生理知识教育，班会课上给学生讲早恋的美好但对学习的不利影响，借助新闻报刊中有关早恋危害的时事，让学生及早知道早恋对自身成长的影响。

所以，当学生发生早恋后，教师应奉行“宜疏不宜堵”的原则，对学生以诚相待，设身处地地为学生着想，从学生实际出发，让学生认识到早恋是弊大于利的。这样学生就会放下抵触情绪，就会自觉处理好早恋问题，从而让自己健康地成长、快乐地学习。

消除学生的厌学情绪

“丁零零……”

“小伟，该起床了，吃完饭还要去上学。”

“爸爸，我不想写作业，不想去上学，只要不让我去上学，你让我干什么都行！”

这是一个普通家庭的早晨序曲，父亲让孩子去上学，但孩子的回答却令人震惊：干什么都行，就是不愿意去上学。这是明显的厌学心理。

厌学是学生学习过程中的一种常见现象，是学生在认知和实践中因个人情绪波动、知识积累、能力运用、价值取向等诸多因素的影响，而产生的一种不思进取、避重就轻、避难从易的行为。其主要表现为：注意力分散，上课不认真听讲，思维迟缓，情绪消极，作业拖拉，敷衍了事，学习效率低，作业错误率高，学习成绩差等。总之，就是对学习失去了兴趣和信心。

学生有厌学情绪会直接导致其学业不良，更为严重的是它会影响学生的心理健康和个性形成，表现出内向、孤独、麻木、反应缓慢、难以适应外部环境、焦虑、郁郁不乐、忧心忡忡、情绪反应强烈、性情古怪等不良人格特征。因此，教师一旦发现学生有厌学情绪，必须及时予以纠正。

课上到一半的时候，班里学习还不错的小齐敲门进来，班主任关心地问他怎么迟到了，小齐低着头不说话，情绪有些低落。老师没有再追问，而是让他回到座位上听课。

课后，班主任把小齐叫到教室外了解情况，小齐说他按时到了学校，但在校门外徘徊了很久才进来，班主任正要问其原因，小齐的父母此时打来电话，说小齐近来很反常，都不想上学了，希望老师能帮帮他。班主任听了很惊讶，小齐学习一直很努力，成绩属于中等，而且身材高大，喜欢打篮球，球技也很好，在学校小有名气，况且都初三了，怎么会不想上学呢？

下午放学后，班主任把小齐叫到办公室。来到办公室后，小齐的戒备心很重。为了卸掉他的“防护装置”，班主任决定采取迂回战术，从他感兴趣的篮球入手。“听说你最近组织咱们班的几个学生与一班打了一场比赛，战绩怎么样？”

说到篮球，小齐的眼睛开始闪亮起来：“赢得有点悬，比分一直都是不相上下，离结束还有1分钟的时候，比分都还是42∶42，但是在最后的30秒我投进了关键的一球。”说到这里，他兴奋的脸有点微红了。

班主任也情绪激动起来，兴奋地对小齐说：“不错吗，乔丹第二。”

“老师，您也知道我的外号?”小齐惊讶地望着班主任。

班主任微微一笑：“咱们班的篮球高手，我怎么会不知道?”接着班主任话锋一转：“听说你有不想读书的念头？我一直觉得你打篮球是高手，在学习方面也很有潜力，并且你也一直很努力，不是吗?”

小齐缓缓地低下头，表情显得很痛苦。“老师，您不觉得我很失败吗?”

“你是指学习上吗?”班主任平静地问。

“是的。”小齐回答得很简短。

班主任表情严肃地说：“我很理解你现在的心情。你一定在想，我在学习上已经很努力啦，可为什么总上不去，是这样吗?”

小齐使劲地点了点头：“我觉得我学习没有希望了，我想专门训练打球，我想当球星，像乔丹一样。”

“你如何看待打球与学习?”班主任接着问。

小齐若有所思地回答道：“我也知道学习很重要，妈妈常常告诉我要读书才有出息。小学的时候我的成绩一直都很好，是老师眼中的优等生，可不知为什么，上初中后我的成绩总不能拔尖，不管怎么学，我都学不好，我没有读书的天分，我觉得很对不起妈妈。”说到这里，他再一次低下了头。

沉思了片刻，小齐突然又猛地抬起头：“而打球就不同，我特别有感觉。”

谈到这里，班主任已经了解到小齐不想读书的根本原因，即进入初中后，小学成绩优秀的他，成绩开始下降，自尊心很强的小齐感觉很没面子，内心无法接受这个现实，于是产生了强烈的挫败感，并逐渐形成了消极的自我暗示，认为自己没有读书天分；而在球场上他是主角，常常得到掌声、赞扬声，在这方面他又渐渐形成了积极的自我暗示。再加上他最近几次测验结果不理想，更加强化了他的挫败感，于是他就有了不想读书、专业打球的想法，而事实上他是不想放弃学业的。

针对小齐的这种情况，班主任认为首先要让他重新在学习上获得成就感，其次要让他树立正确的期望目标，保持良好的心态。作为物理老师，班主任先从物理学科入手，帮助小齐分析了他在物理学科上存在的潜力，并给他介绍了科学的学习物理知识的方法，然后给他留了家庭作业——一张试卷，让他回去按照老师讲的科学方法去做题，做完后再来找老师，给他讲解。

接下来，班主任又发动各科教师给予小齐特殊的关照，并和小齐的家长面谈了一次，分析了小齐的情况，家长表示不再给他施加过大的压力，并帮助他树立正确的期望值。一周后，小齐信心十足地找到班主任，说他已经复习好啦，在这张家庭试卷中小齐得了100分。小齐高兴地说："上初中后我还从来没有考过这么体面的分数，原来我还是行的。"从那以后，恢复信心的小齐各科成绩都有了大幅度提高，他再也没有提不上学的事情了。

中小学生正处在心智成长阶段，本来应当把握住求学的大好时机，再加上现在又是一个科技日新月异、知识经济迅猛发展的时代，应该说更能激发广大学生的求知热情。但现实情况却并非如此，越来越多的学生出现了厌学情绪，并且有日益严重的趋势，特别是像小齐这种成绩中等、比较听话的学生，更容易产生厌学情绪。

另外，这类学生一般都是教师最放心的对象，所以给予的关注也最少。然而，事实上，这类学生又是最矛盾、最容易产生心理问题的群体。首先，他们希望成绩好，所以很努力，往往比成绩特别优秀的学生所花的时间还要多，而一旦成绩达不到理想的效果，他们就很容易产生失落情绪，怀疑自己的能力。其次，他们又很要面子，即便是心理出现了矛盾也不愿意与别人交流，教师、家长也不容易发现他们的问题。

因此，教师要密切关注每个学生的情绪变化，了解原因，通过各种方法减轻学生的心理负担，并帮助学生制定切实可行的学习目标，让他们在学习上获得成就感，以激起他们进一步努力学习的愿望。

对于厌学的学生，教师可以从以下几个方面入手来处理他们的厌学情绪：

1. 激发学习动机

学习动机的表现之一是对学习内容有浓厚的兴趣，兴趣一旦被激发，学生就会对某些对象给予优先的注意，并伴随着紧张的情绪和较强的意志去积极地认识某种事物和从事某项活动。在学习上，它表现为学生的好奇心、求知欲、兴致勃勃、孜孜以求、津津有味，甚至废寝忘食。因此，教师要有意识地、科学地激发、培养学生的学习兴趣。具体表现为：

（1）进行学习目的教育，帮助学生树立远大的理想

教师可以将学习目的的教育与理想教育相结合，如召开故事会，介绍一些名人奋发读书的故事；开主题班会，教育学生把个人理想与祖国利益紧密联系在一起，使学生明确学习的目的，端正学习态度，让学生自觉学习。

（2）开展丰富多彩的课外活动，使学生看到知识的价值

让学生参加各种课外兴趣小组，不仅能缓解他们课堂学习的紧张心理，而且还能进一步激发他们的求知欲，从而引发学生新的学习需要，发展学生更为广阔的学习兴趣。特别是一些成绩差的学生，由于种种原因他们对学习不感兴趣，但在这些学生当中又不乏热衷文娱、体育等活动的人才。如果教师能组织他们参加这类活动，就可逐步引导他们把对这些方面的兴趣迁移到学习上。

如开展智力竞赛、演讲比赛，组织学科兴趣小组，开展小创造小发明、小论文活动，组织学生参观考察，参与一些生活实践活动。学生在这些活动中，很容易调整价值取向，喜欢上科学知识。

2. 让学生体验成功的感觉

成功可起到正强化的作用，经常给学生呈现愉快的刺激，有助于推动学生积极主动地学习，防止习惯性无助感与失尊感的产生。

（1）创设成功机会，让不同的学生在不同的学习活动中获得表现的机会，以扬其所长，抑其所短，对于那些学习成绩不佳而厌学的学生更应如此。

（2）降低学习目标，低起点、慢步子、分层次是使不同类型的学生获得成功的重要途径。低目标，学生易达到，就能察觉到自身的进步，从而体验到成功的喜悦。

（3）帮助学生确立自我参照标准，促使学生从自身变化中认同自己的成功。

（4）及时奖励。行为主义心理学家斯金纳认为奖励是愉快的刺激，它能增加个体积极反应发生的概率。对学习者来说，成功便是最好的奖励；而对教育者来说，学习者的成功是结果，本身不是评价，如果视之不见，漠不关心，那么很可能会熄灭学习者的学习热情，所以教师仍然需要奖励学生，但以精神鼓励为主，这样就能使学生获得积极的满足感与自豪感。

3. 提高课堂教学艺术

知识学习中总有一些枯燥乏味的内容，很难引起学生学习的兴趣。教师要根据教材和学生的特点，采取灵活多样的教学方法来激发学生的好奇心和求知欲，点燃学生智慧的火花，而不能采用单调死板、照本宣科、“满堂灌”的教学方式，使学生处于一种乏味的心理状态，致使学生感到学习成了一种负担。因此，教师要努力提高自己的教学艺术，采用先进的教学手段和科学的教育方法来激发学生的学习兴趣。

4. 减轻学业负担，舒解学生压力

要使学生从持续紧张的精神状态中解脱出来，教师只能从减轻学生的学习负担入手，通过相对地缩短学生的学习时间，以减轻学生的心理压力。

此外，学校还要转变教育观念，树立全面发展的人才观，通过适当降低理论要求、教学难度，减少作业量和考试频度来减轻学生的学业负担。让学生有充足的时间去做自己喜欢做的事，去参加各种有益于身心健康和个性发展的实践活动，从而让学生保持旺盛的精力，能够情绪饱满地投入学习。

5. 情感补偿

情感是教育的润滑剂，也是化解学生厌学心理的良药。古有“亲其师，信其道，学其理”之说，讲的就是“爱屋及乌”的情感效应。学生喜欢老师，往往会将这种情感迁移到学习上，他们会觉得学不好就对不住关心爱护自己的老师。而对于那些情感匮乏的学生，教师更应付出无私的爱，并且要想办法建设班集体这一温暖的家庭，让他们生活在情感丰富的班集体中，这种情感场具有巨大的磁力，会紧紧吸引住学生，使他们不再寻找不正规的情感补偿。

所以，学生有厌学情绪并不是无可救药的，教师应正视这一现象，用发展的眼光看待学生，帮助学生端正学习态度、改进学习方法，调动他们学习的主动性，并对他们的进步给予及时的鼓励，让学生能尽快地从厌学情绪中挣脱出来。

消除学生的畏难情绪

情绪大致可分为积极情绪和消极情绪两种，畏难情绪就是消极情绪的一种，它指人们遇到困难时总想找借口或者理由逃避、拖延，比如，当有的人工作太多太艰巨需要加班时，便会产生抱怨情绪，说这说那，就是不想去做，不愿意去突破困境。

学生在学习中也常会有这种畏难的情绪，主要表现为：不愿意学习，没有主动性，学习没有信心。在课堂上，沉默寡言，提心吊胆，害怕老师提问，更害怕到黑板上板演；被老师抽问到时，讲话结结巴巴，语无伦次，甚至大脑一片空白；在课外，对作业无从下手，大多瞎编乱造，或者一抄了事，甚至干脆不做；考试时，满脑子都是“不会做，不会做，不会做……”长期这样下去，有的学生性格就会变得孤僻，脾气就会变得暴躁，从而丧失学习的信心，甚至产生厌学情绪。

江西省南城县盱江小学占志强老师的班里有一个叫小明的男生，其学习成绩很差，课堂上虽然能遵守纪律，但注意力总是不能集中，一副无精打采的样子，经常趴在课桌上听课。课堂作业从来不自觉完成，常在老师的一再督促下才勉强完成，而且字迹潦草。有时还随便拿同学的学习用品，大家都不喜欢他。

由于害怕学习，不想完成作业，再加上和同学关系不好，不愿接受同学的帮助，结果小明的成绩越来越差。这使得小明对学习失去了兴趣，甚至害怕学习。占老师发现这个情况后，首先进行了家访，了解了他的家庭情况：小明的父亲工作很忙，没有时间辅导他学习，也没有心思管教他；母亲也因为工作忙回来很晚，虽然想管他，但工作太累，总想休息，没有精力管。

根据了解到的情况，占老师认为小明之所以害怕学习，一是有些老师为追求教学质量，对学生的要求过高，加重了学生的课业负担。而且有的老师总以分数高低为考核标准，小明本身成绩就不好，因此很难受到老师的青睐，这就让他慢慢丧失了追求成功的热情。二是他的家庭原因。小明的父母工作太忙，以致没有时间管教他，这就养成了他懒散的习惯。因此，他在放学后的自由时间里，只顾着玩，早把学习的事情忘得一干二净。

针对小明的具体情况，占老师采取了以下方法来消除小明对学习的畏难情绪：

1. 谈心

占老师经常和小明谈心，以全面了解小明的心理状况、问题产生的原因。每次谈话，占老师都以平等、商讨的方式和他交流，这样可以慢慢消除小明对老师的畏惧感，培养他有事常与老师、同学交流的好习惯。

2. 多表扬

首先，占老师在学习上帮助小明制定了每个阶段的近期目标，如果小明在学习上有进步，就及时鼓励他，帮助他养成爱学习、守纪律的好习惯，并不断提醒他改正不良的行为习惯。其次，多关注小明，多发现他的闪光点，如热爱劳动、主动整理书架等，对于这些每次都及时给予他表扬。这让小明渐渐体验到成功的快乐，对学习、对自身的能力逐渐积累了信心。

3. 与家长沟通与协调

占老师和小明的父母交谈时，一是对他们工作繁忙没有时间管教孩子表示理解；二是指出问题，要求家长多陪陪孩子，多给孩子温暖，家校一起努力消除小明的学习畏难情绪。如要求家长定期检查孩子的作业，帮助孩子解决学习中的困难，多抽时间与孩子交流，对孩子的进步给予及时的鼓励等。这样，通过占老师一个阶段的耐心帮助，小明在学习上慢慢树立了自信心，上课不再三心二意，每天都能按时完成作业，并且作业的质量也有了很大提高。

现在像小明这样对学习有畏难情绪的学生越来越多，这与学校和家长有很大关系，特别是学校有推卸不掉的责任。学生的作业量大，内容单调重复，作业时间长，学生的厌学情绪随着年级的升高呈上升趋势，好多学生一想到学习心里就烦；还有的学生甚至会找出“头疼”“头晕”等借口来逃避学习，做起作业来不是找本子就是找铅笔，几个字要写半天，磨磨蹭蹭，学习毫无效率可言。

针对小明的情况，占老师一方面帮他制定适当的学习目标，减轻小明的作业负担；另一方面以赞扬代替批评，通过平等交流让小明对老师产生亲近感，并想方设法地为小明创造条件，让小明体会到学习的快乐，最后终于让小明克服了畏难情绪，渐渐爱上了学习。

畏难情绪与自信心是相对的。如果学生对学习有了畏难情绪，不但考不出好成绩，而且对生活也容易失去信心。因此，教师一旦发现学生有了畏难情绪，就要采取积极有效的措施，消除学生这种心理上的障碍，帮助学生渡过这一“危险期”。

1. 帮助学生建立自信

学生害怕学习，最主要的原因就是缺少自信。平时，教师应善于发现学生的每一次进步，并及时给予表扬和鼓励。此外，教师还要充分利用各种途径使学生更多地获得成功，让学生积累积极的情感体验，从中认识自己的长处，相信自己的能力。

2. 融洽师生关系，创造轻松的学习气氛

首先，教师要用爱去赢得学生的亲近和信任，使学生情感这个内因在教师情感这个外因的作用下，产生师生情感的“双向反馈”，从而借助情感这个媒介达到教学的最佳境界。

其次，教师要克服急躁心理，切勿用“恨铁不成钢”的教训语气、不耐烦的情绪，甚至指责谩骂的粗暴做法去对待学生，而是要用亲切的口吻、幽默的话语、生动的表情和肢体语言去缓解课堂紧张的气氛，帮助学生放松心情，消除学生紧张畏难的情绪，同时还要多用鼓励赏识的方法，化解其嫌麻烦的心理，从而培养学生的自信心。

3. 循循善诱，让学生获得学习的快乐

没有笨拙的孩子，只有笨拙的教学。教师要克服学生的畏难情绪，培养他们的成功感，让他们体验到战胜困难的快乐。要精心组织教学程序，在讲解和训练时注意坡度，由浅入深，让学生觉得学习是一件轻松、快乐的事情，从而让学生有学习的信心。

此外，教师还要采用易题引路，以难度适中题为主、大难度题为辅的思路去组织教学，真正体现面向全体的原则，让每个学生都觉得教师的教学是为了帮助他，千万不要采用以大量的难题、怪题训练杀伤大多数人来突出个别人的做法。

4. 创设机会，锻炼学生的意志品质

战胜困难的意志品质有赖于一定的训练。教师可以通过调控练习和测试的难度来实现这个目的，将自信心的培养和思维困难、考试失利的挫折结合起来，培养学生面对困难充满自信、冷静理智、无所畏惧的意志品质。

5. 系统指导，让学生自己调控情绪

教师要对学生进行系统的学习心理指导，让学生正确认识自我，学会分析、克制自己，调整好心态。如在树立志向、计划安排、总结反思、处理学习和练习的关系、考场放松、试卷问题分析与对策、考试的正确归纳、合理安排时间、情绪的自我调节等方面对学生予以指导。

6. 允许学生做错、说错

在教学中，我们常听到学生说：“我怕老师提问时点我的名字，讲错了难为情，同学看不起，老师也要批评。”这就是畏惧心理的表现，学生产生畏惧心理的根本原因是怕产生差错，被老师和同学嘲笑。因此，在教学中教师要引导学生明白，差错是学习过程中一个非常重要的部分，是不可避免的，因为只有产生了差错，学生才会去分析差错产生的原因，才会努力避免差错。

一个人的成长不可能一帆风顺，难免会有苦恼、烦闷。学生害怕学习，是他们成长中的一种正常困扰。教师要根据学生的实际情况对学生进行心理辅导，帮助他们走出学习的困惑和恐惧，让学生在轻松的状态中学习，在思考中学习，在快乐中学习。

参考文献

[1] 孙明霞．学生偏科的原因及对策［N］．中国教师报，2009－7－8 (303)．

[2] 赵光平．教室里的变革——探究性学习的故事［N］．科学时报，2002 年 2 月 3 日（第二版）起连载．

[3] 张晶．如何“轻负担、高质量”地布置教学作业［J］．中国教育与社会科学，2009，(7)．

[4] 路学红．来点物质奖励又何妨［J］．教师新概念，2006.

[5] 邱建兰．语文课堂教学中如何运用激励性评价［J］．新作文（教育教学研究)，2008，(6)．

[6]《21 世纪中小学班主任培训课程》编委会．中小学心理健康教育［M］．北京：知识出版社，2004.

[7] 李华．培养学生的自信心——让学生看到自己的力量［J］．读与写(教育教学刊)，2008，(11)．